하버드 철학 강의

《哈佛哲学课》

作者：哈佛公开课研究会

하버드 철학 강의

하버드 공개강의연구회 지음 | 김경숙 엮음

서문

　미국 동북부의 매사추세츠주 찰스강변에 있는 하버드대학은 미국 역사상 가장 유구한 일류 학부다. 개교 300여 년 이래 하버드대학은 전 세계에 대량의 인재를 배출해냈다. 이곳은 미국의 사상적 창고이자 인재 양성의 요람이라는 명예를 얻고 있다. 하버드 학부에서는 8명의 대통령, 40여 명의 노벨상 수상자, 30여 명의 퓰리처상 수상자를 배출했다. 또한 하버드 졸업생 중 약 20퍼센트가 미국의 500대 기업에서 주요 직책을 맡고 있으며 약 30퍼센트가 세계 각지의 다양한 기업에서 회장, CEO 등을 담당하고 있다. 수많은 글로벌 인재가 바로 이곳, 하버드에서 배출되었다.

　그렇다면 하버드는 어떻게 이 많은 인재를 배출할 수 있었던 것일까? 하버드는 학생들에게 최고의 교육을 제공할 뿐만 아니라 그들에게 깊고 광범위한 영향을 끼치는 하버드 철학을 가지고 있다. 하버드대학의 교훈은 바로 '진리(veritas)'다. 하버드대학의 로고에 빛나게 새겨진 이 단어는 모든 하버드 사람의 마음속에도 깊이 새겨져 있다. 이처럼 진리를 추구하는 철학은 모든 하버드 사람에게 강력한 영향을 끼치고 있다.

사람들은 철학에 대해 종종 다음과 같은 의문을 품는다. '철학은 너무 따분하지 않나? 철학은 너무 고리타분하지 않은가? 사람들은 대부분 철학을 싫어하지 않나?' 물론 많은 사람에게 철학은 확실히 무미건조하고 따분하게 느껴지는 학문이다. 그러나 하버드 학생들은 철학에 대해 이와 정반대의 이미지를 가지고 있다. 그들은 철학의 왕국을 유유히 거닐며 학문을 깊이 연구한다. 그들의 눈앞에 추상적인 철학의 체계는 마치 정교한 궁전처럼 우뚝 솟아 있다. 그들은 그 궁전에 들어가 이미 세상을 떠난 철학자들의 영혼과 마치 오래된 벗처럼 이야기를 나누며 철학을 진심으로 깨닫고 이해한다.

바쁜 현대 사회를 살아가는 사람들은 누구나 성공하고 싶어 한다. 그리고 자신만의 가치를 실현하고 자신이 다른 사람보다 더 높은 곳에 설 수 있는 뛰어난 존재이기를 원한다. 그러나 사람들은 많든 적든 곤혹감과 해결할 수 없는 문제를 가지고 있다. 하지만 도피와 무시는 문제를 해결할 수 있는 방법이 아니다. 이때 우리가 취할 수 있는 가장 좋은 방법은 바로 철학적인 지식을 배워 내면을 강하게 변화시키는 것이다. 이러한 관점에서 볼 때 철학은 우리에게 행복을 가져다주는 학문이다.

철학은 우리에게 정말 중요한 존재일까? 물론 그렇다. 철학은 세계관과 관련된 학문이자 자연적 지식과 사회적 지식을 총괄하는 학문이다. 철학을 배우면 우리의 내면은 더욱 강해진다. 문제를 더욱 정확하고 투철하게 바라볼 수 있으며 어떤 일을 하든지 논리적이고 조리 있게 처리할 수 있다. 또한 이 세상을 더욱 홀가분한 마음으로 윤택하게 살아갈 수 있다. 철학은 언제 어디에나 존재하며 실질적으로 우리 모든 사람에게 영향을 끼친다.

이 책을 통해 우리는 자신을 객관적으로 평가하고 이상을 수립하며 자신감을 높일 수 있다. 동시에 시간을 효율적으로 관리하는 법, 고난을 마주하고 극복하는 법을 이해할 수 있다. 나아가 당신은 인생의 진정한 행복과 사람으로 해야 할 도리, 그리고 성공과 실패의 차이점 등을 깨닫게 될 것이다. 그리고 이러한 일련의 문제를 해결하는 방법에 바로 하버드 철학의 매력이 담겨 있다.

이 책을 읽는 데는 오랜 시간이 걸리지 않는다. 우리는 한가한 시간에 가장 편안한 자세로 하버드 철학 강의를 체험할 수 있다. 이를 통해 하버드 철학의 의미와 정수를 배우고 성공적인 인생을 향해 나아가는 항해를 시작할 수 있다.

차례

2장 나를 사랑하는 법

3장 어려움에 대처하기

4장 시간 관리와 실행력

5장 창의적 사고와 성공의 길

하버드 철학의 사례

사람의 행복은 삶에 대한 감정에서 시작된다.
자신이 하는 일의 의미와 즐거움을 느낄 때, 인생이 아름답다는
사실과 행복감을 깨닫게 될 것이다.

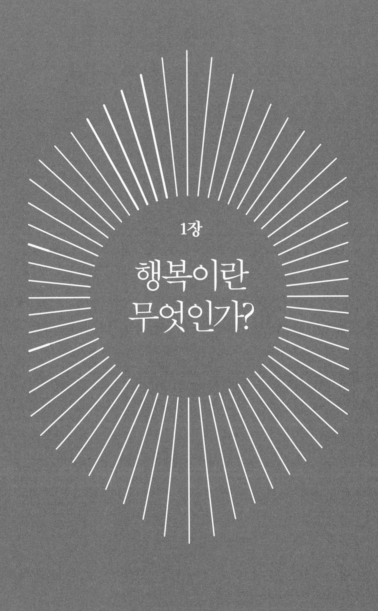

1장

행복이란
무엇인가?

행복의 본질은 자기가 필요한 것에 대한 이해다

행복한 사람은 자신에게 즐거움과 의미를 가져다주는 것에
대한 목표를 가지고 있다. 그리고 이를 추구하기 위해 열심히 노력한다.
진정으로 행복한 사람은 스스로 의미가 있다고 생각하는
생활 방식 안에서 소소한 즐거움을 누린다.
－탈 벤 샤하르(Tal Ben-Shahar), 전 하버드대학 교수

인간의 욕망과 수요는 끊임없이 변화하며 이를 통해 인간은 서서히 성장한다. 오로지 돈만 바라보는 사람이 있다면 끝없이 욕망과 수요를 추구하는 과정에서 영원히 만족할 만한 행복감을 얻지는 못할 것이다. 행복이란 돈을 많이 버는 것, 많은 재물을 얻는 것이 아니라 진정으로 자신에게 맞는 무언가를 얻는 것이다. 행복은 선택할 수 있고 선택하기에 앞서 진정으로 원하는 것이 무엇인지 자기 내면을 들여다보아야 한다. 그래야 당신에게 즐거움을 가져다주는 것을 찾고 행복을 느낄 수 있기 때문이다. 철학자들은 행복이란 단지 어떠한 요구에 대한 만족만이 아니라 그것에 대해 이해하는 것이라고 말한다.

7일간 천지를 창조한 신은 이어서 7일 동안 사람들을 행복하게 해주려고 생각했다.

신은 7일 동안 여행길에 올랐다. 여행하며 신은 만나는 사람마다 똑같은 질문을 했다.

첫째 날, 거지를 만난 신은 거지에게 물었다. "당신이 원하는 행복은 무엇인가?"

굶주림과 추위에 시달리고 있던 거지는 벌벌 떨며 말했다. "저는 배불리 먹고, 따스한 옷을 입고, 비바람을 막을 수 있는 장소가 있었으면 좋겠습니다." 이에 신은 음식과 옷, 집을 거지에게 주었고 그가 행복해하는 모습을 보았다.

둘째 날, 시각장애인을 만난 신은 시각장애인에게 물었다. "당신이 원하는 행복은 무엇인가?"

시각장애인은 대답했다. "저는 아름다운 세상을 볼 수 있는 두 눈을 원합니다." 신은 앞을 볼 수 없는 그의 눈 대신 선명하게 볼 수 있는 눈을 주었고 그가 행복해하는 모습을 보았다.

셋째 날, 절름발이를 만난 신은 절름발이에게 물었다. "당신이 원하는 행복은 무엇인가?"

절름발이는 자신의 불편한 다리를 어루만지며 신에게 대답했다. "저는 마음껏 뛸 수 있는 건강한 두 다리를 가지고 싶습니다." 신은 절름발이에게 건강한 다리를 주었고 그가 행복해하는 모습을 보았다.

넷째 날, 벙어리를 만난 신은 벙어리에게 물었다. "당신이 원하는 행복은 무엇인가?"

벙어리는 신 앞에서 손짓으로 이야기했다. "저는 말하고 노래하는 즐거움을 누릴 수 있는 우렁찬 목소리를 가지고 싶습니다." 신은 그에게 우렁찬 목소리를 주었고 그가 행복해하는 모습을 보았다.

다섯째 날, 노총각을 만난 신은 노총각에게 물었다. "당신이 원하는 행복은 무엇인가?"

노총각은 말했다. "저는 착하고 아름다운 아내와 귀여운 아이를 원합니다." 신은 그에게 착하고 아름다운 아내뿐만 아니라 귀여운 아이도 주었다. 그리고 그가 행복해하는 모습을 보았다.

여섯째 날, 상인을 만난 신은 상인에게 물었다. "당신이 원하는 행복은 무엇인가?"

신의 질문에 상인은 매우 당혹스러웠다. 그는 신에게 물었다. "행복이 도대체 무엇인가요?"

신은 대답했다. "당신이 정말로 모른다면 내가 직접 가르쳐 줄 수도 있다. 그렇지만 오늘 예정된 시간이 지나 내일 가르쳐 주겠다."

시간은 흘러 일곱째 날이 되었다. 잠에서 깨어난 상인은 아내와 자녀가 죽어있는 것을 발견했다. 집도 사라졌고, 그는 거지가 되어있었다. 게다가 한쪽 눈이 멀고, 다리 한쪽을 절었으며 말을 하지 못하는 벙어리가 되었다.

신이 그에게 물었다. "당신은 행복이 무엇인지 알게 되었는가?"

그제야 깨달은 상인은 소리 내어 울기 시작했다. "드디어 알았습니다. 원래 행복이란 줄곧 제 곁에 있던 것이었군요."

고독을 겪어보지 못한 사람이 어떻게 찬란한 인생을 알 수 있겠는가? 다치고 병들어 보지 않은 사람이 건강이 복이라는 사실을 어떻게 알 수 있겠는가? 사실 행복이란 당신이 무언가를 가장 필요로 하는 순간에 그것을 얻었을 때 생겨나는 감정이다. 배가 고플 때 당신 앞에 밥 한 그릇이 놓여있다면 그것이 바로 행복이고, 쓰러질 정도로 피곤할 때 포근한 침대가 있다면 그것 또한 행복이다. 소리죽여 울고 있을 때 곁에 있는 누군가가 따스한 손길로 손수건을 건넨다면 이 또한 행복이다. 이처럼 행복에는 정의가 없다. 일상적으로 일어나는 사소한 일도 당신의 마음을 감동하게 할 수 있다. 행복은 모두 마음에 달린 일인 것이다.

사람들은 항상 행복을 찾지만, 막상 행복이 무엇이냐는 질문을 받으면 많은 이들이 쉽게 말하지 못한다. 어떤 사람은 돈이나 지위, 미녀를 손에 넣어도 불행하다고 생각한다. 그러나 어떤 거지는 따뜻한 밥 한 그릇에 행복을 느낀다. 이처럼 행복은 돈이나 권력에 의해 결정되는 것이 아니다. 행복은 사람의 마음에, 그리고 당신이 추구하는 것에 달려있다. 사람은 자신에게 가장 중요한 것이 무엇인지 진심으로 깨달았을 때 그것이 절실해진다. 그리고 오랫동안 바라던 것이 당신 곁에 조용히 다가왔을 때 느끼는 행복이야말로 가장 진실하고 우리를 즐겁게 하는 것이다.

영국의 시인이자 정치가 존 밀턴(John Milton)은 다음과 같이 말했다. "나는 행복을 찾는 방법을 알게 되었다. 그것은 자신의 욕망을 만족시킬 방법을 찾는 대신 자신의 욕망을 억제하는 것이다." 이렇듯 지나치게 많은 것을 바라고 끝없이 욕망하는 사람은 아무리 돈이 많아도 행복해질 수 없다. 그 이유는 자신에게 필요한 것이 도대체 무엇인지 알지 못하기 때문이다. 사람은 자신이 필요로 하는 것이 무엇인지 알아야 비로소 최선을 다해 추구할 수 있으며, 그것을 얻었을 때 행복을 느낄 수 있다. 행복은 자신이 필요로 하는 것에 대한 이해이자 깨달음이다. 당신이 인생에서 반드시 추구해야 할 것이 무엇인지 깨달았을 때 비로소 복잡한 생각을 버리고 마음을 가라앉힐 수 있다. 그리고 자신이 추구하는 걸 위해 노력하며 행복해지기 위해 필사적으로 노력할 수 있다.

미래의 길을 어떻게 선택해야 할지 막막할 때 걸음을 멈추고 생각해보자. 나는 어떤 길을 가야 하는지, 그 길의 종점은 어디인지. 그리고 종점에서 나를 기다리고 있는 것은 내가 진정으로 원하는 것인지 말이다.

'행복의 허상'에
현혹되지 않기

'행복의 허상'이란 두통이 나은 사람이 더 이상
머리가 아프지 않아서 기뻐하는 것에 비유할 수 있다.
이러한 기쁨은 고통에서 비롯된 것이라 결코 '행복'과 같지 않다.
─탈 벤 샤하르

사람들의 인성에는 허영이라는 것이 존재한다. 허영 때문에 많은
사람이 자신의 우울함을 숨기고, 다른 사람보다 행복해 보이기 위해
기꺼이 대가를 치른다. 우리는 별로 기쁘지 않아도 늘 억지로 기쁜
표정을 짓고 때로는 다른 사람의 부러움을 받기 위해 큰 대가를 치르
기도 한다.

우리 눈에 모든 사람이 자기보다 행복하게 살고 있는 것처럼 보이
기 때문에 내면은 항상 불안정하다. 다른 사람들을 바라보며 그들은
왜 저렇게 행복하게 살아갈 수 있는 것인지 고민한다. 이런 오해로
자기 삶에 불만을 품고 끊임없이 다른 사람의 삶을 부러워하면서 허
상의 행복을 만들어내 타인을 현혹하는 것이다. 이것이 바로 하버드
행복 수업 교수인 탈 벤 샤하르의 수업 내용이다.

항상 행복한 척 가장해서 다른 사람들을 착각하게 만들지만 사실

행복한지 아닌지는 자신이 가장 잘 알고 있을 것이다. 어떤 사람들은 매일 일에 몰두하며 자기 내면의 진실한 감정을 소홀히 한다. 오로지 돈을 더 많이 벌 생각만 하며 돈을 이용해 스스로 행복의 허상을 만든다. 다른 사람이 자기보다 행복한 모습을 보면 마음의 균형이 무너져 명품점으로 달려가 몇십만 원 심지어는 몇백만 원을 신용카드로 긁는다. 사치품을 사들여 차려입은 다음 정신이 나간 상태로 여러 모임에 참가한다. 사람들 속에서 의미 없는 이야기를 끊임없이 하고 될 수 있는 한 자신의 신분과 지위를 드러내려 노력한다. 그 사람들이 다 떠난 뒤 혼자 슬픔에 잠겨 자신이 정말로 행복한지 끊임없이 묻는다.

이런 이유로 행복은 자기 일이 아니라 다른 사람의 일인 것처럼 느껴지고 자기 행복을 추구하는 와중에도 다른 사람의 행복을 바라본다. 그들의 경험에서 조금이라도 배울 것이 있을까 싶어서다. 결국 최선을 다해도 자신이 추구하는 행복에 도달하지 못하면 또다시 다른 사람들의 행복을 부러워하면서 한탄한다. '아! 다른 사람은 다들 저렇게 행복한데 왜 행복은 나에게는 찾아오지 않는 것일까?' 사실 행복은 결코 표면적인 아름다움이 아니라 마음의 평화와 기쁨에서 오는 것이다.

옛날 어느 나라에 부유한 왕이 있었다. 그의 궁전은 아름다웠고, 그가 소유한 재물은 너무 많아서 셀 수 없을 정도였다. 왕은 식사 때면 항상 산해진미를 맛보았고, 많은 시중과 하인이 그의 명령을 기다리고 있었다. 사람들의 눈에 왕은 이 세상에서 가장 행복한 사람으로

20

비쳤다.

어느 날, 왕의 친구 한 사람이 왕을 부러워한 나머지 왕에게 말했다. "자네는 얼마나 행복한가! 모든 것을 가지고 있으니 자네는 이 세상에서 가장 행복한 사람일세."

그러자 왕이 대답했다. "자네는 정말로 내가 그 누구보다 행복하다고 생각하는가?"

"그럼 아니란 말인가? 자네는 무한한 보물과 권력을 가지고 있네. 이 세상에 자네가 걱정하거나 근심할 일이 뭐가 있는가? 그러니 가장 행복한 인생 아닌가?"

왕은 웃음을 터뜨리더니 친구에게 말했다. "그렇다면 자네 하루 동안 왕이 되어보는 것은 어떻겠는가?"

다음 날, 왕은 친구를 궁전으로 불러들였다. 그런 다음 모든 시중과 하인에게 그를 왕과 똑같이 대하라고 명령했다. 그리하여 하인들은 그에게 왕의 옷을 입히고 왕관을 씌워주었다. 그런 다음 그는 연회 로비의 식탁 앞으로 안내되었다. 하인들은 그를 위해 산해진미를 준비했다. 유명한 술과 아름다운 꽃, 진기한 향수를 비롯해 그의 곁에는 듣기 좋은 곡이 연주되고 있었다. 폭신폭신한 의자에 기대고 있던 그는 돌연 자신이 세상에서 가장 행복한 사람이라는 생각이 들었다.

찻잔을 들어 차를 마시려 할 때 눈을 들어 천장을 바라보았다. 천장에는 무언가가 자기 정수리를 조준해 매달려 있었다. 자세히 살펴본 그는 깜짝 놀라 소리를 질렀다. 천장에 매달려 있던 것은 검이었고, 검의 뾰족한 끝은 자기 정수리를 향해 있었다.

그의 얼굴에서는 웃음기가 싹 사라졌고 안색도 창백해졌다. 그는 더 이상 그 어떤 산해진미나 음악도 감상하고 싶지 않았다. 천장의 검이 오로지 한 가닥 줄에 의지해 매달려 있다는 사실을 발견하고 당장이라도 그 자리를 떠나고 싶었다.

이때 왕이 웃으며 물었다. "왜 그러나? 입맛이 없는가?" 친구는 벌벌 떨며 말했다. "머리 위에 검이 있는데 자네 눈에는 안 보이는가?" 왕이 말했다. "물론 보이고말고. 심지어 나는 매일 그것을 보고 있네. 나는 검을 내 정수리 바로 위에 걸어놓고 누가 나를 살해할 수도 있다고 항상 나를 일깨우지. 어쩌면 신하들이 반역을 꾀해서 나를 살해하려 할 수도 있고, 누가 나에게 불리한 헛소문을 퍼뜨려 백성들이 나를 폐위시키려 할 수도 있지. 근처의 왕이 나를 공격하기 위해 군대를 보내 왕위를 빼앗을지도 모르고, 내가 내 한 몸을 위한 사욕을 채우기 위해 잘못된 결정을 내려 자멸을 초래할 수도 있네. 만약 자네가 권력을 누리고 싶다면 반드시 위험도 받아들여야 하네. 명심하게. 권력이나 부귀에는 모두 위험이 따른다는 사실을 말일세."

왕의 말을 들은 순간 친구는 가장 행복한 사람은 자신이었다는 사실을 깨달았다. 비록 화려한 궁전을 가지고 있지 않아도, 맛있는 요리와 듣기 좋은 음악을 감상할 수 없어도 말이다. 적어도 그는 밥을 먹을 때나 잠을 잘 때 머리 위에서 언제든지 검이 떨어질 수 있다는 걱정을 할 필요는 없지 않은가!

우리는 다른 사람의 행복을 부러워할 필요가 전혀 없다. 다른 사람을 의식해 자신의 생활에 그림자를 드리우거나 억지로 행복을 가장해서 다른 사람을 현혹할 필요도 없다. 행복이란 그 누구도 아닌 자기 일과 자신이 좋아하는 음식을 즐기는 것과 같다. 때로는 다른 사람이 해산물을 먹는 것을 보고 자신이 해산물 알레르기를 가지고 있다는 사실은 생각지도 않은 채 다른 사람에게 얕잡아 보이지 않기 위해 해산물을 억지로 먹기도 한다. 결국 몸에 반점이 올라와 눈 뜨고 못 봐줄 지경이 되어서야 해산물 먹기를 그만둔다. 그런데 과연 이렇게까지 할 필요가 있을까?

행복은 수많은 사물에 존재한다. 그것을 찾을 수 있느냐는 당신에게 혜안이 있는지, 그걸 발견할 능력이 있는지에 달렸다. 표면적인 행복으로 두 눈을 가리지 말고 마음으로 느껴야 비로소 자신에게 진정으로 필요한 것, 그리고 오랫동안 기대해왔던 행복을 찾을 수 있다.

> 인생의 목적은 행복을 찾는 것이니 행복의 원칙을 기준으로 진정 스스로 원하는 것이 무엇인지 찾아가야 한다.

불평하지 않는 사람이
쉽게 행복을 얻는다

행복이 어디에도 존재하지 않는다면
당신을 위해 스스로 행복을 찾아야 한다.
−헨리 데이비드 소로(Henry David Thoreau), 미국의 작가이자 철학자, 하버드대학 졸업

불평은 매우 부정적인 삶의 태도라 할 수 있다. 자칫하면 부정적인 감정을 수없이 유발하고 부지불식간에 우리 삶에 영향을 끼친다. '사람 일이란 십중팔구 자기 뜻대로 되지는 않는 법이다'라는 말처럼 세상 모든 일이 자기 뜻대로 이루어지기란 어려운 일이다. 자기 뜻과 조금이라도 어긋났다고 해서 세상을 원망하고 불평한다면 삶은 항상 우울할 수밖에 없다. 살아가면서 뜻대로 되지 않는 일을 수없이 경험한다. 이에 항상 불평만 한다면 우리 인생에는 즐거운 순간이 얼마 되지 않을 것이다. 어려운 일이 닥쳤을 때 우선 마음을 가라앉히고 변화시킬 방법을 찾으려 노력한다면 비교적 쉽게 행복을 느낄 수 있을 것이다.

주위를 둘러보면 일상에는 다양한 불평이 넘쳐난다. 아이가 철이 없다고 불평하고, 가족이 자신을 이해해주지 않는다고 불평하고, 책

임자가 불공평하다고 불평하고, 회사 제도가 불합리하다고 불평하고, 인생이 내 맘대로 되지 않는다고 불평하고…… 불평은 일종의 만성적인 독약 같은 생각이라 뇌에 해를 끼친다. 또한 강력한 전염력을 가지고 있어 인생을 마주하는 우리의 태도와 행동에 악영향을 끼친다. '천 리나 되는 둑'을 무너뜨린 개미처럼 일상적인 불평은 우리의 의지를 끊임없이 소모하고 정신적인 성벽을 순식간에 무너뜨린다.

또한 불평은 마약과도 같은 존재다. 일시적으로는 억압된 감정을 해방해 주지만 동시에 행복한 삶을 잠식한다. 무언가를 많이 얻어야 행복한 것이 아니라 불평할 일이 적어야 비로소 행복할 수 있다. 다른 사람에게 가혹한 요구하지 말고, 어떤 일이 일어나도 불평하지 말아야 한다. 능숙하게 자아를 조절해 자신의 감정과 심리 상태의 주인이 되어야 비로소 평안을 얻고 행복을 맛볼 수 있다.

어느 산속에 대사가 한 사람 있었다. 그는 두 명의 제자와 함께 살고 있었는데 그중 큰 제자는 불평하기를 매우 좋아하는 사람이었다.

어느 날 저녁, 대사는 직접 요리해서 상을 차렸다. 준비를 다 마치고 대사와 제자들은 상을 둘러싸고 앉아 밥을 먹기 시작했다.

수저를 들자마자 큰 제자는 또 끊임없이 불평을 늘어놓기 시작했다. 하산하는 길이 험준해서 내려가기 힘들다는 불평부터 가뭄 때문에 먼 곳까지 물을 길으러 가야 한다며 투덜거렸다. 그리고 탁발할 때 만나는 사람마다 차가운 눈초리로 본다는 등, 심지어 사원의 향불이 다른 큰 사원의 향불만 못하다고 불평했다.

잠자코 큰 제자의 불평을 듣고 있던 대사는 큰 제자의 말이 끝나자마자 물었다. "오늘 반찬 맛이 어떠냐?"

어리둥절해진 큰 제자는 대답했다. "조금 전까지 계속 말을 하느라 음식 맛보는 것을 잊고 있었습니다."

대사는 작은 제자에게도 똑같은 질문을 했다.

작은 제자는 고개를 저으며 대답했다. "방금 저는 형님 이야기에 정신이 팔려 음식 맛을 느낄 겨를이 없었습니다."

대사가 말했다. "그렇다면 지금 당장 맛을 자세히 음미해 보거라."

두 제자는 각자 상 위의 요리를 집어서 하나하나 맛을 본 다음 이구동성으로 이야기했다. "사부님, 오늘 저녁 반찬이 정말 맛있습니다!"

대사는 미소를 지으며 그들에게 가르침을 주었다. "너희들 중 한 사람은 끊임없이 불평하고, 다른 한 사람은 그 불평을 듣느라 정신이 팔려 삶의 즐거움이 바로 앞에 있는데도 그것을 누릴 줄 모르는 것이니라."

한바탕 불평을 늘어놓은 큰 제자는 과연 무엇을 얻었을까? 어쩌면 감정 발산 후에 느끼는 허무함이나 수습하기 힘든 걱정거리를 얻었을지도 모른다. 결론은 그의 삶과 처한 환경은 조금도 바뀌지 않았다. 무언가가 바뀌었다면 괜한 감정만 상하게 되고 조용했던 하늘에 먹구름을 드리우는 꼴이 되었다.

큰 제자는 불평하는 데 시간과 노력을 쏟느라 하마터면 눈앞의 맛있는 음식을 즐기지 못할 수 있었다. 게다가 이는 작은 제자에게도 영향을 끼쳐서 그도 마찬가지로 음식의 맛을 즐기지 못할 수 있었다. 일상생활에서 우리는 이야기 속의 큰 제자처럼 줄곧 불평만 하느라 주위의 행복을 놓치고 다른 사람에게까지 피해를 줄 수 있다. 설령 삶이 당신에게 고통을 주어도 불평해서는 안 된다. 불평을 그만둘 수 없다면 될 수 있는 한 불평하는 횟수를 최소한으로 줄이고, 더 긍정적인 태도로 세상을 바라보아야 한다. 불평은 자기 손으로 자기 발등을 찍는 일이나 마찬가지여서 아무런 도움이 안 된다. 인생의 무게는 절대 가볍지 않고, 생활 속의 모든 일이 원 대로 이루어질 수는 없다. 삶에는 슬픔과 기쁨, 이별과 만남이 있기 마련이다.

장수한 노인 한 사람이 말했다. 행복한 인생을 손에 넣기란 결코 어려운 일이 아니라고, 세 가지 규칙만 잘 지키면 된다고 말이다. 첫째, 자기 잘못으로 자신을 벌하지 말 것, 둘째, 자기 잘못으로 남을 벌하지 말 것, 셋째, 다른 사람의 잘못으로 자신을 벌하지 말 것이다. 원망과 불평을 지우지 않으면 진정한 즐거움을 얻지 못한다.

불평을 멀리하고 마음을 가라앉히면 새로운 자신을 발견할 수 있다. 이것은 운명을 바꾸고 행복한 삶을 얻을 수 있는 첫걸음이다.

하버드 교수의
'행복형' 햄버거

행복한 사람은 현재 주어진 일을 모두 잘 해낼 수 있을 뿐만 아니라
더욱 아름다운 미래를 손에 넣을 수 있다.

–탈 벤 샤하르

하버드대학 탈 벤 샤하르 교수는 어린 시절 라켓볼 선수였고 전국 대회에서 우승하기도 했다. 물론 이렇게 좋은 성적을 거두려면 반드시 지루하고 엄격한 훈련을 견뎌내야 한다. 당시 대회를 준비하면서 힘든 훈련 외에도 엄격한 식단관리를 했다고 한다. 시합이 시작되기 한 달 전부터 살코기와 통밀로 만든 탄수화물 음식, 신선한 채소와 과일만 섭취했다. 이는 사춘기 소년에게 있어 일종의 고통이었다. 여느 소년이나 다름없었던 당시의 샤하르는 마음속으로 남몰래 한 가지 결심을 했다. 일단 시합이 끝나면 반드시 이틀 동안 햄버거를 실컷 먹어 치우겠다고 마음먹었다. 그는 시합이 끝나자마자 햄버거 가게로 달려가 좋아하는 햄버거를 한꺼번에 4개나 주문했다. 허겁지겁 포장을 뜯고 햄버거를 베어 먹으려다 갑자기 행동을 멈췄다. 훈련 기간 동안 건강을 위해 섭취했던 음식들 덕분에 체력이 강해진 걸 깨달았고 만약 지금 햄버거를 실컷 즐기고 나면 앞으로 반드시 후회할 것 같았다. 눈앞의 햄버거를 보면서 각자 다른 맛을 지닌 4개의 햄버거가 마치 4가지 인생 유형을 나타내는 것처럼 느껴졌다. 그는 강의에서 학생들에게 이야기했다.

첫 번째 햄버거는 단맛이 나 먹으면 눈앞의 즐거움을 누릴 수는 있지만 미래에는 고통이나 아쉬움을 남긴다. 이를 인생에 비유하면 일시적인 향락을 추구하고 미래의 행복은 고려하지 않는 생활 방식, 즉 '향락 주의형'이라 볼 수 있다.

두 번째 햄버거는 안에 채소와 유기농 재료가 들어있어 건강에 좋다. 그러나 맛이 없어서 먹기가 힘들다. 이는 눈앞의 행복을 희생하고 미래를 더욱 중시하는 유형으로, 우리는 이를 '역 부족형'이라 부를 수 있다.

세 번째 햄버거는 최악이다. 맛도 없고 건강에도 좋지 않은 영향을 끼친다. 이러한 햄버거와 비슷한 사람은 삶에 희망이 없고 목표와 추구하는 바를 상실한 사람이다. 현재를 즐기지도 못하고 미래에 희망을 품고 있지도 않다. 이러한 유형이 '허무 주의형'이다.

그렇다면 맛있으면서 건강에도 좋은 햄버거는 없을까? 라고 생각하게 된다. 그것이 바로 네 번째 '행복형' 햄버거다. 행복한 사람은 현재의 삶을 즐길 줄도 알고 아름다운 미래도 손에 넣는다.

'맛'과 '영양' 둘 다 만족시키기란 매우 어려운 일인데 하물며 우리 인생은 어떨까? 그렇다고 해서 결코 양쪽을 만족시킬 수 없다는 뜻은 아니다. 우리는 어떻게 해야 영양도 있고 맛있는 원료를 배합해서 자신의 입맛에 맞는 영양가 높은 음식을 만들어낼 수 있을지 알아야 한

다. 사람들은 누구나 네 번째 햄버거인 '행복형' 버거가 되고 싶어 한
다.

행복한 삶과 아름다운 미래를 원한다면 행복한 사람이 되어 매일 한 가지씩 즐거
움을 만들어보자. 매일 소소한 즐거움은 충실한 내면을 만들고 삶도 즐거워지기
시작할 것이다.

행복한 인생에는 고통도
존재한다는 사실을 기억하라

나도 인간이기 때문에 유쾌하지 않을 때가 있다.
그러나 고통이 없으면 인간은 보잘것없는 행복을 소유할 수밖에 없다.
우리의 삶에서 즐거움은 일반적인 상태고 고통은
작은 에피소드에 불과하다는 사실을 기억하라.

−탈 벤 사하르

행복한 사람에게도 감정의 기복은 있지만 가끔 벌어지는 일에 불과하다. 그들에게 즐거움은 일반적인 상태고 고통은 사소한 일이다. 사람들은 항상 어떻게 하면 고통에서 벗어날 수 있을지 열심히 생각한다. 하지만 고통은 우리에게 꼭 필요한 과정이며 일종의 성장이다. 고통이 있어야만 인생의 달콤함을 맛볼 수 있고 성장해 나갈 수 있다.

모든 사람이 고통을 피할 수 없지만 고통이 찾아와도 담담하게 마주한다면 마음이 상처받아도 빨리 회복할 수 있다. 이는 즐거움이 삶의 일반적인 상태고 고통은 작은 에피소드에 불과하기 때문이다.

잭과 그의 아버지는 도자기를 팔며 살아가고 있었다. 그날도 부자 두 사람은 도자기를 팔러 집을 나섰다. 잭은 도자기를 메고 앞서 걸었고, 아버지는 필요한 공구를 들고 뒤를 따랐다. 전날 내린 비로 길이 미끄러웠다. 작은 돌다리를 건널 때 다리 위에 물이 고여 잭은 휘청했다. 손으로 난간을 잡으려 했지만 잡지 못해 넘어지고 말았다. 결국 도자기는 땅에 떨어져 부서져 버렸고 깜짝 놀라 일어선 잭은 부서진 도자기 더미 속에서 고개를 숙이고 괴로워하며 중얼거렸다. "정말 끝장이야. 이렇게나 많이 깨졌으니 손해도 크고 장사도 제대로 하지 못할 거야. 앞으로 어떻게 살아야 하지?"

이때 아버지가 다가오더니 미소를 지으며 말했다.

"우리는 무척 행운이야. 그렇지 않니? 다행히도 전부 깨지지는 않았잖아! 깨지지 않은 도자기를 가져다 계속 장사를 하면 전과 다름없는 생활을 할 수 있을 거야. 도자기가 깨진 것은 결코 나쁜 일이 아니란다. 이 일로 네가 한가지 깨달을 수 있거든. 우리의 삶에는 항상 예상치 못한 일이 발생한다는 사실을 말이다. 그럴 때는 비관하거나 무력해져서는 안 된단다. 자신이 가진 것을 소중히 하고 낙관적이며 즐거운 태도로 불행을 마주해야 해. 다른 각도에서 문제를 살펴보면 우리의 삶에는 항상 즐거움이 존재한단다."

아버지의 말을 듣고 나서 잭은 마음이 개운해졌다. 깨지지 않은 도자기를 정리해 팔았고 훗날 잭은 유명한 도자기 상인이 되었다.

똑같은 일이라도 그것을 대하는 태도가 다르면 결과도 달라진다. 비관적이고 부정적인 태도는 당신을 다시 일어서지 못하게 만들고 긍정적인 태도는 다시 일어서게 한다.

영국의 극작가이자 시인 셰익스피어(William Shakespeare)는 말했다. "현명한 사람은 자신이 잃어버린 걸로 자리에 주저앉아 슬퍼하지 않는다. 그 시간에 자신의 상처를 보완할 방법을 고민한다."

만약 당신이 이미 지나가 버린 어제의 태양 때문에 후회하고 있다면 분명 오늘 밤의 별과 달을 놓치고 말 것이다. 우리는 무언가를 잃었다고 슬퍼해서는 안 된다. 또한 미래를 향한 우리의 시선을 과거가 가로막게 내버려 두어서도 안 된다.

행복한 인생이란 자기 자신답게 사는 인생이다

행복감은 모든 목표의 최종적인 목표다.

−탈 벤 샤하르

물질적인 생활이 갈수록 풍요로워지는 오늘날, 많은 사람이 행복을 느껴야 하지만 현실은 완전히 반대다. 많은 사람이 삶에 무기력함을 느끼고 현재의 자신에 만족하지 못한다. 만약 타임머신이 있다면 과거로 돌아가 다시 시작하고 싶다⋯⋯ 이처럼 불행한 외침이 세상에 만연하다. 그들이 불행한 이유는 자아를 잃어버렸기 때문이다. 부모님의 기대, 선생님의 바람, 친구들의 조언, 심지어는 잘 알지도 못하는 사람에 의해 당신의 삶이 좌우된다. 하루하루를 무기력하게 살고 있는 사람이 어떻게 행복을 느낄 수 있겠는가.

노르웨이의 유명한 극작가 헨릭 입센(Henrik Ibsen)은 행복에 대해 다음과 같이 이야기했다. "만약 당신이 온 세상을 손에 넣는다 해도 자아를 잃는다면 그것은 쓴웃음을 짓고 있는 해골에 왕관을 씌워놓은 것과 같다." 행복은 매우 개인적인 감정의 일종이다. 어떤 일을 하든지 당신 자신의 감정이 가장 중요하다. 다른 사람의 감정을 자신에게 강요하는 것은 한 그루의 나무를 중간에서 잘라버리는 것과 마찬가지다. 땅에 뿌리를 박는 나무의 본능을 방해해버린 결과는 오로지 죽음뿐이다.

모두 탈 벤 샤하르라는 이름은 낯설지 않을 것이다. 그는 하버드 대학에서 '가장 환영받는 교수'로 불렸고 그의 강의는 수많은 기업가와 고위 관리자들에게서 '만질 수 있는 행복'이라고 칭송되었다. 대학을 졸업했을 때 샤하르는 높은 연봉을 받는 직장을 얻을 기회가 있었다. 그러나 그는 이를 거절하고 모교에서 평범한 교수가 되기를 선택했다.

샤하르의 생각을 이해하지 못하는 사람들은 끊임없이 이유를 물었다. 그럴 때마다 그는 웃으며 대답했다. "우리의 꿈은 무엇입니까? 결국에는 자신이 행복해지는 것 아닌가요? 지금껏 오랜 기간 하버드에 있으면서 저는 내 집 같은 느낌을 받았고 행복과 만족을 느꼈습니다. 그래서 저는 이곳에 남기로 했고, 저의 최종적인 꿈을 이루었습니다."

샤하르에게 행복감은 인생을 평가하는 유일한 기준이자 자신의 최종적인 목표였다. 그는 이를 깨달았기 때문에 과감하게 높은 연봉을 받을 수 있는 자리를 거절했다. 그리고 하버드대학에 남아 평범한 교수로 일하며 자기 인생에서 행복을 느낄 수 있었다. 현실에서 사람들은 끊임없이 더 많은 재물과 더 큰 집, 더 호화로운 차를 원한다. 그리고 이를 성공이라 여기며 행복을 얻을 수 있다고 생각하지만, 이러한 과정이 행복과 멀어지고 있다는 사실을 깨닫지 못한다. 한 하버드 졸업생의 다음과 같은 이야기가 있다.

초등학교에 들어가기 전까지 짐의 어린 시절은 매우 행복했고, 아무런 근심 걱정도 없었다. 그러나 초등학교에 들어간 후 그는 공부 때문에 매우 바빠졌고, 다시는 예전과 같은 즐거움을 느낄 수 없었다. 부모님은 그에게 오로지 공부 잘하고 좋은 성적을 거두어야만 좋은 직업, 좋은 생활을 할 수 있게 되고 행복해질 수 있다고 이야기했다. 학교의 선생님들도 그렇게 가르쳤다.

부모님과 선생님의 가치관은 짐에게 고스란히 전해졌다. 설령 부모님의 요구와 선생님의 훈계가 마음에 들지 않아도 짐은 엄격하게 실천했다. 어찌 됐든 짐에게는 행복한 미래가 매우 매력적으로 느껴졌다.

짐은 필사적으로 공부했다. 그는 좋은 대학에 들어가기만 하면 빛나는 미래가 펼쳐질 거라 굳게 믿었고 하버드대학에 합격했다는 사실을 알았을 때 그는 길고 긴 한숨을 내쉬었다. 그리고 앞으로는 즐겁고 행복한 삶을 살게 될 거로 생각했다. 그러나 부모님과 선생님은 그에게 더욱 높은 요구를 해왔다. 그는 다시 신경을 팽팽하게 조여서 모임을 만들고 다양한 활동과 시합에 참여했다. 대학 4년간 그는 숨 돌릴 틈도 없이 오로지 성적과 명예를 위해서 살았다.

이윽고 대학을 졸업할 때가 다가왔고 짐은 부모님이 원하는 대로 보스턴의 한 비즈니스 컨설턴트 회사에 높은 연봉을 받고 입사했다. 그는 마음속으로 이번만큼은 반드시 행복하고 즐거운 삶이 시작될 것이라고 자기 자신에게 이야기했다. 그러나 하루 12시간의 강도 높은 업무 때문에 그의 희망은 다시금 산산이 부서졌다.

다년간 최선을 다한 결과 짐은 회사, 호화로운 집, 명품 자동차 등 물질적인 만족을 모두 손에 넣을 수 있었다. 하지만 그는 조금도 행복하지 않았다. 그저 술과 약에 취해 자신을 마비시킬 뿐이었다.

사람은 다른 사람의 기대에 속박되지 않고 자신만의 본성을 고수하며 자신답게 살아야 한다. 샤하르의 강의에서 "모든 사람은 이 세상에서 유일무이한 존재다. 당신이 이전에 어떤 사람이었는지는 신이 당신에게 선물해 준 것이고, 당신이 앞으로 어떤 사람이 될지는 당신이 신에게 선물하는 것이다."라고 이야기한 것처럼 말이다.

개성과 자기 계발이 존중되는 이 시대에 사람은 하나의 격식에 구애되어서는 안 된다. 그러나 많은 사람이 다양한 외재적 요구와 압박에 자아를 잃는다. 자신이 어떤 잠재력을 가졌는지도 모르고, 어떤 목표를 달성하고 싶은지도 모른다. 게다가 어떤 일에 자신이 행복을 느끼는지도 모른 채 맹목적으로 다른 사람을 따르고 그들의 요구대로 살아간다.

다른 사람의 방식대로 살아가면 아무리 노력해도 다른 사람이 남긴 발자국을 따라갈 수밖에 없다. 그렇게 되면 삶의 의미를 발견하기란 쉽지 않고, 행복은 말할 것도 없다.

우리는 자신이 가진 것을 발견하고 자신이 진정으로 원하는 것이 무엇인지 알아야 한다. 자신의 마음을 따르고 생활 속에서 자아를 실현해야 비로소 진정한 즐거움과 행복을 손에 넣을 수 있다!

행복은 부족한 지금,
이 순간이다

사람들은 삶 속에서 각자 자기 자리가 있고
저마다 다른 역할을 연기하고 있다. 우리는 자신의 세계 속에서는 주인공이지만
다른 사람의 세계에서는 어쩌면 엑스트라에 불과할지도 모른다.
-탈 벤 샤하르

사람은 누구나 완벽한 삶을 원한다. 이는 일종의 소망이며 목표다. 많은 사람이 완벽한 삶을 추구하고자 하는 것은 비난할 일은 아니다. 하지만 완벽한 삶만을 추구하다 보면 자기 삶에 강한 압박을 가한다는 사실을 생각하지 못한다. 완벽을 추구할수록 행복이라는 느낌은 그들과 점점 멀어지게 된다.

완벽을 추구하는 것과 성공할 기회는 반비례한다는 사실이 연구를 통해 증명되었다. 완벽을 추구하는 행위는 심리적으로 막대한 압박을 초래하고, 이로 인한 초조함, 실망감, 억압감 등이 발생하기 쉽다. 완벽을 추구하는 사람들은 항상 실패를 걱정하며 자신의 불완전함을 두려워해 불안해한다. 이런 사람의 삶은 피곤할 수밖에 없고 절대 행복해지지 못한다.

인생은 불완전한 부분이 가득한 여정이라 할 수 있다. 사람은 자

신의 사고나 생활환경, 생활 수준에 만족하기 어렵기 때문에 끊임없이 창의력을 발휘하고 꿈을 좇는다. 하지만 결함이 없다는 건 완벽함을 의미하고, 완벽함은 더 이상 이루고자 하는 꿈이 없다는 걸 의미한다. 그리고 꿈이 없다는 것은 삶이 정체되었음을 의미한다. 인생에 추구하는 바가 없는데 어디서 행복을 느낄 수 있겠는가? 우리가 무언가를 추구하는 목적은 행복하고 즐거운 삶을 위해서다. 그런데 행복과 점점 멀어지기만 한다면 과연 의미가 있을까? 과도한 완벽주의 때문에 우리는 원래 원하던 것과 점점 멀어지고 행복의 그림자도 점점 흐려지게 된다.

한 어부가 바다에서 진주를 발견했다. 커다란 진주를 얻게 된 그는 매우 기뻐하며 진주를 손에 들고 이리저리 살펴보다 진주 표면에 작은 흑점이 있는 것을 발견하고 안타까워했다. 어부는 진주의 흑점이 사라진다면 분명 더할 나위 없는 보물이 될 것이고 큰돈을 벌 수 있을 거로 생각했다. 그래서 진주를 한 꺼풀 벗겨냈지만, 흑점은 여전히 선명하게 남아있었다. 하는 수 없이 그는 또 한 꺼풀 벗겨냈지만, 흑점은 여전히 사라지지 않았다. 결국 그는 흑점을 완전히 벗겨내는 데 성공했지만 그만큼 진주도 작아지고 말았다.

우리가 완벽을 추구하는 대가는 손안의 커다란 진주를 잃는 것과 같다. 어느 철학자는 자신의 일기에 '만약 다시 태어난다면 나는 절대 완벽을 추구하지 않을 것이다'라고 썼다. 행복은 모든 일을 완벽하게 하는 것이 아니라 매일 진실한 하루를 보내는 데 있다.

한쪽 구석이 조금 떨어져 나간 동그라미가 있었다. 동그라미는 자신의 떨어져 나간 부분을 보완해 완벽하게 만들고 싶었다. 그는 자신이 불완전하기에 구르는 속도가 매우 느린 것으로 생각했다. 그는 힘껏 굴러다니며 풍경을 감상하고, 벌레와 이야기를 나누고, 새들과 함께 노래하고, 따스한 햇살과 세상의 아름다움을 느끼고 싶었다. 동그라미는 수많은 조각을 찾아다녔지만, 자신의 떨어져 나간 부분과 맞는 것을 찾지 못했다. 그러던 어느 날 떨어져 나간 조각을 찾은 동그라미는 자신의 소원을 이루었다.

완벽해진 동그라미는 구르는 속도가 매우 빨라졌다. 그래서 꽃이 피는 계절이나 벌레와 새, 따스한 햇살을 그냥 지나쳐버리게 되었다. 이 모든 것을 깨달은 그는 천신만고 끝에 찾아낸 조각을 과감하게 포기하고 다시 불완전한 동그라미로 돌아왔다.

불완전함은 인생의 일부분으로 가혹하게 완벽을 추구하지 말고 어느 정도 포기할 줄 알아야 한다. 우리는 원래 완전무결한 존재가 아니며 이를 빨리 받아들일수록 행복도 더 빨리 다가온다.

완벽이란 원래부터 존재하지 않아 완벽한 삶을 추구할 필요가 없다. 완벽이란 사람들의 마음속에 존재하는 하나의 허상이다. 과도한 완벽주의는 고통의 일종이며 자기 자신에 대한 가혹한 요구다. 결국 자기 자신에게 실망을 느끼는 동시에 무거운 짐을 지우게 된다.

우리는 태어난 순간부터 인생이라는 열차에 올라 여정을 시작한다. 그리고 이 열차는 '죽음'이라는 종착역을 향해 달려간다. 여행하면서 우리는 과거의 풍경에 미련을 두어서도, 미래의 풍경에 과도한 동경을 품어서도 안 된다. 우리가 머무르고 있는 곳은 바로 지금이다. 모든 과거는 쌓여 지금이 되었고, 미래는 지금으로부터 시작된다.

완벽을 추구하던 사람도 실패를 경험하며 서서히 늙어갈 때, 이해득실이나 결과는 중요한 것이 아니라는 사실을 깨닫게 될 것이다. 이는 인생이라는 여정에 한 차례 지나가는 두근거림에 지나지 않는다. 마치 조미료처럼 우리 삶에 맛을 조금 더해주고 나면 그 역할은 다한다. 완벽을 추구하는 과정에 의미가 있는 것이기에 절대 모든 일에 가혹하게 완벽을 요구해서는 안 된다. 인생은 본래 불완전한 것으로 하루하루를 충실하게 보내고 가장 진실한 자신이 되기 위해 노력하다 보면 행복은 자연스레 당신과 함께 할 것이다. 행복이란 본디 진실한 삶에서 비롯되기 때문이다.

우리는 진실한 존재라는 걸 받아들여야 한다. 완벽만 추구하다 보면 진실한 행복은 사라진다. 당신이 지금 손에 쥐고 있는 진실을 포기하지 않을 때 비로소 행복이 당신과 함께한다.

행복은 항상
당신 곁에 머문다

인생이라는 여행을 누린다는 것은 결과보다
여행 중 즐거움을 느끼는 것이다.
－하버드대학 교훈

　많은 사람이 행복해질 수 있는 가장 간단한 방법은 열심히 돈을
모으는 것으로 생각한다. 그리고 흥청망청 쓸 수 있을 정도로 돈이
모이면 이때부터 삶을 즐길 수 있다고 생각하고 끊임없이 노력하며
일한다. 과연 먼 훗날 행복은 찾아올 수 있을까? 하버드대학의 행복
수업 교수 탈 벤 샤하르는 이에 반대 의견을 제시하며 다음과 같은
이야기를 들려주었다.

　멕시코만의 작은 어촌에 한 어부가 살고 있었다. 그는 매일 아침
저절로 눈이 떠질 때 일어나 바다에 나가서 물고기를 몇 마리 잡았
다. 그 후 바로 육지로 돌아왔고, 잡은 물고기는 그렇게 많지 않았다.
남은 시간에는 집에서 아이들과 함께 놀아주고, 마을에 사는 이웃들
과 술을 마시고 이야기를 나누며 보냈다. 그리고 나면 하루는 금방

지나갔다.

어느 날, 한 여행객이 어부가 살고 있는 어촌에서 휴가를 보내게 되었다. 그는 온갖 풍파를 다 겪은 것 같은 어부의 얼굴을 보고 물었다. "보아하니 당신은 그다지 넉넉한 생활을 하고 있지는 않은 것 같은데 왜 물고기를 더 많이 잡지 않습니까?"

여행객의 질문에 어부는 이해가 가지 않는 듯 대답했다. "지금 잡은 것만으로도 우리 한 식구가 먹고살기에는 충분하니까요. 그런데 왜 더 많이 잡아야 합니까?"

어부의 대답을 듣고 여행객은 크게 웃으며 말했다. "지금 당신의 삶에 무슨 의미가 있나요? 당신은 반드시 물고기를 더 많이 잡아야 해요. 그런 다음 큰 배를 사는 겁니다. 만약 당신이 원한다면 배에서 일할 사람들을 모아 더 많은 물고기를 잡을 수 있겠지요. 분명 머지않아 당신은 자기 회사를 세울 수 있을 겁니다. 그때가 되면 당신은 마치 황제처럼 여유로운 삶을 누릴 수 있겠지요."

여행객의 의견에 동의할 수 없었던 어부는 그에게 물었다. "만약 큰 회사를 세우려면 시간이 얼마나 걸릴까요?"

여행객은 잠시 생각한 후에 대답했다. "아마 15년 정도 걸릴 겁니다."

"아, 그렇다면 회사를 세운 다음에는요? 저는 또 무엇을 해야 할까요?"

"그런 다음에 당신은 회사를 매각하는 겁니다. 그걸로 더 많은 돈을 벌게 되면 당신은 소란스러운 대도시를 떠나서 작은 어촌을 찾아 산 좋고 물 맑은 조용한 환경에서 노후를 편안히 누릴 수 있을 겁니다. 당신은 매일 가족들과 함께 잠을 자고, 게임을 하고, 음악을 들으며 살 수 있습니다."라고 여행객이 대답했다.

그러자 어부는 미소를 지으며 여행객에게 이야기했다. "저의 지금 생활이 바로 당신이 말한 것과 똑같지 않습니까?"

여행객은 갑자기 할 말을 잃어버렸다.

많은 사람은 평생 사업의 성공, 가정의 행복을 위해 끊임없이 노력한다. 하지만 결과는 그들이 바라는 것처럼 흘러가지는 않는다. 그 중에서 진정한 행복을 얻는 사람은 소수에 불과하다. 그런데도 일생을 노력만 하다가 죽을 것인가?

스무 살을 갓 넘긴 젊은이가 있었다. 그는 혼자서 길을 걷고 있었는데 매우 바쁜 모습이었다. 그는 걸으면서도 길가의 풍경이나 행인을 전혀 쳐다보지 않았다. 어떤 사람이 그의 걸음을 막고 물었다. "이보게 청년, 뭐가 그렇게 바쁜가?" 청년은 고개도 돌리지 않고 재빠른 걸음으로 앞을 향해 뛰어가면서 말했다. "저를 막지 마세요. 저는 행복을 찾고 있습니다."

시간은 빠르게 흘러갔고, 눈 깜짝할 사이에 20년이 지났다. 청년이었던 그는 이미 중년이 되어 있었다. 그는 여전히 길을 달리고 있었다. 그때 또 누군가 그의 걸음을 막으며 물었다. "이보게, 형씨. 뭐가 그렇게 바쁜가?" 중년이 대답했다. "나를 막지 마시오. 나는 행복을 찾고 있소."

그렇게 또 20년이 흘렀다. 중년이었던 그는 초췌하고 눈앞이 뿌옇게 보일 정도의 노인이 되었다. 그는 여전히 열심히 앞을 향해 나아가고 있었다. 그때 누군가 그의 걸음을 막으며 물었다. "영감님, 아직도 행복을 찾고 계시는가요?"

"그렇소."라고 대답을 마친 노인은 갑자기 정신이 번쩍 들었다. 그 순간 두 줄기 눈물이 그의 뺨을 따라 떨어져 내렸다. 알고 보니 방금 그에게 질문을 한 사람은 바로 행복의 신이었다. 노인은 평생 행복을 찾았지만 사실 행복의 신은 항상 그의 곁에 있었다.

삶의 진정한 의미는 행복을 느끼고 삶의 순간순간을 누리는 데 있다. 우리가 하는 모든 일은 마음이 원하는 것을 찾아야 한다. 당신이 좋아하는 일을 하면 마음도 즐거워지기 시작할 것이고, 그러면 행복도 찾아올 것이다.

삶을 누린다는 것은 심리의 하나이다. 누린다는 것의 핵심은 매일 즐거운 일상을 찾을 수 있는가에 달려있다. 또한 즐거움은 부유함이나 삶의 질에 달리지 않았다. 주위 사람들과 자기 일을 어떻게 대하는지, 그리고 즐거움을 받아들일 수 있는 마음을 가졌는지에 달려있다.

삶의 가면을 벗어라

나를 받아들이고 이따금 실망하고 슬퍼하는 자신을 허락하라.
그 후 어떤 일을 해야 기분이 좀 더 나아지는지 스스로 물어라.

-탈 벤 샤하르

많은 사람이 자기 본모습을 숨기려고 다른 사람과 거리를 두고 가
면을 쓰며 생활한다. 그래서 그들의 진정한 모습을 아는 사람은 없
다. 그들은 다른 사람이 자기 가면을 벗기는 게 두려워 경계하는 매
우 슬픈 사람이다. 이러한 삶이 가면무도회와 무슨 차이가 있을까?
그들은 다양한 가면을 쓰고 다양한 곳에 나타난다. 위장을 통해 다른
사람의 시선이나 질타로부터 도피하고 자신을 보호하려 한다. 그들
은 자기 성격을 가면 속에 감춰두고 진실한 일면을 영원히 묻어두려
한다. 우리는 스스로 물어보아야 한다. 정말 이렇게 자신을 위장할
필요가 있을까? 하버드대학의 권위 있는 교수 네오 홀맨(Neo Holman)
은 하버드의 학생들에게 다음과 같은 실제 이야기를 들려주었다.

50대의 남자가 유명한 성형외과 의사를 찾아왔다. 그는 교수에게

자기 가면을 떼어달라고 부탁했다. 그는 특수한 재질로 만들어진 가면을 쓰고 생활한 지 이미 30여 년이 되었는데 지금은 자신의 본래 모습으로 돌아가기를 원한다고 이야기했다. 처음에 이 교수는 그가 가면을 쓰고 있다는 사실을 전혀 알아채지 못했다. 그러나 손으로 남자의 얼굴을 만져보자 뭔가 다른 점을 느낄 수 있었다. 그러나 이는 매우 미세해서 일반적인 사람은 느낄 수 없는 것이었다. 그 가면은 진짜 피부 같았다. 다만 약간 투박한 감촉이 느껴지며 탄성이 좋지 못하고, 장기간 방치한 탓에 수분을 잃은 밀가루 반죽 같은 느낌이었다.

이 남자는 자신을 Q라고 불러달라고 이야기했고 병원 측도 인정해 주었다. 교수의 진찰 결과 Q의 가면이 얼굴 피부와 완전히 결합하여 떼어내기가 매우 어려운 상황이 되었다.

Q의 설명에 따르면 가면을 쓴 초기에는 가면이 익숙하지 않았다고 한다. 그는 낮에 외출할 때만 가면을 쓰고 밤에는 조심스럽게 그것을 떼어냈다고 했다. 처음에는 귀찮다는 생각이 들었지만, 서서히 익숙해졌고, 그 이후 떼어내지 않게 되어 점차 가면의 존재를 잊게 되었다고 했다.

그는 타지에서 온 사람이기 때문에 그가 가면을 쓰고 있다는 사실을 아는 사람은 아무도 없었다. 가면은 그에게 큰 도움이 되었다. 그는 온화하고 우아한 사람이었으며 희로애락을 내색하지 않았다. 사람들은 그의 표정에서 마음을 읽어낼 수 없었다. 그는 시종일관 봄의 햇살 같은 온화한 미소를 띠고 있었다. 사람들은 그의 교양이 매우 높다는 사실에 이따금 놀랄 뿐이었다. 그는 다른 사람과 의견 충돌을 빚는 일이 매우 드물었지만 설령 그렇다고 하더라도 평온하고 온화한 표정을 유지했다. 그의 얼굴에서는 위장의 흔적을 조금도 느낄 수 없었다. 이는 장기적으로 그에게도 좋은 영향을 끼쳐서 모난 성격이 둥글어지기도 했다.

그는 순조롭게 출세 가도를 달렸다. 그가 지금의 자리에 올라서기까지는 가끔 모욕당한 적도 있었고 상사의 눈치를 봐야 할 때도 많았다. 때로는 마음속에서 울분이 끓어오르고 억울해서 참지 못해 폭발하고 싶은 순간도 있었지만 결국에는 자신을 억제했다. 그의 가면은 진실한 내면을 숨겨주었고 그의 얼굴과 대립하는 강렬한 감정의 존재를 눈치챈 사람은 아무도 없었다.

그 자신을 제외하고 그가 가면을 쓰고 있다는 사실을 아는 사람은 없었다. 이는 아내도 마찬가지였다. 아내 앞에서 그는 때로 화를 냈다. 그러나 그는 화를 낼 때도 항상 웃는 표정이었다. 아내는 그에게 겉은 착해 보여도 속은 음흉한 사람 같다며 이야기해도 웃으며 받아줄 수밖에 없었다. 그는 아내의 묘사가 자신에게 절묘하게 맞는다고 생각했다.

그 후 가면의 존재에 익숙해져 마치 태어날 때부터 쓰고 있던 것 같았다. 가끔 마음속으로 가면을 쓰고 살아가는 자신이 조금 슬프다고 느꼈지만 얻은 이익과 성공을 생각하면 그의 마음은 평온해졌다.

대량의 자료를 조사해본 후 교수는 가장 좋은 수술 방법을 정했다. 신중히 처리하기 위해 그는 명성이 높은 동료 의사 교수에게 수술의 조수를 맡겼고 수술은 매우 정교하게 진행되었다. 12시간 후에 가면은 완전히 그의 얼굴에서 떨어져 나갔다. 수술은 예상보다 성공적이었다.

6개월 후, Q는 얼굴의 붕대를 풀게 되었다. 교수는 어깨의 피부를 떼어 그의 얼굴에 이식했고 새로운 피부는 순조롭게 성장했다. 그러나 Q의 얼굴 신경은 오랜 기간 사용되지 않아 이미 그 기능을 완전히 잃은 상태였다. 얼굴 전체에 표정이 없어서 마치 갓 출토된 미라 같았다.

의학적으로 신경의 손상은 회복될 수 없었기에 교수는 어떤 방법으로도 그를 회복시킬 수 없었다. 매우 유감스럽게도 Q는 또다시 가면 같은 얼굴로 살아가게 되었다.

오늘날 치열한 경쟁사회에서 우리는 매일 성공자 혹은 실패자라는 역할을 연기하며 살아간다. 우리가 순수한 아이였을 때, 잘못해서 넘어지면 크게 울었다. 그리고 오랫동안 갖고 싶었던 선물을 받으면 기뻐서 주위 친구들에게 자랑하고 다녔다. 어린 시절에 우리는 대부분 자신의 감정을 숨길 필요가 없었다. 기쁘면 큰소리로 웃고 슬프면 목 놓아 울면 그만이었다. 그러나 어린애 티를 벗고 어른이 되면서 우리는 가면을 쓰고 이 세상을 대하는 법을 배워버렸다. 자신의 흥미를 위장하거나 감정을 억제하게 되었다.

실패자들은 상처받기 쉬운 마음을 숨기기 위해 금욕의 가면을 쓴다. 남다른 자신감을 가진 이들은 냉정의 가면을 선택해서 사랑받고 싶은 욕구를 감춘다. 그리고 자신감이 없는 이들은 대다수 과시의 가면을 선택해서 사람들 앞에서 성공을 뽐낸다.

매일 가면을 쓰고 생활하면 당연히 소유해야 할 즐거움과 행복을 잃고 갈수록 허위와 가식적으로 변한다. 우리가 이런 변화를 견딜 수 없게 되었을 때는 이미 후회해도 늦는다.

진정한 행복과 즐거움을 얻고 싶다면 반드시 가면을 벗어버려야 한다는 사실을 기억하라. 이것만이 진실한 삶을 살아가는 길이다.

자신을 더 아껴라

당신 내면의 열정을 따르라.
그리고 당신에게 의미 있고 즐거운 일을 선택하라.
－탈 벤 샤하르

어느 하버드 교수는 케이티라는 이름의 여자를 만났다.

케이티는 키가 150센티미터가 못 되지만 몸무게는 62킬로그램이었다. 그녀는 교수에게 이야기했다. "저는 지금까지 딱 한 번 미용실에 가본 적이 있는데 그때 미용사가 저에게 한 말을 아직도 기억해요. 그녀는 "케이티씨, 당신의 얼굴은 저에게 있어 정말 어려운 문제나 다름없군요."라고 말했어요." 그녀는 말을 마치고 자신이 생각해도 우스운지 참지 못하고 웃기 시작했다. 교수는 그녀가 종종 다른 사람들에게 풍자와 조소를 받았음에도 그런 일에 영향을 받거나 화를 낸 적이 없었다는 사실에 매우 놀랐다. 그녀는 자신감 있고 진실하게 살아가고 있었다.

그녀는 처음으로 간 무도회 이야기를 했다. 모든 여자의 마음속에 무도회는 로맨틱한 프로그램이고 사랑에 대한 갈망을 의미한다. 모두가 흥분하는 무도회가 열리는 밤, 케이티는 무도회에 가기 전에 특별히 몇 시간 공들여 자신을 꾸몄다. 당시에는 가짜 다이아몬드가 박힌 귀걸이가 크게 유행하고 있었고 그녀도 귀걸이를 쓰니 매우 세련되어 보였다. 케이티는 무도회에서 귀걸이를 걸고 있는 게 익숙해지도록 평소에도 무도회를 위해 항상 귀걸이를 걸고 있었다. 그런데 그것 때문에, 귀에 염증이 생겨 어쩔 수 없이 귀에 고약을 붙였다. 귀에 붙인 고약 냄새가 지독했는지 무도회가 끝날 때까지 그녀에게 춤을 청하는 사람은 없었다. 케이티는 자신이 왜 이렇게 인기가 없는지 이해할 수 없었다. 우울한 얼굴로 집에 돌아오자 부모님이 그녀를 기다리고 있었다. 그녀는 억지로 흥분한 척하며 무도회가 정말 즐거웠다고 부모님에게 이야기했다. 그러면서 하도 많은 사람이 그녀에게 춤을 청하는 바람에 다리가 부었을 정도라고 말했다. 부모님은 그녀가 무도회에서 정말 즐거웠다는 이야기를 듣고는 안심하며 잘 자라는 인사를 하고 방으로 돌아갔다. 케이티는 자신의 방으로 돌아와 귀에 붙인 고약을 떼어 버리곤 너무나도 속상해서 이불을 덮고 큰 소리로 울었다. 그날 밤 그녀의 머릿속에는 어떤 남자에게도 춤을 요청받지 못한 여자라는 생각만 들었다.

어느 날 그녀는 도서관에서 프랑스의 산문집을 빌렸다. 아무 생각 없이 책을 펼쳐보다가 그녀는 쓸데없는 걱정을 하는 여자의 이야기가 실려 있는 것을 발견했다. 이야기 속의 여자는 다른 사람들의 시선만 신경 써서 무슨 일이든지 안 좋은 쪽으로만 생각하는 것이었다. 이 글을 읽은 후 케이티는 넋을 놓고 있다가 한참이 지나서야 깨달았다. '이야기 속의 여자는 지금의 나와 같지 않은가?' 이야기 속의 여

주인공은 다른 사람 눈에 비칠 자기 모습을 만드는 데 시간과 노력을 쏟아붓는다. 항상 다른 사람 앞에서 망신당하지는 않을까 두려워하고, 이에 자신의 진실한 삶은 소홀히 한다. 그 순간 케이티는 자신이 20년에 가까운 세월을 남의 시선을 위해 허비했다고 생각했다.

사람들은 누구나 다른 사람 앞에서 자신의 가장 좋은 면을 보여주고 싶어 한다. 하지만 모든 사람이 다 당신에게 주목하는 것은 아니다. 진심으로 당신을 신경 쓰는 사람만이 당신에게 주목한다. 모든 사람이 당신이 무슨 일을 잘 해내는지, 못 해내는지 신경 쓰는 것은 아니다. 조금 망신을 당했다고 해서 당신이 어리석은 사람임을 의미하지는 않는다. 의미 없는 걱정을 하느라 자신의 시간과 노력을 소모하는 것은 가장 어리석은 행동이다.

누구나 살아가면서 다른 사람에게 쉽게 영향을 받는다. 다른 사람을 자기 행복의 기준으로 삼지 말고 자신을 좀 더 사랑하는 법을 배워야 한다.

과도한 집착은 운명을
조절할 수 없게 만든다

그 누구도 쉽게 성공할 수는 없다.
성공은 철저한 자기 관리와 의지에서 비롯된다.
−하버드대학 도서관 교훈

하버드대학 신학대학원의 한 학생이 다음과 같은 이야기를 했다. 이 이야기를 통해 우리는 과도한 집착과 의지는 우리에게 큰 손실을 가져다준다. 심지어 우리가 운명을 조절할 수 없게 만들기도 한다.

미국 텍사스주의 어느 작은 마을에 목사님이 있었다. 40년간 살아오면서 그는 매우 경건하고 진실하게 신을 믿었고 시종일관 자신의 운명을 신에게 맡겼다. 평소에 그는 항상 지역 사람들을 위해 봉사했다. 세례는 물론이고 결혼식이나 장례식 등의 의식을 세심하고 완벽하게 기획했다. 만약 환자나 노인을 만나면 그는 온 힘을 다해 도와주었다. 40년 동안 그는 진심으로 약자에게 도움을 건넸고, 절망의 위기에 이른 사람들에게 삶의 희망과 잃어버린 자신감을 찾아주었다. 그는 크리스천의 본보기였으며 모든 사람이 인정한 성인이었다.

맑게 갠 아침, 목사가 기도를 마치자 갑자기 하늘에 먹구름이 짙게 깔리기 시작하더니 몇 분도 되지 않아 억수 같은 비가 쏟아졌다. 이 비는 20여 일간 계속 내려 수위가 끊임없이 상승하고 마을 주민들은 안전지대로 대피했다. 하지만 목사는 혼자 마을에 남았다. 끊임없이 상승하는 수위를 보면서도 그는 이곳을 떠나야겠다고 생각하지 않았다. 그리고 교회의 옥상에 올라가서 오로지 한 마음으로 하나님이 자신을 구해주기만을 기다렸다. 이때 작은 배 한 척이 다가왔다. 배에 타고 있던 사람이 큰 소리로 외쳤다. "목사님, 어서 타세요. 제가 안전지대까지 모셔다드릴게요. 잠깐 기다리세요. 얼른 그쪽으로 갈 테니." 배에 탄 사람은 말을 마치고 목사를 구하기 위해 배를 저을 준비를 했다.

이렇게 긴박한 순간에도 목사는 대피하려 하지 않았다. 그는 바보처럼 하늘을 바라보며 하나님이 자신을 구해주기를 기다렸다. 목사는 배를 탄 사람에게 매몰차게 말했다. "안 돼요, 안 돼! 저는 하나님이 저를 보고 계실 줄 믿습니다. 하나님은 분명 40년간의 제 노력을 보셨을 겁니다. 저는 주님의 가장 충실한 종이었습니다. 그러니 분명 저를 구해주실 겁니다. 그러니 먼저 가세요. 저는 여기서 하나님이 구해주시길 기다릴 겁니다. 반드시 기다릴 거예요……" 배에 타고 있던 사람은 난처한 상황에서도 여전히 고집을 부리는 그를 보고 어쩔 수 없다는 듯 고개를 저으며 떠나갔다.

그로부터 이틀이 지났다. 비는 여전히 그치지 않았고 수위는 끊임없이 상승했다. 하늘에는 여전히 먹구름이 가득했고 목사는 떠날 생각을 하지 않았다. 그는 교회 첨탑을 필사적으로 끌어안고 있었고,

불어난 물이 그 주위를 세차게 흐르고 있었다. 그는 생기 없는 눈빛으로 하늘을 바라보고 있었지만 그래도 한 가닥 희망을 품고 있었다. 그는 두려워하거나 절망하지 않았다. 단지 추위를 느낄 뿐이었다. 그는 신이 눈앞에 나타나 자신을 구해주기를 기다렸다. 이때 헬리콥터 한 대가 그의 머리 위로 나타났다. 헬리콥터 안의 사람은 목사에게 큰 소리로 외쳤다. "목사님, 두려워하지 마십시오. 저희가 구해드리겠습니다. 고리를 던질 테니 몸에 묶으세요. 저희가 잡아당기겠습니다. 안전한 곳으로 모셔다드릴게요." 이때 목사는 이미 기진맥진한 상태였다. 그는 입술을 부들부들 떨며 말했다. "안 돼요, 안 돼! 그럴 필요 없다니까……" 목사님은 아까 했던 말을 그대로 반복하며 자기가 40년 동안 한 일을 하나님이 모두 보고 계셨으니 분명 자기를 구해주실 거라 했다. 그의 말이 끝나자 헬리콥터는 가버렸다. 헬리콥터가 멀어지자 목사님은 점점 졸음이 밀려왔다. 그런데 돌연 강풍이 불어 목사는 물속에 빠졌고 목숨을 잃었다.

40년 동안 고생을 마다치 않고 열심히 베풀며 신실하게 하나님을 믿은 덕택에 그는 곧장 천국으로 가게 되었다. 그러나 목사는 자신의 마지막 상황이 매우 불만이었다. 비록 천국에 가기는 했지만, 마음의 평정을 잃은 그는 화를 내며 하나님 앞으로 나아갔다. 하나님은 열정적으로 그에게 인사를 건넸다. "천국에 온 것을 환영하네, 맥도날드 목사! 당신을 만나게 되어 정말 기쁘네."

"무슨 말씀을 하시는 겁니까! 저는 평생토록 신실하게 당신을 섬겼고 다른 사람들을 위해 열심히 봉사했습니다. 저는 이를 당신께서 다 보셨다고 생각했습니다. 그런데 제가 당신의 도움을 가장 필요로

할 때 당신은 저를 구해주지 않으셨고 물에 빠져 죽게 하지 않으셨습니까?" 목사는 하나님을 바라보며 이야기했다.

하나님은 미소를 지으며 말했다. "오, 맥도날드 목사여, 부디 양해해 주기를 바라네. 나는 분명 배 한 척과 헬리콥터를 보냈는데 당신이 고집을 피우며 두 번이나 기회를 저버렸다고 하더군."

돌연 목사는 아무 말도 할 수 없었다. 두 눈은 눈앞의 하나님을 바라보고 있었지만, 그 눈빛에는 후회와 절망이 가득했다.

사실 인생은 백지 한 장과 같다. 그것을 세계의 명화로 만들 것인지 아니면 폐지로 만들 것인지는 우리에게 달려있다. 자신의 운명을 다른 사람에게 맡기는 사람은 겁쟁이다. 이야기 속의 목사처럼 자신의 운명을 타인에게 맡겨 결국에는 자신을 해쳤다.

> 자신만의 원칙을 고수하는 과도한 집착은 당신의 판단력을 잃게 하고 더 깊은 고통에 빠뜨린다.

화를 멀리하라

화를 내는 횟수를 줄이는 것은 수양의 결과다.

—량스추(梁實秋), 산문가. 하버드대학 졸업

인생은 하나의 과정이고 우리가 마주하며 걱정해야 하는 일은 너무나도 많다. 매일 다양한 일을 경험하면서 우리의 마음은 다양한 시련을 받는다. 모든 일이 완벽하게 흘러갈 수는 없는 법이고 항상 기분이 좋을 수도 없다. 하지만 쉽게 화를 내서는 안 된다. 쉽게 화를 내면 다른 사람의 존엄을 해칠 우려가 있고 우리 자신에게도 불리하기 때문이다.

한 정당에 두각을 나타내기 시작한 후보자가 있었다. 그는 다른 사람의 추천을 받아 정계 요인이 있는 곳에 가게 되었고 그 사람에게서 정계의 처세와 경험, 그리고 어떻게 하면 더 많은 표를 얻을 수 있는지를 배우려 했다.

그러나 정계 요인은 처음부터 자신의 조건을 제시했다. 그는 '나의 말을 듣지 않을 때마다 5달러를 지불하라.'고 했다.

후보자가 말했다. "좋습니다. 문제없어요."

"언제부터 시작하는 게 좋겠소?" 정계 요인이 물었다.

"지금부터요. 바로 시작하지요."

"좋소. 첫 번째 조건은 바로 당신이 어떤 중상모략이나 비방을 들어도 화를 내어서는 안 된다는 것이오. 언제 어디서든 이를 주의하시오."

"오, 전 할 수 있습니다. 다른 사람이 뭐라고 하던 화를 내지 않거든요. 저는 지금까지 저를 헐뜯는 말에 크게 개의해본 적이 없습니다."

"아주 좋소. 이는 내 경험의 첫 번째 조항이오. 그러나 사실대로 말하면 나는 당신 같은 건달이 당선되기를 원하지는 않소만……"

"선생님, 지금 뭐라고……"

"5달러를 주시오."

"오, 아하! 이건 테스트군요. 그렇죠?"

"아, 그렇소. 이건 테스트였소. 그렇지만 그게 사실 내 속마음이기도 하고……" 노련한 정치가가 경멸하듯 이야기했다.

"어떻게 그런 말씀을……" 정계의 신인은 화를 내고 있었다.

"5달러를 주시오."

"앗! 아!" 그는 허둥거리며 이야기했다. "이번에도 테스트군요. 10달러를 너무 쉽게 버시는데요!"

"그렇소. 10달러요. 우선 10달러를 주지 않겠소? 그런 다음 다시 이야기를 계속하고 싶은데. 누가 알겠소, 당신이 신용 없고 돈을 떼

먹는 사람일지……”

“이 양반 말씀이 좀 심하시네!” 젊은이는 화를 냈다.

“5달러를 주시오.”

“아! 이번에도 테스트란 말입니까. 보아하니 저는 제 감정을 잘 다스릴 필요가 있는 것 같군요.”

“좋소. 앞의 이야기로 돌아갑시다. 내가 이야기하고 싶은 것은 당신이 존중받을 가치가 있는 사람이라는 것이오. 왜냐하면 당신은 출신도 좋지 않고 평판이 나쁘기로 유명한 아버지가 있어도 ……”

“이런 무뢰한 같으니라고!”

“5달러를 주시오.”

젊은이는 자기 절제를 배우는 첫 번째 수업에서 비싼 수업료를 냈다. 정계 요인은 말했다. “지금은 5달러가 문제가 아니오. 당신은 똑똑히 기억해두는 게 좋을 거요. 당신이 화를 내거나 다른 사람의 언사에 분노할 때마다 그로 인해 적어도 한 장의 표를 잃는다는 사실을 말이오. 당신에게 있어 표 한 장은 돈보다 훨씬 중요하오.”

이는 데일 카네기의 《인간관계론》에 나오는 매우 유명한 이야기다.

우리는 종종 다른 사람의 한마디 말 혹은 행동에 화를 참지 못해 마음의 균형을 잃고 화는 계속 늘어만 간다. 사람이 화를 내는 이유는 다양하지만, 자세히 생각해보면 별것 아닌 일이다. 옛말에 ‘두려움은 신장을 해치고 노여움은 간장을 해친다.’라는 말이 있다. 화는 문제를 해결하는 데 아무런 도움이 되지 않는다. 당신이 화를 낸다고 해서 문제가 당신이 원하는 방향으로 발전하는 것도 아니다. 일단 화를 내면 가장 직접적인 피해는 자기 자신에게 돌아온다. 어떤 일이 있어도 화는 멀리해야 한다.

옛날에 한 남자아이가 있었다. 성격이 나쁜 그 아이는 하루 종일 집에서 화를 부렸다. 항상 제멋대로인 아이는 종종 심한 말로 다른 사람에게 상처를 주었다. 어느 날 아버지는 그에게 화를 조절하는 법을 가르치기 위해 그를 뒤뜰 울타리 옆으로 데려갔다. 그런 다음 못을 건네주며 말했다. "아들아, 앞으로는 화가 날 때마다 울타리에 못을 하나씩 박거라. 어느 정도 시간이 지나면 너는 하루에 얼마나 화를 냈는지 알 수 있을 거다. 알겠니?" 남자아이는 그러겠다고 대답했다. 그런 다음 그는 화를 부리고 싶을 때마다 울타리에 못을 하나씩 박았다. 첫째 날, 남자아이가 울타리에 박은 못은 모두 37개였다. 둘째 날 남자아이가 울타리에 박은 못은 29개가 되었다. 몇 주가 지나자 남자아이가 울타리에 박은 못의 숫자는 더욱 줄어들었다. 아이는 자신의 화를 통제하는 법을 배운 것이었다. 그는 자신의 화를 통제하는 일이 울타리에 못을 박는 것보다 수월하다고 생각했다. 결국 그는 울타리의 한 개의 못도 박지 않게 되었다. 그날 하루 종일 화를 내지 않았기 때문이다. 이에 그는 기뻐하며 이 일을 아버지에게 이야기했다.

아버지는 또 하나의 제안을 했다. "만약 네가 하루 종일 화를 내지 않으면 울타리에 박은 못 중 하나를 뽑아도 좋다." 아이는 생각했다. "화를 낼 때는 하나씩 못을 박았지만 하루 종일 화를 내지 않아야 못 하나를 뽑을 수 있다니 정말 어려운 일이군!" 그러나 못을 줄이기 위해 그는 매일 최선을 다해 자신의 감정을 억제했다.

그러던 어느 날, 아이는 드디어 울타리에 박혀있던 못을 전부 뽑아냈다. 이때 그는 자기가 이미 화를 조절하는 법을 배웠다는 사실을 깨달았다. 그는 매우 기뻐하며 아버지에게 가서 흥분하여 말했다. "아빠, 빨리 가서 보세요. 울타리의 못을 전부 뽑아냈어요. 이제 저는 멋대로 화를 내거나 하지 않아요."

아이는 아버지를 울타리로 데려갔다. 아버지는 울타리의 빽빽한 못 자국을 바라보며 의미심장하게 아들에게 말했다. "애야, 정말 잘했다. 비록 울타리의 못을 다 빼내기는 했지만, 구멍이 남아있는 것이 보이지? 구멍은 영원히 사라지지 않고 울타리는 더 이상 본래의 모습으로 돌아오지 못한단다. 다른 사람에게 화를 내는 것도 그 사람의 마음에 못을 박는 것과 마찬가지지. 못을 뽑아내도 구멍은 영원히 사라지지 않는단다."

화는 다른 사람의 감정에 상처를 줄 뿐만 아니라 자기 자신에게도 상처를 입힌다. 화는 우리가 세상을 살아가는 데 전혀 도움이 되지 않아 화를 멀리해야 한다. 또한 자신에게 맞는 감정 발산 방식을 찾아 마음을 평화롭게 가라앉혀야 한다.

> 인생에는 너무 많은 좌절과 불행이 발생한다. 그렇다고 해서 계속 화를 내는 것보다는 체력을 절약해 자신에게 더욱 의미 있는 일을 하는 편이 훨씬 낫다.

질투라는 이름의 독사

고독한 꽃은 빽빽한 가시를 질투할 필요가 없다.

－라빈드라나드 타고르, 시인, 하버드대학에서 강의

네덜란드의 철학자 스피노자(Baruch de Spinoza)는 말했다. "질투는 일종의 원한이다. 이는 다른 사람의 즐거움을 고통스럽게 하고 고통을 즐거워하게 만든다." 우리가 살아가고 있는 사회는 평등해서 저마다 자신의 노력으로 재물과 지위를 획득해 자기를 위해 살아간다. 스스로 자신의 삶을 보살피지 않으면 주위 사람이 아무리 행복하다 하더라도 그 행복은 당신의 것이 아니며 당신은 더욱 비참해질 뿐이다.

발자크(Honore de Balzac)는 말했다. "질투하는 사람이 받는 고통은 그 어떤 고통보다 크다. 그는 두 사람분의 고통을 받고 있기 때문이다. 하나는 그 자신의 고통이고 다른 하나는 타인의 행복에서 비롯된 고통이다. 질투심이 강한 사람은 종종 사람을 미워하기 시작해 해를 끼치는 것으로 끝을 맺는다."

어느 날 신은 인간 세계를 돌아보다 오래된 작은 마을을 발견했다. 마을 사람들은 모두 가난해서 신은 마을 사람들을 도와주기로 했다. 신은 우선 마을 사람 중 한 명인 톰에게 무엇을 원하느냐고 물었다. 그에게 원하는 것은 무엇이든 이루어 주겠다고 했다. 그러나 여기에는 조건이 하나 있는데 그것은 그의 이웃이 그가 원한 것의 2배를 얻게 된다는 것이었다. 만약 톰이 집을 한 채 원하면 이웃은 집을 두 채를 갖게 되는 것이고, 톰이 자동차를 원한다면 이웃은 두 대를 얻게 되는 것이었다. 이 이야기를 듣고 이웃이 자신의 소원으로 인해 아무런 힘도 들이지 않고 자신의 두 배를 얻게 된다고 생각한 톰은 질투심이 일었고 마음이 불편했다. 한참 생각한 후 톰은 신에게 말했다. "제 손 한쪽을 잘라내 주십시오!" 그는 자신이 불행하게 될지언정 이웃이 자기보다 두 배 행복해지는 것을 바라지 않은 것이었다.

위의 이야기에 우리는 웃을 수밖에 없지만 실제로 질투나 옹졸함은 이야기와 같이 우리 마음을 더욱 비뚤어지게 한다. 많은 사람이 자신도 손해를 보고 다른 사람에게 해를 끼칠지언정 모두가 좋아지는 것을 원하지 않는 경우가 있다. '다른 사람의 장점을 질투한다는 것은 자신의 단점이다.'라는 말이 있다. 덮어놓고 다른 사람의 장점을 질투하면 당신은 자신의 단점을 개선할 수 없다. 불경에서는 '귀한 것을 질투하는 것은 천한 것이고, 부를 질투하는 것은 빈곤함이며, 지혜를 질투하는 것은 어리석음이다.'라고 이야기한다. 그리고 옛사람들은 '남의 장점을 하나 칭찬하면 나에게도 장점이 하나 생기는데 어찌 질투하는 것인가? 남의 단점을 들추면 나에게도 단점이 생기는데 왜 다른 사람을 헐뜯는 것인가?'라고 이야기한다. 이 말은 우리가 다른 사람의 장점을 칭찬할 때 우리에게도 장점이 생기니 질투하지 말고 다른 사람의 악행을 퍼뜨리는 것도 자신에게 악행을 저지르는 것이니 다른 사람을 비난하지 말라는 뜻이다.

실제 생활에서 질투하는 사람은 질투의 대상이 만신창이가 되도록 비난한다. 사실 이는 마음속 깊은 곳에서 질투의 대상을 흠모하고 있기 때문이다. '자신이 가장 하고 싶은 일을 누군가 이미 하고 있고 게다가 잘 해낸다. 자신이 가장 꿈꿔왔던 목표에 누군가 이미 도달했고 게다가 쉽게 이루어냈다.' 이러한 상황은 저주와 비판을 참을 수 없게 만든다. 그러나 공공연하게 나쁜 짓을 할 수는 없어서 그저 남몰래 숨어서 공격하는데 이것이 바로 질투다. 그들은 질투 때문에 자신의 꿈에 도달하지 못한다.

옛날에 칠장이를 매우 질투하는 도공이 있었다. 그는 황제에게 말했다. "전하 부디 칠장이에게 코끼리를 깨끗하게 씻기도록 하십시오. 그는 분명 새하얗게 씻길 수 있을 겁니다." 황제는 그가 말한 대로 칠장이에게 명령을 내렸다. 그러자 칠장이는 말했다. "저는 분명 코끼리를 새하얗게 씻길 수는 있습니다만 그러기 위해서는 커다란 욕조가 필요합니다. 그래야 작업에 착수할 수 있습니다." 그리하여 황제는 도공에게 커다란 욕조를 제작하게 하였다. 그러나 코끼리가 너무 커서 욕조에 들어가기만 하면 욕조가 바로 부서졌다. 그리하여 도공은 계속 반복해서 큰 욕조를 제작하게 되었다.

작가 아이칭(艾青)은 다음과 같이 말했다. "질투는 마음속의 암 덩어리다. 질투의 불꽃은 항상 자신에게서 불붙기 시작한다." 질투하는 사람은 항상 다른 사람의 실패로 인한 고통을 즐기고 다른 사람이 느끼는 성공의 희열을 몹시 원망한다. 그들은 자신의 성공이나 실패보다 다른 사람의 일에 훨씬 흥미를 느낀다. 타인을 모함하는 그들은 결국에는 자기가 설치한 함정에 스스로 빠져들고 만다.

우리는 자기보다 우수한 사람에게 질투심을 느껴서는 안 된다. 반드시 긍정적인 시각으로 좋은 점을 배우고 자신을 향상하려 노력해야 한다. 마찬가지로 다른 사람을 해치거나 실패하게 만들어서도 안 된다. 사람으로서 최고의 경지는 다른 사람의 장점과 뛰어난 성공을 흔쾌히 받아들이고 자신을 끊임없이 향상하는 것이다. 언젠가는 당신에게도 성공이 찾아올 것이다.

> 사람이 살아가는 곳에는 항상 질투가 있기 마련이다. 핵심은 우리의 내면이 얼마나 강하고 이를 조절할 수 있는가에 달려있다.

하버드 철학 강의

모든 사람은 태어날 때부터 남과 다르다. 당신과 100퍼센트 똑같은 사람은 없다. 설령 외모와 신체는 똑같을지라도 지능지수와 사고는 완전히 똑같을 수 없다. 자신만의 생각으로 원하는 방식대로 한 걸음씩 걸어가다 보면 당신 앞에 빛나는 길이 나올 것이다.

2장

나를
사랑하는 법

사람은 99.9퍼센트
똑같다

신 앞에서 우리는 모두 평등하게 현명하고 똑같이 어리석다.
-아인슈타인

2007년 6월 6일, 하버드대학의 졸업식이 시작되기 하루 전, 미국
의 전 대통령 클린턴(Bill Clinton)은 1,700명의 학생을 위해 강연을 했
다.

강연에서 클린턴은 인류의 전쟁과 테러 공격에 관해 이야기했다.
실제로 발생한 전쟁과 테러 공격을 예로 들면서 그는 이러한 사건이
빈번하게 발생하는 원인에 대해 이야기했다. "사람과 사람 사이의 차
이는 인류의 공통점보다 중요하면서도 더 큰 영향력을 가지고 있습
니다. 과학자들이 사람의 유전자 조직을 살펴본 결과 30억 개의 유전
자 조직 중 99.9퍼센트가 같다는 사실을 발견했고 유일한 차이점은
바로 0.1퍼센트에 불과했습니다. 이러한 0.1퍼센트의 차이가 여러분
을 하버드대학에 합격하게 했고, 이는 여러분에게 부유한 생활 혹은
자신의 꿈을 실현하게 합니다. 하지만 여러분이 부딪치게 되는 가장

큰 시험은 바로 이러한 것을 모두 당연하게 생각하는 것입니다. 이는 여러분의 인생길에 설치된 함정이니 절대 여기에 빠져서는 안 된다."라고 말했다.

인간은 사회적 동물이다. 다른 사람과 전혀 어울리지 않는 사람은 사회에서 생존할 수 없다. 자신에게 속한 0.1퍼센트의 독특한 차이를 알고, 다른 사람과 똑같은 99.9퍼센트의 부분을 파악하면 비로소 자신의 인생 가치를 더욱 잘 실현할 수 있다. 프랭클린은 "보물은 잘못된 자리에 놓으면 쓰레기나 다름없다."라고 말했다. 이 말의 또 다른 의미는 사람도 잘못된 자리에 있으면 바로 쓰레기가 된다는 것이다.

사람의 성공에는 그에 맞는 위치가 필요하다. 잘못된 위치에서는 성공할 수 있는 사람도 끊임없이 실패하고 결국에는 실망하며 낙담하게 된다. 자신에게 속한 위치를 찾는다는 건 듣기 좋은 음악과 같아 당신이 아름다운 곡을 연주할 수 있다는 것이다. 이렇듯 모든 사람은 자신에게 맞는 위치를 찾아야 인생의 가치를 실현할 수 있다.

기차는 오로지 철도 위에서만 빠른 속도를 발휘한다. 일단 철로에서 벗어나면 앞으로 전혀 나아갈 수 없다. 마찬가지로 인생도 자신에게 맞는 궤도를 찾아야만 비로소 막힘없이 전진할 수 있고, 인생의 경주로에서 빠른 속도로 나아갈 수 있다.

프랑크푸르트시에서 열린 음악회에 참가하는 두 소년이 화장실에서 만났다. 그중 한 명은 모자를 쓴 소년에게 휴지를 빌렸다. 휴지를 빌린 소년은 모자를 쓴 소년에게 감사 인사를 하기 위해 화장실에서 나오길 기다렸다. 두 사람은 걸으며 이야기를 나누게 되었고 모자를 쓴 소년이 말했다. "요즘 집에서 나에게 억지로 피아노를 배우게 하고 있어. 그렇지만 아무리 노력해도 가족들의 기대를 만족시킬 수 없어서 마음이 너무 답답해!" 휴지를 빌린 소년은 그 말을 듣고 이해가 가지 않는다는 듯 말했다. "피아노가 뭐가 그리 힘들다고? 나는 다섯 살 때부터 치기 시작했는데 지금은 갈수록 더 잘 치게 되었어. 오히려 우리 가족들은 항상 나에게 시를 쓰라고 해서 정말 귀찮아!" 모자를 쓴 소년은 그의 이야기를 듣고 싱글벙글하더니 등에 멘 가방에서 원고지를 꺼내어 휴지를 빌린 소년에게 건네주며 말했다. "가족들이 시를 쓰는 것을 좋아한다면 자, 여기 있어. 집에 가져가서 이걸 보여줘 봐."

훗날 피아노를 싫어하던 소년은 커서 대시인 괴테가 되었고, 시를 쓰기 싫어하던 소년은 모차르트가 되었다.

괴테와 모차르트가 모두 성공을 거둘 수 있었던 것은 그들이 자신의 위치를 찾았기 때문이다. 이들은 스스로 자신의 역할을 바꿔 장점을 찾은 영역에서 활동했다.

다른 사람이 자신의 가치를 드러냈다고 질투하지 마라. 사람은 저마다 각각 다르고, 자신이 잘할 수 있는 일을 해야 더욱 잘할 수 있다. 만약 한 덩어리의 땅에 밀을 심었는데 잘 자라지 않는다면 콩을 심어보는 것이 어떨까? 만약 콩이 안 된다면 과일을 심는 것이다. 과일도 잘 자라지 않는다면 메밀 씨앗을 뿌려보면 발아할지도 모른다. 땅에는 그에 맞는 씨앗이 있기에 잘 찾아 씨앗을 뿌리면 풍작을 거둘 수도 있다. 이는 물고기가 푸른 하늘에 환상을 품을 수 없고, 하늘을 나는 새가 바다에 미련을 둘 수 없는 것과 같다. 자신을 똑똑히 보아야만 인생의 길을 찾을 수 있고 더욱 멀리 나아갈 수 있다.

사람과 사람의 차이가 거의 없는데도 큰 차이가 생기는 건 자신에게 맞지 않은 길을 선택하기 때문이다. 자신에게 맞는 길을 잘 선택해야 성공의 길이 보인다.

가장 좋은 거울은
당신 자신이다

인생은 방학도 없고 기간제도 아니다.
당신의 자아를 찾는 일에 도움을 줄 고용주도 없다.
내면을 돌아보는 시간을 스스로 만들어라.
-빌 게이츠(Bill Gates), 마이크로소프트 창시자, 하버드대학 중퇴

사람들은 대부분 자기 자신을 사랑한다. 어떤 사람은 거울을 가져다 자기 외모를 관찰하고, 자신은 어느 종류에 속하는 사람인지 생각한다. 거울의 용도는 우리의 외면을 보는 용도지만 거울을 통해 내면을 관찰할 수도 있고 자신의 어느 부분에 결점이 존재하는지 알 수 있다. 사람에게 가장 좋은 거울은 바로 자기 자신이다. 하버드대학의 한 심리학과 교수는 학생들에게 다음과 같은 이야기를 들려주었다.

2011년, 57세의 첼리스트 요요마(馬友友)에게는 2011년이 매우 의미 있는 해였다. 미국 뉴욕시에서 그의 이름을 딴 길이 생겼고, 오바마 대통령이 직접 국민 최고 영예를 상징하는 대통령 자유 훈장을 수여했다.

요요마의 부모는 모두 미국의 대학을 졸업하고 미국에 남은 화교로 월스트리트에서 경제 연구원으로 일했다. 요요마가 태어나자 부모님은 그의 인생을 완벽하게 계획했다. 부모님은 그를 뛰어난 수학자로 키우려 했다. 요요마가 아직 말도 하지 못할 무렵 부모님은 그에게 숫자를 가르치기 시작했다. 그래서 그는 가장 먼저 배운 말이 '엄마, 아빠'가 아니라 '숫자'였다. 두 살 때 그의 부모님은 그에게 산수를 가르치기 시작했다. 그렇게 요요마는 부모님의 요구대로 열심히 공부했고, 기계적으로 어린 시절을 보냈다. 초등학교에 다닐 때 요요마는 학교에서 '수학 천재'였고 수학 경시대회에서도 대상을 수없이 받았다. 그의 부모님과 선생님, 친구들은 기뻐했지만 정작 요요마에게 이는 전혀 의미가 없는 일이었다.

어느 날 방과 후, 요요마는 금방이라도 비가 쏟아질 것 같은 날씨 때문에 비를 피하고자 비교적 외진 골목길을 선택했다. 그러던 중 오래된 집 정원 밖에서 너무나도 아름다운 음악을 듣게 되었다. 마치 흐르는 물처럼 우아하고 아름다운 선율은 그를 빨아들였고 그는 발걸음을 멈추고 정원 안을 들여다보았다. 그곳에는 노인 한 사람이 첼로를 켜고 있었다. 노인은 첼로를 켜는 데 심취해 있었고, 몸은 음악에 맞춰 가볍게 흔들거리고 있었다. 이 광경을 바라본 요요마는 전율을 느꼈다. '만약 내가 저렇게 아름다운 곡을 연주할 수 있다면 얼마나 좋을까?' 그 순간 요요마는 음악이야말로 자신이 진정으로 좋아하는 것임을 깨달았다.

곧 노인은 요요마를 발견하고 그를 정원으로 불러들였다. 요요마를 위해 노인은 아름다운 곡을 많이 연주해주었고 음악과 관련된 감동적인 이야기를 수없이 들려주었다. 이에 요요마는 음악에 완전히 빠져버렸다. 당시 미국에는 각종 양성반, 보습 학원, 취미반이 매우 많았다. 그리고 요요마의 부모님은 그를 위해 수학 양성반에 등록했지만, 그는 흥미를 전혀 느끼지 못했다. 그는 종종 수업을 팽개치고 노인의 집에 가서 음악을 들었고 첼로를 배웠다. 예상대로 그의 수학 성적은 떨어지게 되었고 부모님은 이를 알게 되어 요요마를 불러 이야기했다. "전에 한 잘못은 네가 고치면 그만이다. 그렇지만 앞으로는 열심히 수학을 공부해야 한다!"

"왜 꼭 수학을 공부해야 하나요?" 요요마는 반항하며 말했다. "저는 수학을 절대 좋아하지 않아요!"

"수학을 잘 배워야 이름난 수학자가 될 수 있어. 바로 우리처럼 말이야. 심지어 우리보다 더 뛰어난 위대한 수학자가 될 수도 있지!"라고 부모님은 말했다.

"왜 제가 꼭 두 분과 같은 길을 가야 하나요? 저는 음악을 정말 사랑해요. 제가 좋아하는 음악을 더 잘할 수 있고 저는 분명 더욱 행복할 거예요!" 요요마는 강하게 자기 생각을 이야기했다. 그는 자신이 인생의 나아갈 방향을 선택해야 한다고 판단했고 부모님을 포함해 그 어떤 사람도 자기 자신을 대신할 수 없다고 생각했다.

그때부터 요요마는 노인의 집에 가서 음악을 배웠다. 얼마 지나지 않아 그의 의지는 부모님의 마음을 움직였고 부모님은 아들이 음악 학원에 다니는 데 동의했다. 음악에 흥미가 있었기 때문에 요요마의 실력은 빨리 늘었다. 고등학교를 졸업할 때 그는 맨해튼시 전체 학생 음악회에서 일등상을 받았고, 하버드대학의 학생이 되었다. 그리고 이것으로 그의 음악적인 명성은 점차 높아지기 시작했다. 수많은 주요 교향악단 심지어 피아니스트 에마누엘 악스(Emanuel Ax) 등 음악의 대가가 그에게 연주를 요청했다.

그 후로 다년간 요요마는 음악 분야에서 끊임없는 노력과 발전을 해나갔다. 여러 차례 백악관에 초청되어 곡을 연주했고, 댄 데이비드 상(Dan David Prize)과 그래미상(Grammy Awards)의 단골손님이 되어 그의 명성은 전 세계로 퍼져나갔다. 2006년 요요마는 유엔의 평화 대사로 임명되었다. 2011년 2월 15일에는 미국 대통령 오바마가 직접 수여 하고 달아주는 국민 최고 영예를 상징하는 대통령 자유 훈장을 받았 다. 당시에 이와 같은 명예를 함께 누린 사람으로는 독일의 총리 메 르켈(Angela Merkel), 미국의 전 대통령 부시(George Herbert Walker Bush), '주식의 신'으로 불리는 워런 버핏(Warren Buffett)이 있었다.

대통령 자유 훈장을 받은 그날 저녁 요요마는 감격하며 말했다. "내 인생에 주인은 오로지 하나다. 그것은 바로 나 자신이다. 자신이 배열해놓은 인생의 궤적을 가다 보면 가장 즐거운 인생이 될 것이고 성취를 이룰 수 있을 것이다!"

다른 사람은 당신의 장점 혹은 단점을 비추어낼 수 없다. 모든 사 람은 자신만의 거울을 가지고 있어 다른 사람을 통해 자신의 가치를 평가하고 바라보면 자신이 어떤 사람인지 알 방법은 영원히 찾을 수 없다. 세상 모든 사람은 저마다 다른 역할을 연기하고 있고, 각자 다 른 임무를 짊어지고 있다. 자신의 역할을 잘 해내기 위해 우리에게 필요한 것은 바로 내면의 거울이다. 이를 통해 객관적으로 자신의 부 족함과 우수한 부분을 발견하는 것이다. 또한 자아 반성을 통해 자신 의 부족함을 살핀 후 끊임없이 자신을 개발해야 한다.

우리는 자신의 결점을 직시하고 자아 인식과 반성의 필요성을 확실히 깨달아야 한다. 먼저 자아 인식은 자아 발전 및 가치 실현의 가장 좋은 방법이다. 사람은 자신에 대한 정확한 인식을 형성할 때 더 이성적이고 명확한 행동을 할 수 있다. 성공학자 로빈은 우리가 하루의 업무를 끝낸 후 다음과 같은 몇 가지 질문을 해야 한다고 말했다. 오늘 나는 무엇을 배웠는가? 어떤 발전이 있었는가? 내가 한 모든 일에 만족을 느끼는가? 이러한 문제에 대한 진실한 대답을 통해 자아 인식을 진행함으로써 끊임없이 자아의 한계를 돌파할 수 있고 성공적인 인생의 목표를 수립할 수 있다. 자아를 정확하게 인식하지 못하면 성공하기는 불가능할 것이다.

다음으로 반성이란 타인의 결점을 찾는 것이 아니라 '원인을 자기 자신에게서 구하는 것'이다. 반성은 마음의 거울과 같아서 반성을 통해 자신의 부족함을 볼 수 있다. 하지만 많은 사람이 자기반성은 매우 어렵다고 이야기한다. 이는 우리가 자신의 결점을 직시하고 싶어 하지 않기 때문이며 더 나아가 결점을 고칠 용기가 없기 때문이다.

> 사람은 자신의 가치를 인식하고 끊임없이 노력하여 자신을 초월해야 한다. 그래야만 가장 의미 있는 인생을 보낼 수 있다.

타인에게
흔들리지 마라

설령 천국에 있어도 트집을 잡는 사람은
기어코 트집거리를 찾아내고 만다.
-헨리 데이비드 소로

일반적인 상황에서 우리는 하나의 같은 사건에 대해 저마다 다른 견해를 가지고 있다. "만약 1천 명이 햄릿을 읽는다면 1천 가지 버전의 햄릿이 존재할 것이다."라고 셰익스피어는 말했다. 사람마다 문제를 대하는 생각 방식이 달라 결과도 자연스레 달라진다. 예를 들어 어느 날 당신이 생각하기에 매우 괜찮은 옷을 입고 학교에 갔다고 생각해보자. 어떤 친구는 당신이 예쁜 옷을 입었다고 칭찬해 줄 것이고, 어떤 친구들은 별로라고 이야기할 것이다. 당신은 이러한 상황을 피할 수 없고, 신경 쓸 필요도 없다. 타인의 평가가 옳든 그르든 모두 당신의 존재적인 가치에 영향을 끼치지 않는 대수롭지 않은 일이기 때문이다. 어차피 당신은 모든 사람을 만족시킬 수 없다. 굳이 다른 사람의 관점 때문에 자신을 변화시킬 필요가 있을까?

당신이 어떤 일을 처리하는 과정에서 다른 사람이 비웃거나 조롱

할 수 있지만 실망하거나 괴로워해서는 안 된다. 또한 자신의 방법을 포기하고 다른 사람의 의견대로 바꿀 필요도 없다. 이 세상에는 모든 사람의 긍정을 얻는 일이란 존재하지 않고 인류가 생존하는 곳에는 반드시 불일치가 존재하기 때문이다. 당신이 그것을 웃으며 흘려 보내지 않고 남이 하라는 데로 따라 하면 생각과 판단력은 완전히 사라지고, 원래 가지고 있던 장점까지 잃어버리게 된다. 하버드의 어느 노교수는 다음과 같은 이야기를 한 적이 있다.

아주 먼 옛날 영국 교외의 가난한 농촌에 할아버지와 손자가 서로 의지하며 살아가고 있었다. 어느 날 아침 할아버지와 손자 두 사람은 평소보다 일찍 일어났다. 그들은 시장에 가서 생필품을 사기 위해 바쁜 걸음을 재촉했다. 마지막으로 할아버지와 손자 두 사람은 가축을 파는 노점에서 작은 당나귀를 골랐다. 하루 종일 바쁘게 돌아다녔기 때문에 할아버지는 매우 피곤했다. 그래서 집으로 돌아가는 길에 할아버지는 당나귀에 타고 손자는 그 뒤를 따라갔다. 잠시 후에 마주 오던 어느 노부인이 그 모습을 보고 매우 화를 내며 할아버지를 질타했다. "당신은 정말 이기적인 사람이군요. 자기 한 몸 편하게 하자고 손자는 내버려 두다니. 이렇게 어린아이에게 어떻게 먼 길을 걸어가게 할 수가 있나요?" 할아버지는 노부인의 말이 일리가 있다고 생각했다. 그는 미안한 듯 손자를 바라보며 노부인에게 말했다. "당신의 말이 옳습니다. 감사합니다!" 그래서 할아버지는 당나귀에서 내리고 손자를 올려 태웠다.

노부인이 멀어져가는 것을 보고 할아버지와 손자는 한숨을 쉬었다. 그리고 이렇게 할아버지는 뒤를 따라 걸어가고 손자는 당나귀에 탄 채로 계속해서 길을 갔다. 얼마 지나지 않아 그들은 한 노인을 만났다. 노인은 두 사람의 모습을 보고 매우 화를 냈다. 그는 얼굴을 붉히고 화를 내면서 손자를 꾸짖었다. "너는 정말 불효막심한 아이구나. 연세도 많이 드셔서 피곤하실 텐데 어쩜 그렇게 무자비하게 할아버지를 걸어가게 하고 자기만 편하게 당나귀에 앉아 있을 수가 있단 말이냐. 정말 말도 안 되는 모습이구나!" 노인의 말을 듣고 손자는 매우 부끄러웠다. 그는 얼른 당나귀에서 내려 할아버지를 부축해 당나귀에 태운 다음 자기도 올라탔다. 결국 두 사람은 함께 당나귀를 타고 집으로 가게 되었다.

잠시 후, 맞은편에서 당나귀를 기르는 사람이 걸어왔다. 그는 손자와 할아버지 두 사람이 한꺼번에 당나귀를 타고 있는 모습을 보자마자 길을 막았다. 그러고는 매우 화가 난 듯 당나귀 위의 두 사람을 바라보며 큰소리로 꾸짖었다. "당신들 정말 너무하지 않소. 어쩜 그렇게 모질게 동물을 학대할 수 있는 거요? 당신들 두 사람이나 타면 당나귀가 얼마나 힘들지, 생각은 해보았소? 어떻게 그럴 수가 있소. 동물도 감정이 있단 말이오." 이 말을 듣고 두려워진 할아버지와 손자는 어쩔 수 없이 당나귀에서 내려 당나귀를 끌고 집으로 돌아가기 시작했다.

그러나 또 얼마 지나지 않아 그들은 학교가 끝나고 집에 돌아가는 젊은 학생 무리를 만나게 되었다. 젊은이들은 두 사람의 모습을 보고 비웃으며 말했다. "정말 바보 같군, 당나귀가 있는데도 타지 않고 그저 끌고만 가다니. 정말 이상한 사람들이야!" 할아버지와 손자는 젊은이들의 말에 일리가 있다는 생각이 들었지만, 그들은 어떻게 해야 할지 알 수 없었다. 다시 당나귀에 타면 분명 누군가에게 꾸지람을 들을 것이 분명했기 때문이다. 그래서 두 사람은 당나귀를 맞잡아 짊어지고 집으로 돌아갔다.

그러던 중 일행은 큰 다리를 건너게 되었다. 강물은 물살이 매우 빨랐고 할아버지와 손자는 잘못해서 당나귀를 강에 빠뜨리고 말았다. 당나귀는 큰 물살에 금방 휩쓸려가 모습을 감추었다. 결국 할아버지와 손자는 아무것도 얻지 못했다.

이야기 속의 할아버지와 손자는 결국 당나귀를 집까지 데려가지 못했다. 두 사람에게는 자신만의 생각이 없었기 때문이다. 사실 자세히 생각해보면 우리는 이야기 속의 당나귀가 할아버지와 손자 두 사람의 소유물이라는 사실을 알 수 있다. 다른 사람이 뭐라고 하든지 자신의 물건을 어떻게 처리할 것인가는 우리 자신에게 달려있다. 다른 사람의 의견은 우리의 상황을 변화시킬 수 없다. 그리고 사람마다 처지와 문제를 생각하는 각도가 달라 어떤 일을 결정하고 판단하는 데는 분명 차이가 있다. 어떤 일이 발생했을 때 대다수의 사람은 감성적인 사고로 판단하므로 그들의 생각과 제안은 결코 이성적이지 않다. 위의 이야기에서 할아버지와 손자가 당나귀를 잃은 이유는 다른 사람들의 의견 때문이 아니라 그들 자신이 주관을 가지고 있지 않았기 때문이다.

파블로 피카소(Pablo Picasso)가 어렸을 때, 그의 어머니는 "만약 네가 군인이 되고 싶다면 장군이 되어라. 만약 수도자가 되고 싶다면 교황이 되어야 한다."라고 가르쳤다. 그러나 우리가 알고 있는 피카소는 어머니가 그를 위해 선택해 준 길을 걷지 않았다. 자신의 결정에 피카소는 "나는 그저 화가가 되고 싶었을 뿐이다. 그래서 나는 피카소가 되었다."라고 이야기했다. 한번 생각해보자. 만약 피카소가 말을 잘 듣는 아이여서 어머니의 가르침에 따라 군인 혹은 수도자가 되는 길을 선택했다면 역사적으로 찬란한 명성을 자랑하는 장군 혹은 존경받는 교황이 되었을 거라 장담할 수는 없다. 만약 그랬다면 우리는 위대한 화가 한 사람을 잃었을 것이다. 피카소는 어머니의 가르침에 자신의 인생을 속박시키지 않았다. 그는 자아에 대한 이해를 통해 자신의 독자적인 소질을 발전시켰기 때문에 결국 명성을 떨치는 세계적인 화가가 될 수 있었고 예술사상 유일무이한 지위를 차지하게 된 것이다.

사람은 누구나 자신이 좋아하는 것이나 장점이 친구 혹은 가족들의 마음에 들고 칭찬받기를 원한다. 또한 자기 능력이 그 분야 혹은 동료의 긍정을 얻을 수 있기를 바란다. 그러나 실제로는 이러한 바람을 가지기 전에 우리는 마음을 가라앉히고 생각해야 한다. 자기 자신에게서 시작되는 자신감은 얼마나 되는가? 자신감이 충만한 사람은 다른 사람에게 좌우되지도 않고 쉽게 현혹되지 않는다. 모든 사람을 만족시키는 사람은 존재하지 않는다는 사실을 꼭 명심해야 한다. 어떤 일을 할 때 타인의 의견에 너무 개의치 말고 자기 내면의 원칙을 고수하는 사람이 되어야 한다.

> 다른 사람의 의견에 좌우되지 말고 자기만의 생각과 판단력을 가져야 한다. 그러지 않으면 결과는 당신이 원하는 것이 될 수 없다.

자신을 사랑하는 법

아무도 당신을 믿지 않는다 해도 당신은 자신에게 절망할 필요 없다.
－린수하오(林書豪, 제레미 린), NBA 선수, 하버드대학 졸업

우리는 모두 타인과 구별되는 독특한 존재다. 이렇게 독특한 존재인 '나'에게는 결점도 존재하지만 많은 장점도 존재한다. 이에 대해 카네기(Dale Carnegie)는 "당신 자신을 발견하라. 당신은 당신이다. 지구상에 당신과 똑같은 사람은 없다는 사실을 기억하라. 이 세상에서 당신은 독특한 존재다. 당신은 자기 방식대로 노래를 부를 수 있고, 당신의 방식대로 그림을 그릴 수 있다. 좋고 나쁨의 여부를 떠나서 당신은 자신에게 주어진 작은 경지를 경작할 수 있고, 삶의 악장에서 자신에게 주어진 음표를 연주할 수 있다."라는 말을 남겼다. 사람은 자기 자신을 충분히 받아들이고 좋아할 줄 알아야 한다. 그래야만 정상적인 자아 감각을 가질 수 있고 더욱 쉽게 성공을 향해 나아갈 수 있다.

실제 생활에서 사람들은 자신이 너무 평범하다고 생각하고, 많은

관심을 천재들에게 쏟는다. '사람은 저마다 장단점이 있다'라는 말처럼 다른 사람의 장점을 파악할 때 자신의 장점도 찾을 가치가 있다.

하버드대학의 심리학자는 다음과 같이 말했다. "사람이 자신을 칭찬할 줄 모른다면 그 사람은 적극적이고 진취적인 희망을 불러일으키지 못한다." 설령 외모는 아름답지 않더라도 종달새처럼 달콤한 목소리를 가진 사람도 있고, 왜소한 몸집이지만 뛰어난 기술을 가진 사람도 있다. 비록 얼굴이 못생겨도 엄청난 기억력을 가진 사람도 있고, 뛰어난 서예를 갖춘 사람도 있다. 이처럼 모든 사람은 대자연의 창조물이며 저마다 독특한 용모와 기질, 지혜를 부여받았다. 다른 사람이 우리의 눈에 비치는 풍경인 것처럼 우리도 다른 사람의 눈에 하나의 풍경일 수 있다. 우리가 다른 사람을 부러워할 때, 우선 마음을 가라앉히고 자신을 감상할 줄 알아야 한다. '자아'를 감상하고 자기 자신을 좋아하는 일은 인생의 큰 지혜라 할 수 있다.

헨리라 불리는 청년이 있었다. 서른 번째 생일에 그는 강가에 멍하니 서 있었다. 그는 자신이 살아가는 의미를 찾지 못했다. 헨리는 어릴 때부터 보육원에서 성장했으며 몸집이 왜소하고 외모도 꽤 볼품없었다. 말투에는 프랑스 시골의 짙은 사투리가 남아있었고 그는 자신을 못생기고 아둔한 시골뜨기라며 비하했다. 서른 살이 될 때까지 직업조차 없었다.

헨리가 자살을 주저하고 있을 때 그와 함께 보육원에서 자란 친구 존이 얼굴에 웃음을 띠고 달려왔다. "헨리, 좋은 소식이 있어! 내가 방금 라디오에서 어떤 이야기를 들었는데, 나폴레옹이 손자를 잃어버린 적이 있었대. 근데 방송하는 사람이 묘사한 외모와 특징이 너와 거의 똑같아!"

"정말이야? 내가 나폴레옹의 손자라고?" 헨리는 갑자기 기운이 났다. 나폴레옹은 몸집이 왜소하지만, 대군을 지휘했으며 프랑스 시골의 기운이 느껴지는 짙은 사투리로 명령을 내렸다는 사실이 생각났다. 그는 순간 자신의 왜소한 몸집에 강한 힘을 느꼈다. 말을 할 때도 더 이상 사투리에 부끄러워하지 않고 오히려 고귀함을 느꼈다. 다음 날 이른 아침 헨리는 이력서를 들고 당당히 한 회사로 들어갔다.

몇십 년의 노력 끝에 헨리는 큰 회사의 회장이 되었다. 그는 여러 조사를 거쳐 자신이 나폴레옹의 손자가 아니라는 사실을 알게 되었다. 그러나 이는 이미 중요하지 않았다.

유명한 기업가의 강좌에서 누군가 헨리에게 물었다. "성공한 인사로서 당신은 성공의 수많은 조건 중에 가장 중요한 것이 무엇이라고 생각하십니까?"

이 질문에 대해 헨리는 직접적으로 대답을 할 수 없었다. 그 대신 자신의 이야기를 들려주었다. 마지막으로 그는 말했다. "자신을 받아들이고, 자신을 좋아하고 모든 자괴감을 하늘 끝까지 날려버리는 겁니다. 저는 그것이 바로 성공의 가장 중요한 전제조건이라 생각합니다!"

헨리는 자아 인식의 변화를 통해 자신을 좋아하게 되었고 그로부터 성공과 행복한 인생을 얻었다. 여기서 볼 수 있듯이 자기 자신을 좋아하는 것은 성공과 행복을 쟁취하는 데 꼭 필요한 요소다. 또한 이것은 정신적 부활의 일종이라 당신을 역경에서 벗어나게 한다. 우리는 백전백승의 장군이 될 수는 없지만 삶의 강자가 될 수 있어 성공하든 실패하든 다른 사람의 생각을 신경 쓰지 말고 자기 자신을 좋아해야 한다.

삶의 여러 즐거움 속에, 진심으로 자기 자신을 좋아한다는 것이 최고의 즐거움이다. 당신 주위에 당신을 좋아해 주는 사람이 있다면 당신은 재능과 역량을 더욱 발휘할 수 있을 것이다. 그러나 복잡한 현실은 우리의 삶에 덧씌워진 신비한 베일과도 같아 당신 주변의 격려를 잘 알아차리지 못한다. 운 좋게 누군가 당신을 마음에 들어 하고 칭찬한다면 그것은 얻기 힘든 '인연'이다. 만약 이러한 인연이 없다면 우리는 어떻게 스스로 즐거워질 수 있을까?

불교에서는 '남의 도움을 바라기보다는 스스로 돕는 것이 낫다(求人不如求己)'라고 말했다. "나는 다른 사람의 갈채를 받지 못할까 두려워한 적이 없다. 그 이유는 언제든지 스스로 박수를 보낼 수 있다는 사실을 기억하고 있었기 때문이다."라고 하버드를 졸업한 성공한 사업자도 말했다. 자신을 즐겁게 만드는 가장 간단한 방법은 바로 자신을 좋아하는 법을 배우는 것이다. 자신을 좋아하는 법을 배우면 세상의 뜬소문과 멀어지고 맑고 깨끗한 마음을 유지할 수 있다. 또한 자신에게 더 이상 실망하지 않아도 되고 인생의 길에서 항상 희망을 볼 수 있다. 이렇게 한 걸음씩 자아를 완벽하게 만드는 과정에서 인생의 즐거움을 얻을 수 있다.

쉽게 흘러가는 인생은 없다. 현실에 상처를 입고 만신창이가 되었을 때 절대 자신을 비하하거나, 자기를 좋아하는 법을 잊어서는 안 된다. 자신에게서 장점을 찾아보도록 하고, 자신의 빛나는 부분을 발견하라. 그리고 스스로 좀 더 격려와 박수를 보내라. 그러면 당신 주위를 둘러싸고 있는 절망적인 구름이 점차 사라지고, 즐거움의 빛이 당신에게 비추어질 것이다.

> 인생의 길은 고난의 연속이다. 그 길에 우리는 자신을 좋아하는 것으로부터 즐거움을 찾아야 한다. 바람이 불면 어떻고, 비가 오면 어떤가. 웃으면 어떻고 울면 좀 어떤가. 자신을 좋아하는 법을 배우면 인생의 길은 갈수록 넓고 평탄해질 것이다.

자신을 인식하라

몇 달러짜리 책을 한 권 사면 다른 사람의 지혜와 경험을 얻을 수 있다.
하지만 당신이 그것을 전부 모방하기만 하고
고민하지 않으면 아무런 도움이 안 된다.
―빌 게이츠

어떤 일을 하든지 우리는 가장 먼저 자기 자신을 인식해야 한다. 이에 대해 중국의 위대한 사상가이자 교육자인 공자(孔子)는 '다른 사람의 지혜를 아는 사람은 지혜롭고, 자신의 지혜를 아는 사람은 명철한 것이다. (知人者智, 自知者明)'라고 말했다. 사람의 성공적인 인생은 그 사람이 자기 자신을 인식할 수 있는지에 달려있다. 아무리 똑똑한 사람이라도 자신을 분명히 인식하지 못하면 그 결과는 오로지 하나, 바로 실패다.

산 위 사원에 나귀 한 마리가 살고 있었다. 나귀는 매일 방앗간에서 고생스럽게 맷돌을 돌렸다. 시간이 흘러 나귀는 자신의 무미건조한 생활에 점차 싫증이 났다. 나귀는 만약 이곳을 벗어나 바깥 세계에서 맷돌을 갈지 않고 살게 된다면 얼마나 좋을까 매일 생각했다.

기회는 생각보다 빨리 찾아왔다. 한 승려가 짐을 싣고 오기 위해 나귀를 산 아래로 데려간 것이다. 이에 나귀는 매우 흥분했다. 산 아래에서 승려는 물건을 나귀의 등에 지운 다음 사원으로 돌아가려 했다. 그런데 도중에 만나는 행인마다 나귀를 보자마자 길 양쪽에 꿇어앉는 것이었다. 그들은 경건한 얼굴로 나귀에게 무릎을 꿇었다.

처음에 나귀는 어리둥절했다. 사람들이 왜 자신에게 머리를 숙이고 무릎을 꿇는지 이해할 수가 없어 몸 둘 바를 몰랐다. 그러나 길을 가는데 계속 그런 상황이 펼쳐지자, 나귀는 우쭐대기 시작했고 사람들이 자기를 숭배하기 때문에 그러는 것으로 생각했다. 나귀는 지나가는 사람들을 보면 의기양양하게 길 중간에 멈춰 서서 사람들의 절을 받았고 꽤 만족했다.

사원으로 돌아와서도 자신의 신분이 고귀하다고 생각하게 된 나귀는 더 이상 방앗간에서 맷돌을 갈고 싶지 않았다. 승려는 하는 수 없이 나귀를 산 아래로 놓아주었다.

나귀는 산에 내려가자마자 징을 치고 북을 울리는 사람들이 멀리서 자신을 향해 다가오는 것을 발견했다. 마음속으로 이는 분명 사람들이 자신을 환영하러 오는 것으로 생각해 목에 힘을 주고 길거리 중간에 섰다. 사실 사람들은 신부를 맞이하러 가는 길이었다. 그래서 나귀가 길을 막고 서자 화가 나 몽둥이질을 하기 시작했다.

황급히 사원으로 돌아온 나귀는 숨을 급히 내쉬었다. 죽음을 앞에 둔 나귀는 화를 내며 승려에게 이야기했다. "사람들의 마음은 정말 음흉하군요. 처음에 산 아래에 내려갔을 때는 그렇게 예를 다하며 절을 하더니 오늘은 저를 이렇게 두들겨 패더라고요."

승려는 탄식하며 말했다. "이 바보 같은 나귀야! 그날 사람들이 너에게 절을 한 이유는 네가 등에 불상을 지고 있었기 때문이야."

인생 최대의 불행은 바로 평생 자기 자신을 인식하지 못하는 것이다. 당신의 가장 큰 적은 바로 자기 자신이다. 당신은 이성적으로 자신을 인식해야 비로소 자아를 극복할 수 있다.

세계적인 부호 빌 게이츠는 말했다. "세상은 당신의 자존심을 개의치 않는다. 사람들이 보는 것은 오로지 당신의 성과일 뿐이다. 당신이 아무런 성취를 이루지 못했을 때, 당신의 자존심을 과도하게 표현해서는 안 된다." 비록 빌 게이츠가 하버드에서 보낸 시간은 짧은 1년에 불과했지만, 그에게서는 하버드의 품격을 느낄 수 있다. 우호적이고 열정적이며, 함부로 잘난 체하지 않는 겸손함이 존재한다. 그는 자신이 세계적인 부호라 해서 다른 사람을 얕보지 않는다. "당신에게 1억 달러가 있을 때 당신은 그것이 일종의 숫자에 불과하다는 사실을 발견할 것입니다."라고 그는 말했다. 재산이라는 외투를 벗어버린 빌 게이츠는 자신의 가장 진실한 모습을 더욱 많이 볼 수 있었다. 빌 게이츠의 학창 시절 하버드대학에서 어느 교수가 다음과 같은 이야기를 했다.

이스라엘의 초대 대통령 하임 와이즈만(Chaim Weizmann)은 아인슈타인의 오래된 친구로 1952년 11월 9일에 세상을 떠났다. 그 전날 주미 이스라엘 대사는 아인슈타인에게 이스라엘 총리 다비드 벤구리온(David Ben-Gurion)의 편지를 가져왔다. 편지에는 아인슈타인을 이스라엘의 대통령 후보자로 추천하고 싶다는 내용이 담겨 있었다. 그날 밤

기자 한 명이 아인슈타인이 사는 곳에 전화를 걸어 이스라엘의 대통령으로 출마하는 것을 받아들일지 생각을 물었다.

"아니요, 저는 대통령이 될 수 없습니다." 아인슈타인이 말했다.

"왜 그런 말씀을 하십니까? 대통령에게는 구체적인 사무가 별로 없어요. 그 지위는 단지 일종의 상징일 뿐입니다. 선생님은 유대인으로써, 그리고 전 세계 사람 중 당신은 가장 위대한 사람입니다. 당신이 이스라엘의 대통령을 맡는 것이 가장 적합합니다. 이는 유대 민족의 위대함의 상징입니다."

"아니요, 저는 못 합니다."

아인슈타인이 말을 끝내고 전화를 끊자마자 전화벨이 다시 울렸고, 이는 주미 이스라엘 대사였다.

대사는 말했다. "위대한 아인슈타인 선생님, 저는 이스라엘 총리 벤구리온의 의사를 대표하고 있습니다. 한 가지 묻겠습니다. 당신은 대통령 후보로 지명되는 것을 받아들이실 겁니까?"

"대사님, 저는 자연에 대해 많은 것을 알고 있습니다. 그렇지만 사람에 대해서는 하나도 이해하지 못합니다. 저처럼 자연을 연구하는 것만 아는 사람이 어떻게 대통령을 합니까? 죄송하지만 저를 대신해 매스컴에 해명을 좀 해주십시오."

대사는 또 말했다. "선생님, 대통령 와이즈만 선생님을 기억하시지요? 그도 교수였으니 당신도 능히 감당하실 수 있습니다."

"와이즈만과 나는 다릅니다. 그는 할 수 있었지만 저는 못 합니다."

"위대하신 아인슈타인 선생님, 전 세계의 유대인이, 그리고 이스라엘 모든 국민이 당신을 기다리고 있습니다!"

그때 아인슈타인은 동포들의 호의에 큰 감동을 하였다. 그렇지만 그의 결심은 이미 굳어졌다. 그는 어떻게 거절하면 동포들이 실망하거나 난처하게 하지 않을 수 있을지 생각하고 있었다.

얼마 지나지 않아 아인슈타인은 각 신문에 성명을 발표하기 시작했다. 이스라엘 대통령이 되어달라는 요청을 정식으로 사절한다는 것이었다. "대통령이 되는 것은 결코 간단한 일이 아니다. 상대적으로 나에게는 방정식이 더 중요하다. 왜냐하면 정치는 현재의 문제를 해결하지만, 방정식은 영원히 이어지는 것이기 때문이다."라고 그는 말했다.

이야기를 마치고 교수는 엄숙하게 모두에게 말했다. "여러분, 어떤 때를 막론하고 하버드 대학생이라 해서 반드시 다른 사람보다 강하고, 다른 사람보다 대단할 거로 생각하지 말기를 바랍니다. 여러분은 항상 겸손한 태도를 유지해야 합니다. 설령 당신이 앞으로 위대한 사람이 될지라도 내가 오늘 여러분에게 한 이야기를 기억하십시오!"

빌 게이츠는 비록 세계적인 부호가 되었지만, 아직도 교수의 말을 선명하게 기억하고 있다. 그는 우월감이 강한 사람들이 가장 어리석은 사람이라는 사실을 잘 알고 있다. 자기 자신을 정확히 바라보아야 비로소 진정으로 자신을 인식할 수 있고, 그래야만 길고 긴 인생에서 끊임없이 발전할 수 있다.

복잡한 사회를 살아가면서 우리는 타인의 시선과 견해의 영향을 피하기 어렵다. 게다가 우리는 자기 내면의 욕망과 관념에 지배되고 있다. 이렇듯 대부분 객관적으로 자신을 평가하고 진정으로 자신을 이해하기란 어려운 일이다. 마찬가지로 자신에게 가장 적합한 길을 선택하기도 매우 어려운 일이다.

'사람은 자기 자신을 아는 지혜를 가지고 있기에 귀하다. (人貴有自知之明)'라는 말을 통해 우리는 자기 자신을 인식하는 일이 얼마나 어렵고 대단한 일인지 쉽게 짐작할 수 있다. '자기 자신을 아는 지혜'란 자신이 가지고 있는 소질, 잠재력, 장점, 결점 및 경험 등 각종 기본적인 요소를 정확히 인식하는 것이다. 그리고 동시에 사회생활과 삶에서 맡은 역할과 명확한 위치를 파악하는 것이 필요하다는 사실을 뜻한다. 이렇게 자신을 정확히 이해하는 능력을 심리학에서는 전문 용어로 '자각'이라 부른다. 일반적으로 자신의 감정이 말과 행동에 끼치는 영향을 발견하는 것, 자기 자질과 능력 및 한계를 확실하게 평가하는 것, 자신의 가치와 능력을 믿는 것 등이 포함된다.

자기 능력을 정확히 아는 사람이 있다면 그는 타인 앞에서 자신의 장점을 나타낼 수 있다. 동시에 자신의 결점이 폭로될까 두려워하지 않는다. 다른 사람에게 자신의 결점을 솔직하게 인정하고 겸허한 마음으로 가르침을 구한다. 이렇게 다른 사람이 자신을 얕보지 않게 할 뿐만 아니라 오히려 자신의 겸허함과 자신감을 드러냄으로써 다른 사람의 호감과 존중을 얻는다.

반면 자기 능력을 확실히 알지 못하는 사람은 자신에게 주어진 범위 안에서 안일하게 살아가는 우물 안 개구리나 다름없다. '뛰는 놈위에 나는 놈 있다'라는 말을 이해하지 못하면 자아를 정확하게 분석하기란 힘든 법이다. 다른 사람보다 뛰어난 부분이 있다고 해서 안하무인격으로 행동하지 말고 영원히 최고의 위치를 유지하는 사람은

하버드 철학 강의

없다는 사실을 알아야 한다. 당신은 언제든지 패배할 수도 있고 다른 사람에게 추월당할 수도 있다. 물론 자신이 다른 사람보다 뒤떨어지는 부분이 있다고 해서 의기소침해서도 안 된다. 자아를 충분히 인식한다는 전제하에 객관적이고 공정하게 자기 자신을 평가한 다음 자신의 위치를 바르게 정하는 것이 가장 확실한 방법이다.

사람은 자신이 어떤 사람인지 확실히 인지해야 한다. 그리고 자신이 아는 것과 받아들일 수 있는 것이 얼마만큼 인지 파악하고 견문을 넓히되 겸손해야 한다.

최고가 된다는 마음가짐

당신은 당신이 상상한 것보다 더 나은 사람이 되어야 한다.
성공하는 사람은 결코 슈퍼맨이 아니다. 성공에는 슈퍼맨의 지력이나 운,
신비한 능력이 필요하지 않다. 성공하는 사람은 단지 자신을 믿고 자신이 하는
모든 것을 긍정하는 평범한 사람이다. 절대 자기 자신을 싼값에 팔아서는 안 된다.
—존 록펠러(John Davison Rockefeller), 전 하버드대학 감사 위원회 위원

섬너 레드스톤(Sumner Redstone)은 수많은 하버드 사람이 존경하는
사람이며 발전의 원동력이다. 그도 하버드 학생이었고, 2008년 미국
의 유명한 경제 잡지 《포브스》가 선정한 하버드 출신 억만장자의 대
열에 들어섰다.

레드스톤은 어렸을 때 단어 스펠 배열에 천부적인 재능을 가지고
있었다. 다른 사람이 아무렇게나 내뱉은 단어의 스펠을 그는 완벽하
게 이야기할 수 있었다. 그의 어머니는 매우 기뻐하며 그를 각종 스
펠 배열 대회에 참가시켰다. 생소한 단어를 배열하는 대회에서 계속
해서 순조롭게 승리를 거두고 결승까지 진출했다. 결승 전날 저녁,
그의 머릿속은 승리가 눈앞에 다가왔다는 기쁨으로 가득 차 있었다.
심지어 그는 자신이 결승 대회에서 심사위원과 수많은 관중 앞에서
최우수 단어 배열 자라는 칭호를 얻게 될 것임을 상상하고 있었다.

그러나 실제 대회에서 심사위원은 그에게 Tuberculosis(폐결핵)라는 단어를 배열하게 했는데 그는 얼떨결에 't-u-b-e-r-c-l-o-s-i-s'라고 말해버리고 말았다. 음절 하나를 빼먹은 것이었다. 이렇게 사소한 실수 때문에 그는 탈락했다. 매우 상심한 어머니는 아들이 실패했다는 사실을 받아들일 수 없었다. 깊은 절망이 그녀의 얼굴에 떠올랐고 눈물이 뺨을 적셨다. 어머니의 이러한 모습은 레드스톤의 마음에 깊이 새겨졌다. 어린애였던 그는 이때 처음으로 무슨 일이 있어도 반드시 최고가 되고 말겠다고 결심했다.

그때부터 그는 매일 아침에 잠에서 깬 순간부터 엄격한 학습 일정에 들어갔다. 공부 이외에 그는 그 어떤 활동도 하지 않았다. 오로지 최고가 되어야겠다는 생각이 이미 그의 마음속에 믿음으로 자라나고 있었다.

'하늘은 스스로 돕는 자를 돕는다.'라는 말처럼 졸업식 날 레드스톤의 평균점은 그 학교의 300년 역사상 가장 높았다. 그는 보스턴 라틴 학교에서 현대 라틴어 상, 고전 라틴어 상 및 벤저민 프랭클린 상을 받았다. 그리고 학교에서 장학금을 받아 하버드에서 공부할 수 있는 얻기 힘든 기회를 얻었다. 하버드를 졸업한 후에도 그의 열정과 노력하는 정신은 그를 끊임없이 발전시켰다. 50년간 재능을 발휘할 기회를 얻은 그는 한 오토바이 영화관 사장에서 시작해 대담하게 사업을 확장해 몇 년 되지 않아 수입이 246억 달러에 달하는 미디어 제국의 대표가 되었다.

레드스톤은 한 번의 실패에서 교훈을 받아들이고 무엇을 하든지 최고를 다투어야 한다는 사실을 이해하게 되었다. 그때부터 항상 최고를 다투겠다는 생각은 그의 머릿속에 깊게 뿌리박혔다. 훗날 학교에서 공부할 때나 사업을 할 때도 항상 이러한 결심을 품고 최고가 되기 위해 노력했다.

수많은 경쟁 분야에서 승리자와 단순한 참여자의 차이는 매우 미세하다. 경쟁하는 1등과 2등은 비록 명성에는 사소한 차이밖에 없지만 그들이 누리는 명예와 지위는 큰 차이가 있다. 1등은 노력을 통해 그 보답을 얻은 성공한 사람이고, 2등은 성공을 눈앞에 두고 놓친 실패자다. 항상 최고가 되겠다는 신념을 가지고 이를 실현하기 위해 노력하는 사람만이 비로소 최고가 되고 최후의 승리를 얻을 수 있다. 다음 이야기에 나오는 마거릿은 항상 최고를 다투었고 굳은 신념과 성공을 거둔 작은 아가씨였다.

1930년대, 영국의 가난한 작은 마을에 마거릿이라는 이름의 여자아이가 있었다. 그녀는 어릴 때부터 엄격한 가정교육을 받았다. 아버지는 그녀가 매우 어렸을 때부터 '무슨 일을 하든지 반드시 최고가 되어야 한다.'라는 생각을 심어주었다. 설령 버스를 타도 줄의 앞쪽에 서야 앉을 자리를 선택할 수 있다고 말이다. 마거릿은 아버지의 '무정'한 교육 아래 '나는 할 수 없다', '너무 어렵다'라는 말을 해본 적이 없었다. 아버지의 교육법이 상당한 효과가 있었음은 훗날 증명되었다. 어릴 때부터 아버지의 강한 교육을 받은 탓에 그녀는 적극적으로 향상하려는 자신감과 동력을 가질 수 있었다. 그 후로도 공부, 삶, 일에 있어서 그녀는 항상 아버지의 가르침을 잊지 않고 용감하게 전진하는 정신과 반드시 이긴다는 신념을 품었다. 무슨 일이든지 최대로 노력했고, 모든 일에 최고를 고집했다.

그렇게 44년 이후, 마거릿은 세계 정계에서 매우 위대한 인물이 되었다. 또한 1979년에 영국 최초의 여자 수상이 되었고, 정계에서 보낸 11년 동안 그녀는 위풍당당한 '철의 여인'이라 불렸다.

사람들의 마음속에 1등과 2등의 차이가 존재함을 증명할 작은 테스트가 실행되었다. 실험자는 적지 않은 사람들에게 세계에서 두 번째로 높은 봉우리가 무엇이냐고 물었다. 세계에서 최고로 높은 봉우리는 모두가 다 잘 알고 있어 쉽게 대답했고, 구체적인 고도에 대해서도 대부분 사람이 훤히 알고 있었다. 그러나 두 번째로 높은 봉우리를 알고 있는 사람은 과연 몇이나 되었을까? 두 번째로 높은 봉우리를 알아내기 위해 많은 사람이 전문적인 조사를 했고 심지어는 이 문제를 지리 박사과정 학생에게 묻는 사람도 있었다. 그러나 아무도 정확히 대답하지 못했다. 사실 세계에서 두 번째로 높은 봉우리는 인도와 중국의 접경에 있는 고드윈오스턴산이다. 해발고도는 에베레스트보다 단지 237미터 낮을 뿐이지만 바로 이러한 차이로 그 이름은 사람들에게 낯설게 느껴진다. 반면 세계에서 제일 높은 봉우리인 에베레스트의 이름은 세상 모든 사람이 알고 있다.

1등은 기억하지만 2등을 기억하는 사람은 드물다. 공부할 때나 일을 할 때 어쩌면 당신은 1등이 되지 못할 수도 있다. 그렇지만 1등이 되겠다는 마음가짐으로 자신을 다듬고 항상 최선을 다할 것을 스스로 요구해야 한다. "당신은 분명 당신이 상상하는 것보다 잘 할 수 있다."라고 사람들은 종종 말한다. 당신에게 1등이 될 수 있다는 믿음과 실천이 있다면 당신의 인생은 질적으로 크게 향상될 것이다.

성공은 자기 자신에 대한 엄격한 요구에서 비롯된다. 매일 최고의 자신이 되라고 격려하면 언제나 향상심을 유지하는 데 도움이 되고, 고난을 두려워하지 않고 용감하게 전진할 수 있다.

본질을 유지해야 진실한
아름다움을 소유할 수 있다

모든 함성이 다른 쪽을 향할 때, 우리는 평온한 마음으로
자기 생각을 고수해야 한다.

―랄프 왈도 에머슨(Ralph Waldo Emerson), 사상가, 하버드대학 졸업

사람들이 오스트리아라는 나라를 동경하는 이유는 그곳이 세계적
으로 오랫동안 '음악의 나라'라는 훌륭한 명성을 얻고 있는 것 외에도
역사적인 의미가 있는 성을 가지고 있기 때문이다. 성안에는 17, 18
세기의 목제 가구, 스탠드, 회화 작품 등 골동품이 진열되어 있다. 우
리는 오스트리아 정부가 1실링이라는 저가에 이러한 성과 성안의 골
동품을 파는 것을 종종 볼 수 있다. 재미있는 사실은 그렇게 '저렴한'
가격임에도 불구하고 성을 사려는 사람이 매우 드물다는 것이다. 그
이유는 이러한 성을 구매하려면 반드시 부가적인 조건을 준수해야
하기 때문이다. 그것은 성을 새롭게 개조할 수 없고, 보수 유지만 가
능하며 성의 원래 상태를 보존해야 하는 것이다. '1실링의 성'을 사들
인 사람은 거액의 보수 유지비용을 부담해야 한다. 이렇게 역사와 자
연을 존중하고 본질을 유지하려는 이념이 바로 오스트리아가 오래

된 가게, 전통 있는 마을, 소박하면서도 고풍스러운 성, 뛰어나게 아름다운 삼림, 맑고 깨끗한 공기를 유지하는 비결이다. 이러한 전통을 유지하는 모습에 수많은 관광객의 발걸음을 끌어들인다.

독특한 풍경이라는 본질을 유지하기 때문에 사람들의 높은 평가를 받을 수 있는 것처럼 세상 앞에서 용감하게 본질을 유지하는 사람도 다른 사람의 감탄과 좋은 평가를 얻는다.

1980년대, 앤더슨이라는 모델 에이전트 중개인이 있었다. 그는 외출했다가 우연히 매우 독특한 소녀를 만나게 되었다. 소녀는 꽤 저렴한 옷을 입고 있었고, 짙은 화장을 한 소녀들과는 달리 깨끗한 민낯이었다. 그리고 그녀의 성격은 대범하고 솔직했다. 앤더슨은 단번에 그녀가 특별하다는 사실을 알아보았다. 이 소녀는 앞으로 분명히 연예계에서 대단한 활약을 할 것으로 생각했다.

이 특별한 소녀는 미국 일리노이주의 한 노동자 가정에서 태어났다. 그녀의 입술 주변에는 커다란 검은 점이 있었다. 지금껏 살아오면서 그녀는 최신 패션 잡지를 읽어본 적이 없었고, 화장 기술을 배운 적도 없었다. 더욱이 유행에는 전혀 관심이 없었다.

매년 여름방학에 소녀는 학비를 벌기 위해 어쩔 수 없이 친구들과 함께 옥수수밭에서 옥수수를 까는 일을 했다. 앤더슨은 전신에 소박함과 자연미를 지닌 소녀를 알게 된 후 즉시 그녀를 모델 에이전트에 추천했지만 거절당했다. 그들은 소녀가 너무 거칠고 투박스러워 유행에는 맞지 않는다고 생각했다. 하지만 앤더슨은 그들이 그녀를 거절한 주요 원인이 그녀 입술 주변의 점 때문이라는 사실을 잘 알고 있었다. 앤더슨은 반드시 그녀의 점을 유지한 채 그녀를 성공하게 하리라는 마음을 가졌다. 그래서 그는 소녀를 위해 직접 합성 사진을 만들었다. 그는 그녀의 입 주변의 점을 지운 합성 사진을 고객들에게 보여주었다. 예상대로 원래 그녀를 거절했던 고객들이 반응을 보였고 즉시 본인을 만나게 해달라고 요구했다. 앤더슨은 소녀를 데리고 고객의 사무실로 들어갔다. 그러자 고객은 소녀의 사진과 실물이 다르다고 크게 화를 냈다. 그리고 소녀의 얼굴에 난 점을 가리키며 말했다. "당신은 반드시 그 점을 빼야 할 거야! 그러지 않으면 나는 절대 당신과 계약하지 않겠어!"

비록 당시에도 점을 빼는 방법은 매우 다양하고 간단했지만, 소녀는 한 번도 점을 뺄 생각이 없었다. 그녀는 화를 내며 고객에게 말했다. "싫어요. 저는 절대로 점을 빼지 않을 거예요!" 그 모습을 보고 앤더슨의 마음속 예감은 갈수록 강력해졌다. 그는 확고한 눈빛으로 소녀에게 말했다. "내게 약속해. 너는 절대로 점을 빼면 안 돼. 만약 네가 앞으로 크게 유명해지면 많은 사람이 그 점으로 너를 알아볼 거야." 예상대로 몇 년 후 소녀는 큰 인기를 얻게 되었다. 그녀의 평균 수입은 3만 달러에 달했고 거물급 모델이 되었다. 그녀의 이름은 바로 신디 크로포드(Cindy Crawford)다. 세상은 그녀를 '평범함을 초월한 미녀'라 평가했고, 그녀의 붉은 입술은 가장 아름다운 입술이라는 평가를 받았다. 그리고 사람들은 눈에 뜨이는 검은 점을 섹시하고 도도한 그녀만의 상징으로 여겼다.

한 미디어와의 인터뷰에서 기자는 그녀의 그 시절 마음가짐을 칭찬했다. 신디 크로포드는 이를 듣고 미소를 지으며 고개를 저었다.

그녀는 자신의 힘들었던 과거를 회상하며 당시에 앤더슨을 만나서 정말 다행이었다고 이야기했다. 만약 당시에 그녀가 정말 에이전트의 말대로 점을 빼버렸다면 그녀의 아름다움은 그렇게 특별하지 않았을 것임을 우리는 충분히 예상할 수 있다. 어쩌면 몇 개의 저렴한 광고를 찍은 후 그녀의 얼굴은 더 이상 대중의 머릿속에 남아있지 않았을 수도 있고, 미녀들이 끊임없이 배출되는 모델업계에서 파묻혀버렸을 수도 있다.

세상의 아름다움과 추함은 종이 한 장 차이에 불과하다. 진정한 아름다움은 진실함과 자연스러움이라는 본질에서 나온다. 트집을 잡으려 하는 다른 사람들의 시선을 크게 신경 쓰지 말고 자신만의 본질을 유지하여 가장 진실한 아름다움을 소유하자.

'위대한 영웅만이 본색을 가지고 있고, 진정한 명사는 자신만의 풍류를 가지고 있다.'라는 옛말이 있다. 여기서 볼 수 있듯이 본질을 유지하는 것은 성공의 기초다. 덮어놓고 다른 사람을 모방하면 결국 자신만의 특성을 잃고 사람들 속에 파묻혀 버리게 된다.

타인의 시선을
신경 쓰지 마라

행복한 사람은 반드시 즐거움과 확실한 목표를 가지고 있다.
그리고 이를 추구하기 위해 노력한다.
–탈 벤 샤하르

'웨지의 법칙'은 하버드 심리학 공개 수업에서 반드시 거론되는 내용이다. 이 법칙은 미국 로스앤젤레스 캘리포니아 주립대학의 경제학자 이오워 웨지가 제시한 것이다. 이 법칙에 따르면 설령 당신이 주관적인 의견을 가지고 있다 하더라도 친구 10명의 생각이 당신의 생각과 상반된다면 당신은 쉽게 동요할 수 있다고 한다. 우리는 내면의 선택에 따라 성공을 추구하는 과정에서 타인의 중상모략이나 좋은 마음에서 우러난 권고를 듣게 된다. 이때 내면에 확고한 신념이 없으면 우리 삶의 방향에는 아마도 변화가 발생할 것이다. 일단 어떤 일을 하겠다는 결정을 내렸다면 당신은 반드시 자신의 신념을 확고하게 고수해야 한다. 당신이 하는 일이 합당하지 않다고 생각하는 사람들은 얼마든지 있다. 그들이 당신을 설득할 때 당신은 그들의 호의를 정중히 사절해야 한다. 그런 다음 몇 배의 노력과 땀으로 자신의 성공을 추구해야 한다.

예전에 하버드 신학대학에 매우 특이한 학생이 새로 들어왔다. 그는 다재다능해서 대부분 분야에서 남들보다 뛰어난 실력을 갖추고 있었다. 이과 성적도 거의 만점이었고 하버드뿐만 아니라 매사추세츠 공과대학에도 합격했었다. 또한 그의 바이올린 연주 실력은 뉴욕 교향악단에 들어갈 수 있을 만한 수준이었고, 유명한 줄리아드 음대에도 합격했다. 그는 매사추세츠 공과대학에서 공부하거나 줄리아드 음대에서 음악을 할 수도 있었다. 그러나 그는 가장 전망 없는 신학대학을 선택했다. 신학대학을 졸업한 학생은 일자리조차 찾기 어려울 가능성이 컸다.

그는 왜 신학대학에 들어간 것일까? 많은 교수가 이에 대해 큰 호기심을 느꼈다. 그는 과연 뭐라고 대답했을까? 그의 말에 의하면 자기는 아직 젊고 돈은 언제든지 벌 수 있다고 생각해서 조급히 서두르지 않아도 된다고 했다. 그러나 믿음은 이와 다르다. 신이 무엇인가, 인간은 어떻게 해야 신을 초월할 수 있을까 하는 것이 그가 매일 사고하는 문제였고, 반드시 해야만 하는 숙제였다. 이러한 숙제를 하지 못하면 그는 하루를 살아도 편안함을 느끼지 못했다. 그가 공부하려는 이유는 좋은 직업을 선택하기 위해서도, 많은 돈을 벌기 위해서도 아닌 자신의 인생을 위해서였다. 그의 대답을 통해 우리는 '우리가 공부하는 목적은 도대체 무엇인가?'에 대해 깊이 생각해볼 필요가 있다.

공부하는 이유는 좋은 일자리를 위해서가 아니라 인생과 자신의 믿음을 위해서다. 현대의 비교적 개방적인 학교에서도 이러한 말은 듣기 힘들다. 빅토르 위고(Victor Hugo)는 믿음이란 인간에게 꼭 필요한 것이며 아무것도 믿지 않는 사람은 행복해질 수 없다고 이야기했다. 데일 카네기는 믿음이 있는 사람은 젊고 의문이 있는 사람은 늙은 것이라고 이야기했다. 위대한 믿음의 힘은 희망이 생겨나게 한다. 그리고 사람에게 무궁한 역량을 갖게 한다.

안데르센(Hans Christian Andersen)은 어렸을 때 아버지를 여의었다. 그 후 그와 어머니 단둘이서 의지하며 살았고 생활은 매우 가난했다.

어느 날 그와 몇 명의 아이들은 황궁에 초대받게 되었다. 그들은 왕자를 알현하고 상을 받으러 갔다. 그리고 그 자리에서 그는 희망을 품고 노래하고, 극본을 낭독했으며 왕자가 그의 뛰어난 표현을 보고 칭찬해 주기를 바랐다.

연출이 끝난 후 왕자는 상냥하게 물었다. "내 도움이 필요한 일이 있니?"

안데르센은 자신감 있게 말했다. "저는 극본을 쓰고 싶습니다. 그리고 왕실 극장에서 공연하고 싶습니다."

왕자는 눈앞의 소년을 보았다. 어릿광대와 같은 큰 코와 우울한 두 눈을 가진 소년은 매우 약해 보였다. 왕자는 웃으며 말했다. "극본을 암송하는 일과 극본을 쓰는 일은 완전히 다른 일이란다. 나는 네가 유용한 기술을 배웠으면 좋겠구나."

그러나 꿈을 포기하고 싶지 않았던 안데르센은 집으로 돌아온 후에도 왕자의 말대로 유용한 기술을 배우려 하지 않았다. 오히려 그는 자신의 저금통을 깨서 어머니에게 인사를 고하고 코펜하겐으로 떠나 자신의 꿈을 좇기 시작했다. 그는 코펜하겐에서 유랑하며 거의 모든 귀족의 집 문을 두드렸지만 그를 만나주는 사람은 아무도 없었다. 그는 여전히 포기하지 않았고 계속해서 서사시, 애정 소설을 썼다. 하지만 사람들의 시선을 끌지는 못했다. 이에 그는 상심했지만, 여전히 글 쓰는 작업을 계속했다.

그렇게 시간이 지나서 1825년, 안데르센이 아무렇게나 쓴 몇 편의 동화가 뜻밖에도 어린아이들 사이에서 독서 열풍을 일으켰고 수많은 독자가 그의 신작 발표를 기대하게 되었다. 이때 그의 나이는 30세였다.

오늘날에도 《벌거벗은 임금님》, 《미운 오리 새끼》 등 안데르센이 집필한 수많은 동화 작품은 많은 어린이의 건전한 성장에 빼놓을 수 없는 중요한 동반자가 되고 있다.

신념은 일종의 보이지 않는 힘이다. 자신의 재능과 내면을 좇다 보면 성공이 당신을 기다리고 있다. 당신의 경험은 당신이 소유한 삶이며 당신이 신념을 가지고 걸어갈 때 주위 사람들이 당신에게 새로운 기회를 제공한다는 사실 또한 알 것이다. 우리가 자신의 신념을 좇을 때 시간은 더 이상 쓸데없이 소모되지 않고 당신은 반짝반짝 빛나는 존재로 변화할 것이다.

마음의 크기는 무대의 크기를 결정한다. 마음에 꿈이 가득할 때 우리는 아무리 힘들고 지쳐도 행복하다. 가장 중요한 것은 자신이 무엇을 원하는지 아는 것이다.

가장 겸손한 순간이
가장 위대한 순간이다

인생은 겸손을 배우는 긴 수업이다.

−제임스 엠 베리(James M Barrie), 동화 피터 팬 작가

'겸손은 사람을 발전시키고 교만은 사람을 낙오시킨다.'라는 말은 누구에게나 익숙하게 다가올 것이다. 인류 발전의 역사상 겸손은 시종일관 미덕의 일종으로 여겨졌고, 사람이 이룩하는 위업의 주춧돌이 되었다. 공자는 "사람 셋이 길을 가면 그중에는 반드시 스승이 있다. 자기보다 아랫사람에게 물어보는 것을 부끄럽게 생각하면 안 된다."라고 이야기했다. 즉 공자는 세 사람이 길을 걸어가면 반드시 누군가로부터 어떤 면에서든지 자신에게 필요한 것을 배울 수 있다고 생각한 것이다. 동서고금을 막론하고 수많은 명인과 대가는 설령 명성이 널리 알려졌다 해도 스스로 위인을 자처하지 않았고 항상 겸손한 태도를 유지했다. 그런데 우리 같은 보통 사람이 어떻게 겸손하지 않을 수 있을까?

물리학자 아인슈타인은 물리학계에 지대한 공헌을 했다. 이에 명

성이 널리 알려졌으며 사람들의 깊은 존경을 받았다. 그때 당시 뉴욕 강가의 교회에 설치된 세계의 위대한 학자 조각상 중에서 살아있는 사람으로는 유일하게 아인슈타인이 선정되었다. 그러나 그는 결코 명예에 이성을 잃지 않고 항상 겸손한 태도로 다른 사람들을 대했다. 많은 사람이 그를 우상처럼 숭배했지만, 아인슈타인은 이를 전혀 이해할 수 없었다. 그는 신문이나 잡지의 선전과 찬양을 매우 싫어했다. 그를 더욱 참을 수 없게 만드는 것은 여러 기자, 화가, 조각가가 그를 찾아와 사진을 찍고, 초상화를 그리고, 조각하는 것이었다. 그는 마치 자신이 모델이 된 것 같았다.

아인슈타인은 다른 사람들이 느끼는 것처럼 자신이 대단한 사람이라 생각한 적이 없었다. 그의 머릿속에는 오로지 한 가지 명확한 인식이 있었다. 자신이 가는 길은 예전 사람들이 걸어온 길의 연장이며 과학의 신시대는 앞서 살았던 사람들이 개척해놓은 기초를 바탕으로 이루어진 것이라는 인식이었다. 그래서 그는 앞선 사람들의 공헌을 높이 평가하며 항상 존경과 감사의 마음을 품고 있었다. 그는 과학이라는 길 위에서 수많은 사람이 함께 분투하고 있으며 각자 자신이 해야 할 공헌을 하고 있다는 사실을 잘 알고 있어 동료들의 일을 존중했다. 설령 자신 아랫사람이나 학생을 대할 때도 오만한 태도를 보인 적이 없었다. 그를 만나본 사람 중에 그의 상냥하고 친근한 태도와 사람들을 평등하게 대함에 감동하지 않는 사람이 없었다. 그는 과학 공식뿐만 아니라 'a=x+y+z'라는 성공 공식을 도출한 적이 있었다. 여기서 a는 성공을 의미하고 x는 노력을, y는 확실한 방법, z는 공론을 삼가는 것을 의미한다. 이렇게 여러 사람의 존경을 받았음에도 그는 자신을 천재라고 생각해본 적이 없으며 스스로 충실하고 근면한 진리의 추종자에 불과하다고 생각했다.

겸손은 일종의 미덕이다. 아인슈타인의 성공과 겸손한 태도는 밀접한 관계가 있다. 겸손한 태도 덕분에 그는 세상 사람들의 존중과 존경을 더 많이 받았다. 하버드대학의 교수 두웨이밍(杜維明)은 학생들에게 겸손함을 알아야 한다고 자주 이야기했다. 그는 학생들에게 "사람은 누구나 평등하고 자신만의 높이를 가지고 있다. 만약 당신이 계속해서 당신의 높이를 끌어올리려고만 한다면 영원히 자신과 타인의 진실한 높이를 보지 못할 것이다. 이를 진정으로 이해해야 당신은 비로소 뛰어난 사람이 될 수 있다."라고 말했다. 두웨이밍은 중국 역사학을 전문으로 연구한 교수로 유머러스하고 정직한 사람이다. 학생들은 그의 수업과 그와의 교류를 매우 좋아했다. 그는 종종 학생들에게 마셜 장군에 대해 이야기했다.

1944년, 연합군 최고 지휘관을 맡고 있던 조지 마셜(George Marshall)의 지휘 아래 미영 연합군은 프랑스의 노르망디에 성공적으로 상륙했고 유럽 전체의 전세는 역전되었다. 이어진 전투에서 마셜은 후방에서 전략을 세우며 미국 부대를 지휘해 세계적인 전쟁에서 연이은 승리를 거두었다.

마셜의 탁월한 공적을 장려하기 위해 미국 정부는 그에게 '육군 원수'라는 직함을 수여하기로 했다. 이는 미국 군인이 얻을 수 있는 거의 가장 높은 명예였다. 그러나 놀랍게도 마셜은 완고하게 이를 거절했다. 그는 유머러스하게 말했다. "당신들이 앞으로 나를 육군 원수라고 부를 것을 생각하면 마음이 거북하군요."

사실 마셜이 원수라는 직함을 거절한 진정한 이유는 바로 제1차 세계대전에서 미국 원정군의 사령을 맡았던 퍼싱(John Joseph Pershing) 대장 이야말로 미국에서 최고로 뛰어난 군인이라고 생각했기 때문이었다. 만약 원수라는 명예를 받아들이면 그의 계급은 퍼싱보다 높아지게 된다. 결국 그는 '육군 원수'라는 칭호를 거절하는 방식으로 퍼싱 대장에 대한 존경을 나타낸 것이다. 동시에 사람들은 마셜의 겸손한 품격을 진정으로 인식하게 되었다.

사실 퍼싱 대장 본인도 계속해서 마셜의 능력을 매우 긍정했고 몇 차례나 그를 발탁했다. 그는 마셜에게 다음과 같이 말한 적이 있었다. "조지, 나를 믿게. 언젠가 당신은 4성급 대장이 될 걸세." 마셜은 겸손하게 대답했다. "미국에서 4성급 대장이 될 자격이 있는 사람은 오로지 당신뿐입니다. 다른 사람에게는 그러할 자격이 없습니다!"

마셜이 육군 원수 직함을 거절한 후 미국 정부는 마셜에 대한 존경을 표하기 위해 원수라는 직함 자체를 취소해버렸다. 비록 마셜은 항상 겸허하고 자신을 낮추는 태도를 유지했지만 그렇다고 해서 그의 인격적인 매력과 출중한 군사 능력이 숨겨지지는 못했다. 미국의 저명한 작가 에릭 세버라이드(Eric Sevareid)는 다음과 같이 이야기했다. "조지 마셜은 평범한 사람을 뛰어넘는 판단력과 탁월한 지도력을 갖추고 있었다. 그와 같은 군인은 권력을 상징하는 원수라는 꼬리표가 필요하지 않다."

결국 마셜은 미국이 특별히 제정한 '5성 장군'이라는 직함을 받게 되었다.

세상에서 가장 어려운 일은 겸손 그 자체가 아니라 겸손을 계속 유지하는 일이다. 현실에서 수많은 사람은 성공을 이루고 나면 바로 겸손을 잊어버리고 잘난 척하기 시작한다. 그들이 제아무리 명품을 걸치고, 고급 차를 소유했다 하더라도 과거 가난했던 시절의 겸손을 잃는다면 겸손으로부터 뿜어져 나오는 매력은 찾을 수 없을 것이다.

진정으로 성공한 사람은 타인을 시기하거나 질투하지 않는다. 그들은 겸손을 유지하는 것이야말로 더 큰 성공이라는 사실을 잘 알고 있기 때문이다.

> 사람은 겸손할 줄 알아야 한다. 산골짜기만큼 깊은 겸손함이 있어야 당신은 사회에 융화되고 더 많은 것을 받아들일 수 있다.

용기는 운명을 정복하는
유일한 수단이다

도전을 마주했을 때 우리는 겁을 먹거나 위축되어서는 안 된다.
또한 망설이며 앞으로 나아가지 못해서도 안 된다.
—버락 오바마(Barack Obama), 미국 전 대통령, 하버드대학 로스쿨 졸업

세르반데스(Miguel de Cervantes Saavedra)는 다음과 같이 말했다. "재물을 잃는 것은 손실이고, 친구를 잃는 것도 마찬가지로 손실이다. 그러나 용기를 잃는 것은 가장 큰 손실이다." 그의 말대로 그 무엇을 잃어도 용기를 잃어서는 안 된다. 용기를 가져야만 자신만의 세상을 개척해나갈 수 있다. 많은 사람은 실패했을 때 자신을 위한 핑계를 찾는다. 이는 그들에게 지혜가 부족하기 때문이다. 어쩌면 그들에게는 성공을 좇다가 어려운 일이 발생했을 때 계속 성공을 좇을 용기가 부족한 것일지도 모른다. 우리가 삶이나 업무에서 성공할지 혹은 실패할지는 대부분 우리가 계속해서 용기를 유지할 수 있는지에 달려있다. 만약 실패했다면 그것은 결코 우리의 능력 부족이 아닌 용기 부족의 문제인 것이다.

하버드 사람들에게 있어서 용기는 꼭 담고 있어야 할 요소다. 용

기가 있어야 비로소 온갖 어려움을 이겨내고 성공으로 나아갈 수 있기 때문이다. 용기는 추운 겨울날 마시는 독주와 같다. 그래서 사람에게 뜨거운 온기를 주어 매섭도록 추운 환경에 맞서게 한다.

미국의 전 대통령 루스벨트(Franklin Roosevelt)는 하버드대학 정치학부에서 공부했다. 그의 이야기는 계속해서 사람들에게 칭송되고 있다. 이렇게 사람들의 추대를 받은 그는 평생 하버드 정신을 신봉했다.

1921년, 39세의 프랭클린 루스벨트는 미국의 참의원이었고 미국 정치계에서 큰 영향력을 지닌 인물이었다. 미국 총선 때 루스벨트의 인기는 대단해서 대통령으로 당선될 가능성이 매우 높았다. 그러나 생각지도 못한 사건이 발생하고 말았다. 이 사건으로 루스벨트는 인생의 암흑기에 빠졌지만 동시에 사람들에게 그의 위대함과 용기를 보여주었다.

그해 여름, 루스벨트는 친구들과 함께 해변에서 수영하고 있었다. 그때 갑자기 두 다리가 마비되어 움직일 수 없었다. 의사의 진찰 결과 회백질 척수염이라는 진단이 내려졌다. 이 소식은 즉시 미국을 뒤흔들었고 가족들과 그를 지지하는 사람들은 실의에 빠졌다. 그러나 루스벨트는 매우 평온한 모습을 보였다. 그는 희망을 포기하지 않았을 뿐만 아니라 오히려 꿋꿋하게 병마와 싸움을 벌였다.

발병 초기에 그는 두 다리를 전혀 움직일 수 없어서 매일 휠체어에서 지내야 했다. 계단을 오르내리는 일도 다른 사람의 도움을 받아야 했다. 이때 루스벨트의 마음은 매우 괴로웠다. 자신의 남은 반평생을 다른 사람의 부축을 받아야만 정상적인 생활을 할 수 있게 되었기 때문이었다. 그는 가족들에게 들키지 않도록 매일 저녁 몰래 걷는 연습을 했다. 어느 정도 노력의 시간이 흐른 후 결국 혼자서 계단을 오르는 법을 배웠다.

어느 날, 그는 이 소식을 가족들에게 이야기했다. 그는 현재 자신이 어떻게 계단을 오르는지 가족들에게 보여주려 했다. 가족들은 그의 말을 듣고 매우 신기하게 생각했다. 그래서 잠자코 루스벨트를 기다렸다. 그들은 루스벨트가 말한 방법을 보고 깜짝 놀랐다. 그만의 방법이란 두 팔을 이용해 자기 몸을 지탱한 다음 두 다리를 계단 위로 잡아당기는 것이었다. 그는 이 방법을 사용해 한 걸음 한 걸음씩 고통스럽고 힘들게 계단을 다 올라갔다. 그의 어머니는 마음이 아파 아들을 바라보면서 흐느껴 울며 말했다. "얘야, 만약 네가 그런 식으로 걷는다면 사람들이 너를 웃음거리로 삼을지도 모르는데 그래도 괜찮겠니?"

루스벨트는 어머니를 바라보며 결연한 어조로 이야기했다. "저는 더 이상 다른 사람에게 의지하고 싶지 않아요. 반드시 용감하게 내 현실과 마주할 거예요." 그 말을 듣고 어머니는 미소를 지으며 눈물을 닦았다.

어떤 사람은 고난을 겪어도 인생을 포기하지 않고 용감하게 마주한다. 그들은 신체적인 결함으로 다른 사람보다 불쌍하다고 동정을 받는 것을 원하지 않고 용감하게 마주하기를 선택한다. 미국의 전 대통령 루스벨트와 같은 정신은 누구나 배울 만한 가치가 있다. 그의 강인함에 미국 전체가 감동했고, 전 세계가 그에게 찬사를 보냈다.

신체적인 결함은 운명에 도전하게 만드는 또 하나의 기회다. 하버드대학 교수들은 종종 사람들에게 다음과 같이 이야기한다. 사람은 사소한 좌절로 원래 가지고 있는 자신감을 잃어버려서는 안 된다. 용감하게 곤경과 좌절을 마주하고 최선의 능력을 발휘해야 한다. 용기를 가진 사람만이 자신의 운명을 그리고 더 나아가 세상을 정복할 수 있다고 말이다.

우리가 하려고 하지 않는 일, 감히 알 수 없는 일은 일반적으로 그 일 자체가 어렵기 때문이 아니라 마음속으로 그것을 불가능하다고 단정해버리기 때문이다. 이는 우리가 상상해낸 것에 불과하므로 실제로는 생각보다 어렵지 않을 것이다. 인생에 곤경과 압박이 발생할 때 이를 용기 있게 마주하고 적극적으로 문제를 해결해야 한다. 그래야만 성공의 주인이 될 수 있다.

손해는 인생을 더욱
풍요롭게 한다

전해지는 말에 의하면 인생에는 세 가지 복이 있다고 한다. 그것은 바로 평안의 복, 건강의 복, 손해의 복이다. 손해의 복은 인류의 지혜와 생활에서 우러나오는 경험의 총체이며 선조들로부터 대대로 전해 내려왔다. 요즘 현대 사회에서는 사람들이 다들 똑똑해서 손해를 원하는 사람은 없다. 오늘날 손해의 복은 과도하게 성실한 사람의 투지를 상실하게 하고 다른 사람 맘대로 좌우되게 만드는 것으로 여겨진다. 그나마 다행인 것은 여전히 손해가 복이라고 생각하는 사람들이 있다는 사실이다. 손해를 볼 줄 아는 사람은 인간으로서 일종의 경지에 오른 것이라 할 수 있다. 손해를 볼 줄 아는 것은 일을 처리하는 지혜의 일종이다. 신은 공평하다. 당신이 어느 부분에서 손해를 보면 언젠가 다른 면에 그 보상을 얻게 된다. 손해를 복이라 하는 것은 '공평하고 합리적인 인심'의 필연적인 결과다. 당신이 이러한 이치를 이해하면 분명 성공은 가까이에 있을 것이다.

　35세 때, 휴스턴은 스투어시의 번화가에 가게를 빌려 과일 도매업
을 할 준비를 했다. 이때 그는 난생처음으로 거금을 투자했다.

　과거 7년간 휴스턴은 작은 회사의 창고 관리인이었고 한 번도 장
사해 본 적이 없었다. 그는 평생 다른 사람 밑에서 일하는 것이 싫었
고 본인이 사장이 되어 사업을 하고 싶었다.

　휴스턴의 과일 도매업은 굉장히 색달랐다. 그가 판매하는 과일은
모두 평균 가격이 시 전체에서 가장 저렴했다. 비록 품질이 좋은 물
건을 싼 가격에 판매하는 것이 장사에 있어서 본래 드문 일은 아니지
만 놀라운 사실은 휴스턴은 이윤을 전혀 남기지 않고 모든 과일을 판
매했다는 것이다. 그가 판매하는 과일의 도매가는 업계에서 제일 저
렴했다. 이에 휴스턴은 돈을 한 푼도 벌지 못한 채 매월 임대료와 수
도세 및 전기료 등의 비용을 처리해야 했다.

　휴스턴의 독특한 장사 방법은 빠르게 업계에 퍼져나가 동료와 친
구들의 비웃음과 호기심을 샀다. 사람들은 휴스턴이 장사 경험이 없
는 사람이라 이렇게 바보 같은 장사를 하는 것이라고 이야기했다. 사
람들에게 호기심과 비웃음을 받으면서도 휴스턴은 해명하지 않았고
시종일관 이윤을 남기지 않는 과일 장사를 계속했다. 더욱 놀라운 사
실은 그 후 휴스턴은 자신이 7년간 일하면서 모은 저금을 전부 투자
해 스투어시에 액세서리 가공업과 의류 드라이클리닝에까지 사업을
확장했다는 것이다. 게다가 여전히 이윤을 남기지 않는 경영 정책을
고수하고 있었다.

사람들이 보기에 휴스턴은 분명 정신적으로 문제가 있는 사람이었다. 그러지 않은 이상 바보처럼 이윤을 남기지 않는 장사를 할 리가 없었다. 과일 도매에서 액세서리 가공업과 의류 드라이클리닝에 이르기까지 휴스턴의 가게는 손님이 가장 많고 장사가 잘되는 가게였지만 막대한 손해를 보고 있음이 확실했다. 많은 사람이 그가 가게 경영을 오랫동안 유지하기는 어려울 것으로 예측했다.

사람들의 예상대로 휴스턴은 1년 후에 자신의 모든 사업을 접고 가게 문을 닫았다. 그 후 휴스턴은 빠르게 자금을 조달해 새로운 가게를 또 열었다. 이번에 그는 중국 비단 가게를 경영했다. 이는 스튜어시 전체에서 유일한 가게였다. 이때 휴스턴은 드디어 이윤을 남기는 장사를 하기 시작했다.

이번에는 휴스턴을 보고 아무도 비웃지 않았다. 개업 초기에 아름다운 중국 비단은 많은 소비자의 주목을 받았다. 게다가 종류도 다양하고 품질도 우수해서 휴스턴의 비단 장사는 날로 번창했다. 반년이 채 되지 않아 그의 이름을 건 지점이 5개에 달했고 장사도 매우 성행했다. 사업의 기회를 포착한 사람들은 휴스턴의 비단 장사가 잘되는 것을 보고 비슷한 가게를 열었다. 그러나 그들은 한 가지 특이한 현상을 발견했다. 거의 모든 손님이 휴스턴 가게에서 비단을 구매하고 다른 가게를 찾는 경우는 드물다는 것이었다. 어쩔 수 없이 그들은 부랴부랴 장사를 접을 수밖에 없었다.

사람들은 모두 휴스턴이 운이 좋았다고 생각했다. 사람들은 이를 '소가 뒷걸음치다 쥐 잡은 격'이라고 생각했다. 그러나 사실 휴스턴은 자신의 성공이 결코 그들이 말하는 '행운'이 아니라는 것을 정확히 알고 있었다. 처음에 장사를 시작하기로 했을 때 휴스턴이 정말 원하던 것은 중국 비단 사업이었다. 그러나 당시 중국의 비단이 스투어시 사람들의 주목을 받지 못한다는 사실을 확실히 알고 있었다. 상품의 품질과 가격만으로 경쟁하기에는 역부족이라 생각한 그는 반드시 자신만의 브랜드가 있어야 한다고 생각했다. 과일 도매 장사, 액세서리 가공업, 의류 드라이클리닝 등의 이윤 제로 경영은 사람들의 인지도와 호감을 얻기 위한 수단의 일종이었다. 시간이 흐르자 소비자들의 마음속에는 '휴스턴이 판매하는 물건은 가격도 싸고 물건도 좋다'라는 인식이 형성되었다. 업계 입장에서는 휴스턴의 '이윤 제로' 전략은 계속되는 손실로 위험이라 생각했다. 하지만 이윤 제로 경영 전략 덕분에 '휴스턴'이라는 세 글자는 소비자들의 인식 속에 가장 실용적인 브랜드의 대명사가 되었다.

겉으로 보기에 휴스턴의 이윤 제로 경영 방식은 매우 바보 같고 어리석다. 그러나 자세히 생각해보면 그 이면에 숨겨진 휴스턴의 절묘한 지혜를 발견할 수 있을 것이다. 당장 손실은 일시적이지만 개인 브랜드의 이미지와 실질적인 효과는 영원하다.

휴스턴의 이야기는 다음과 같은 교훈을 준다. 멀리 내다보고 눈앞의 사소한 손해를 지나치게 따지지 말아야 비로소 훗날 더 큰 이익을 얻을 수 있다는 것이다.

실제 생활에서 많은 사람은 자신의 이익만 생각하고 혹시 다른 사람이 자신의 이익을 침해하지는 않을까 걱정한다. 그리고 일단 자기 이익이 침해받으면 그들은 모든 방법을 동원해 자기 이익을 보호하려 한다. 자기 이익을 과도하게 신경 쓰느라 항상 다른 사람을 경계하고, 이것저것 의심하며 지나치게 따진다. 이러한 상황이 오래 지속되면 사람들은 그를 멀리하고 왕래하지 않으려 한다. 그러면 성공은 그들에게서 갈수록 멀어진다.

하버드대학 교수들은 다음과 같이 학생들을 교육한다. 기꺼이 손해를 보고 다른 사람에게 작은 이익을 주는 사람은 자신의 의지를 단련할 수 있다. 그리고 넓은 도량으로 인해 다른 사람들에게 더 큰 존경을 받는다고 말이다.

다른 사람에게 이익을 주고 자신은 손해를 보는 것, 이는 마치 직접적으로 물질적인 손실을 본 것처럼 보인다. 그러나 멀리 내다보면 손해는 넓은 도량과 관용, 이성과 자기 억제 능력을 배양시킨다. 그뿐만 아니라 건전한 인간관계를 구축할 수 있게 하고 성공으로 가는 길을 더욱 순조롭게 만든다. 다른 사람이 이익을 취하게 하는 일은 자기 능력에 대한 자신감의 일종이다. 손해 볼 줄 알고, 기꺼이 손해를 감당하는 사람은 모두 자신이 성공할 수 있다고 굳게 믿는다.

사람은 도량을 넓게 가지고 다른 사람이 이익을 취할 수 있게 할 줄 알아야 한다. 이는 자기 경험을 쌓는 것이기도 하며 자신의 인생길에 장애물을 제거하는 일이나 마찬가지다.

하버드 철학 강의

선량은 마음속에 피어나는 아름다운 꽃이다

학식은 있되 도덕이 없다면 이는 악당이나 마찬가지다.
−시어도어 루스벨트(Theodore Roosevelt), 미국 전 대통령, 하버드대학 졸업

선량은 사랑이 피워내는 꽃이라고 철학자들은 이야기한다. 사람들의 마음속에는 항상 부드러우면서도 역량 있는 감정, 바로 선량함이 있다. 육체가 이 세상에 존재하면서도 세속에 구애받지 않는 것처럼 우리의 영혼도 세속에 물들지 않을 수 있다. 자의식과잉은 영혼을 더럽게 물들이지만 선량의 세탁을 거친 영혼은 점점 깨끗해진다. 선량은 우리에게 온기를 가져다주며 사람들에게 가득한 희망을 느끼게 한다.

미국의 저명한 작가 헨리는 조카와 함께 이야기를 나누게 되었다. 그들은 흥미로운 여러 화제로 토론하다 마지막으로 선량에 관한 이야기를 하게 되었다. 헨리는 조카에게 선량이 무엇인지 물었다. 조카는 고개를 끄덕이며 말했다. "알고 있어요. 그렇지만 어떻게 설명해

야 할지 모르겠어요." 헨리는 웃으며 말했다. "그렇다면 너는 인생에서 가장 귀한 것이 무엇인지 알고 있니?" 조카는 고개를 끄덕이며 돈과 권력 등 많은 것을 이야기했다. 이때 헨리는 즉시 고개를 저으며 부정했다. "사람의 일생에 가장 귀한 것이 3가지 있는데 첫째는 선량이고, 둘째도 선량, 셋째도 선량이란다."라고 이야기했다.

그렇다면 선량이란 무엇인가? 선량은 보답을 바라지 않고 베푸는 것을 말한다. 이는 영원히 변하지 않는 따뜻한 마음이며 다른 사람을 돕는 가장 원시적인 천성이다.

어떤 사람이 물속에 떨어진 전갈을 보았다. 그는 손을 뻗어 전갈을 구해주려 하다 전갈에게 호되게 물리고 말았다. 너무 아파서 무의식적으로 손을 놓았고 전갈은 다시 물속에 빠져 발버둥 쳤다. 그러자 그는 다시 손을 내밀어 전갈을 구하려고 했다. 이번에도 전갈은 그 사람을 호되게 물었다. 곁에 있던 사람이 이러한 광경을 보고 바보 같은 사람이라 비웃으며 말했다. "계속해서 당신을 무는데 굳이 구해줄 필요가 있을까요?" 그 사람은 고개를 저으며 대답했다. "물론 구해야지요. 사람을 무는 것은 전갈의 본능이고 정상적입니다. 그리고 생명을 구하는 것은 제가 마땅히 해야 할 일이지요. 그러니 전갈이 사람을 문다고 해서 생명을 구하는 소명을 포기할 수는 없지요."

다른 사람에게 선을 베푸는 건 자신에게 베푸는 것과 같고 사랑을 베푸는 일에 인색하지 않아야 비로소 다른 사람의 사랑을 얻을 수 있다. 선량한 사람은 따뜻하고 기꺼이 다른 사람을 도우며 소중함과 감사를 아는 사람이다. 그는 작은 일에 구애받지 않고 득실로 인해 일

희일비하지 않는다. 어떤 일을 할 때도 다른 사람의 위치에서 생각하기에 개인뿐만 아니라 인류 사회의 발전을 위해 도움이 된다. 그가 내미는 두 손에는 따스한 온기가 있고, 얼굴에는 항상 미소를 띠고 있다. 만약 인생을 하나의 무대에 비유한다면 선량은 무대 위에 울려 퍼지는 가장 감동적인 선율이다. 모든 사람이 선량을 가지고 있지는 않지만, 그 존재를 깨달을 수 있다. 선량은 원래 천성적인 것이지만 우리가 나이를 먹고 경험이 늘어남에 따라 변화하고 사라지기도 한다.

어느 현자는 말했다. 선량은 일종의 자신감이며 정신이자 원대한 식견, 지혜다. 그리고 일종의 침착함이며 즐거움과 달관이다…… 선량한 마음을 가진다면 우리의 마음은 항상 하늘처럼 맑고 상쾌하며 산속의 샘처럼 깨끗하고 순수할 것이다. 하버드대학의 어느 교수는 다음과 같은 이야기를 했다.

스코틀랜드에 한 농부가 살고 있었다. 그는 가난해도 마음씨가 곱고 선량해서 기꺼이 다른 사람을 돕는 사람이었다. 어느 날 그가 농경지에서 일을 하고 있는데 갑자기 부근의 늪지대에서 도움을 청하는 울음소리가 들려왔다. 그는 즉시 농기구를 던져 놓고 재빨리 늪지대를 향해 달려갔다. 도착해서 주위를 살펴보니 어떤 남자아이가 똥통에 빠져서 허우적거리고 있었다. 그는 서둘러 남자아이를 구출해 생명의 위기에서 벗어나게 해주었다.

이틀 후, 매우 화려한 마차가 농부가 살고 있는 농가 앞에 멈췄다. 그리고 고상하고 우아한 신사가 마차에서 내려 점잖고 예의 바르게 자신을 소개했다. 알고 보니 신사는 농부가 구해준 아이의 아버지였고, 농부에게 감사를 전하기 위해 온 것이었다. 신사는 아들을 구해준 보답으로 농부에게 두둑한 사례를 하려고 했다. 그러나 농부는 계속 거절하며 정중하게 이야기했다. "제가 당신의 아들을 구한 것은 보답받기 위해서가 아닙니다." 서로 양보를 하는 사이 한 소년이 집으로 들어왔다. 신사는 그 소년을 언뜻 보고 물었다. "이 아이가 당신의 아들입니까?" 농부는 고개를 끄덕이며 말했다. "그렇습니다." 신사가 이어서 이야기했다. "그럼 좋습니다. 당신이 저의 아들을 구해주셨으니, 저도 당신의 아이를 위해 무언가를 하겠습니다. 우리 협상을 합시다. 부디 제가 당신의 아들을 데려가 좋은 교육을 받게 할 수 있도록 해주십시오. 만약 당신의 아들이 당신처럼 선량한 사람이라면 그는 장래에 분명 당신이 자랑스러워할 사람이 될 것입니다." 신사의 진심 어린 말에 감동한 농부는 그의 제안에 동의했다.

신사는 신용과 명예가 있고 약속을 지킬 줄 아는 사람이었다. 그는 약속대로 농부의 아들을 학교에 보내 공부시켰다. 그리고 런던대학교 의대에 진학시키고 졸업할 때까지 지원했다.

이 아이는 훗날 영국의 유명한 세균학자가 되었고 그는 알렉산더 플레밍(Alexander Fleming)이다. 1928년에 그가 발명한 페니실린은 전 세계를 뒤흔들었다. 훗날 영국 병리학자 플로리(Howard Florey)와 독일의 생물학자 체인(Ernst Boris Chain)의 한발 더 나아간 연구를 거쳐 1941년에 임상 허가를 받았고 1943년에는 널리 보급되었다. 제2차 세계대전 동안 공인된 3대 발명품이 있는데 그중 두 가지는 원자탄과 레이더이고 남은 하나가 바로 페니실린이다. 이야기에 등장한 신사는 영국 상의원의 의원 처칠이었고, 그의 아들, 즉 플레밍의 아버지가 구해준 남자아이는 훗날 영국의 유명한 정치가이자 제2차 세계대전 기간에 영국 총리를 지낸 윈스턴 처칠(Winston Churchill)이었다.

다른 사람에게 장미를 보내면 당신의 손에는 잔향이 남는다. 농부가 구해낸 낯선 아이는 나중에 큰 영향을 끼치는 인물이 되었다. 그뿐만 아니라 농부 아들도 그의 선행으로 인해 고등교육을 받을 기회를 얻었고 훗날 페니실린을 발명해 영국의 유명한 세균학자가 되었다. 농부는 간접적으로 영국의 미래를 바꾼 것이다. 플레밍이 발명한 페니실린으로 과거에는 구할 수 없었던 생명을 얼마나 많이 구했는지 모른다. 그리고 처칠 또한 2차 세계대전에서 탁월한 공훈을 세웠다. 여기서 볼 수 있듯이 선량한 사람은 선행을 통해 다른 사람을 도울 뿐만 아니라 자기 자신도 성공을 이루게 한다.

선량은 마음속에 피어나는 아름다운 꽃이다. 그것은 영롱하게 반짝이는 꽃송이를 가지고 있어 따스한 햇살을 받으면 매력적으로 빛난다. 또한 인생의 발걸음을 더욱 경쾌하게 만들고, 우리의 삶을 사랑과 따스함이 가득하도록 변화시킨다. 선량은 정직, 동정, 사랑과 함께하며 사악, 악독, 냉담을 적으로 한다. 진실하고 선량한 마음으로 모든 사람을 대할 때, 진실함과 선량을 얻을 수 있음은 물론 깊은 사랑도 찾아올 것이다.

선량은 신이 우리에게 선사한 가장 소중한 선물이다. 이기적인 마음으로 다른 사람을 미워하지 말라. 좋은 일을 많이 하면 손해도 모두 이익이 된다.

감사하는 마음

다른 사람의 사소한 감사를 기억하고
항상 감사하는 마음을 가져라.

-탈 벤 샤하르

주위를 자세히 관찰하면 대자연이 정말로 위대한 철학자라는 사실을 발견할 수 있을 것이다. 어린 새는 먹이를 먹여준 어미 새의 사랑을 잊지 않고, 새끼 양은 젖을 먹여준 어미의 은혜를 잊지 않는다. 북쪽에서 온 말은 북풍이 불 때마다 머리를 들어 북쪽을 바라보고, 남쪽에서 온 새는 남쪽을 향한 가지에 둥지를 튼다. 새는 고향으로 돌아가고 여우는 죽을 때 머리를 반드시 고향 쪽으로 돌린다. 이와 같은 현상은 셀 수 없이 많다. 이러한 자연 현상을 보면 사람이 가장 간단하면서도 가장 쉽게 소홀히 하는 한 가지 깨달음을 준다. 그건 은혜에 감사할 줄 알아야 한다는 것이다. 은혜에 감사하는 것은 일종의 책임이다. 사람은 감사 속에서 성숙해지고, 깊이를 지니며 지혜로워진다.

은혜에 감사하는 마음은 생활 태도이며 마음속에서 우러나오는 독백이자 깊은 감사다. 당신에게 상처 입힌 사람에게 감사하라. 그가 없었다면 오늘처럼 의지가 강인한 당신은 존재하지 않을 것이다. 당신을 격려한 사람에게 감사하라. 그가 없었다면 우리는 여전히 열등감을 가진 채 고개를 숙이고 있을 것이다. 당신에게 지식을 준 사람에게 감사하라. 그가 없었다면 우리는 앞으로 나아갈 방향을 잃었을 것이다. 당신을 길러준 사람에게 감사하라. 그가 없었다면 우리는 배부르고 편안한 생활을 할 수 없었을 것이다. 당신을 도와준 사람에게 감사하라. 그가 없었다면 우리의 생활은 암흑이었을 것이다. 당신을 비웃은 사람에게 감사하라. 그가 없었다면 우리는 자기 자신을 사랑할 수 없었을 것이다.

감사는 자발적인 겸손의 일종이자 적극적인 향상심을 지닌 생활 태도다. 사람은 감사한 마음을 품어야 항상 사랑을 베풀고 실천하며 살아갈 수 있다. 감사하는 마음은 평화의 씨앗과도 같고, 단순한 보답이 아닌 책임이다. 옛말에 '한 방울의 은혜를 펑펑 솟아나는 샘물로 보답하라'는 말이 있다. 감사는 책임이자 관용과 이해다.

흉년이 든 도시에 부유한 빵집 주인이 있었다. 그는 도시의 굶주린 어린이들을 모두 불러 모은 다음 빵이 가득 담긴 바구니를 가져와 말했다. "바구니에 담긴 빵을 한 사람당 하나씩 가져가렴. 신께서 흉년을 해결해 주시기 전까지 매일 와서 빵 하나를 가져가도 된단다."

순간 굶주린 아이들은 바구니 앞으로 벌 떼 같이 몰려들어 서로 밀치기 시작했다. 모두 가장 큰 빵을 차지하고 싶어 했다. 아이들이 각자 빵을 가지고 돌아가는 순간 빵집 주인에게 감사하다고 말하는 사람은 아무도 없었다.

그러나 에바라는 이름의 소녀는 매우 특별했다. 그녀는 다른 아이들처럼 소란스럽지도 않았고 서로 경쟁하지도 않았다. 조용히 밖에 서 있던 그녀는 모든 아이가 빵을 가져간 후에야 다가와 바구니 안에 남아있는 가장 작은 빵을 가져갔다. 그녀는 빵집 주인에게 고맙다고 말하고 그의 손에 키스한 다음에야 집으로 돌아갔다.

다음 날, 빵집 주인은 또 빵이 가득 담긴 바구니를 아이들 앞에 가져다주었다. 아이들은 어제와 마찬가지로 서로 밀면서 빵을 가져갔다. 한쪽에 조용히 있던 에바는 어제보다 절반이나 작은 빵을 얻었다. 집에 돌아가서 어머니와 함께 빵을 자르던 순간 두 사람은 빵 속에 반짝반짝 빛나는 새 은화를 발견했다.

어머니는 깜짝 놀라 이야기했다. "어서 이 돈을 가져다드리렴. 분명 빵을 반죽할 때 잘못해서 섞여 들어간 걸 거야. 서둘러라, 어서!" 에바가 어머니의 말을 빵집 주인에게 전하자 그는 자애롭게 그녀의 머리를 쓰다듬으며 말했다. "아니란다, 애야. 이건 실수가 아니야. 내가 일부러 은화를 가장 작은 빵 속에 넣어 두었다. 이건 너에 대한 나의 상이야. 네가 앞으로도 계속 감사하는 마음을 가졌으면 좋겠구나. 어서 집에 가렴. 그리고 어머니에게 이 돈은 너의 것이라고 말씀드려라." 감동한 에바는 집으로 뛰어 돌아가 기쁜 소식을 어머니에게 전했다. 이는 소녀의 감사할 줄 아는 마음이 보답받은 것이었다.

인간의 본성은 이기적인 성향이 있다. 사람은 항상 자기가 베푼 것만 기억하고 다른 사람의 도움은 당연한 것으로 생각해 마음에 두지 않는 경우가 많다. 하지만 아인슈타인은 말했다. "나는 하루에도 몇 번씩 나 자신을 깨우치게 한다. 나의 내면과 생활은 모두 다른 사람의 노동을 기초로 성립되는 것이라고. 나는 내가 지금까지 무언가를 얻어온 것처럼 누군가에게 공헌하기 위해 최선을 다해야 한다."라고 말했다. 우리는 보통 사람에 불과해 인류를 위한 큰 공헌을 하지는 못한다. 그러나 우리가 발가벗고 세상에 태어나 아무것도 모르는 어린아이에서 성인이 될 때까지 친구, 가족, 무수한 낯선 사람들의 베풂을 누리며 살고 있다. 우리는 사랑에 단단히 둘러싸여 있고, 수많은 사람이 우리의 성장과 생활에 베풀고 공헌한다. 이 모든 것을 기억할 수는 없더라도 최소한 우리가 받은 사랑과 은혜를 소중히 하는 마음은 가져야 하지 않을까?

길고 긴 인생길에서 행운과 좌절은 서로 교차하며 나타난다. 어떤 사람들은 행복한 나날을 보내면서도 만족할 줄 모르고 하루 종일 불평만 한다. 그리고 어떤 사람들은 좌절당하면 계속 원망하기만 하고 의욕을 잃는다. 이러한 사람들은 자신을 도와준 사람에 대해 생각하지 않는다. 사실 우리의 삶 속에는 많은 사람이 연결되어 있다. 우리는 친구이거나 경쟁자, 또는 연결된 누구에게나 감사하는 마음을 가져야 한다. 당신이 진정으로 감사하는 마음을 이해할 때, 행복하고 아름다운 삶은 바로 우리 곁에 있을 것이다.

감사할 줄 알아야 한다. 이 세상에 당신의 것으로 정해진 것은 아무것도 없다. 만약 무언가를 얻었다면 그것을 마음에 새기고 감사하는 마음으로 사회에 보답해야 한다.

유머의 힘

재미있는 이야기를 더 많이 하고 유머러스한
태도를 가지면 하루가 더 즐겁다.
−하버드대학 교훈

유머는 사람에게 웃음을 선사하는 데 중요한 표현 방식이지만 웃음 속에 큰 의미도 함축한다. 유머는 당신의 키를 늘리거나 살찌게 할 수 없고 돈을 주지 않는다. 하지만 인간관계에서 발생하는 문제를 해결하고 사람들과 조화로운 관계를 유지하려 할 때 중요한 역할을 한다. 장애물을 극복하고 다른 사람의 사랑과 신임을 받기를 원한다면 반드시 유머의 힘에 주목해야 한다. 바쁘고 심각한 삶 속에서 유머는 매우 귀중한 존재다.

미국의 전 대통령 에이브러햄 링컨(Abraham Lincoln)은 강연회에서 한 청년이 건네준 쪽지를 받았다. 쪽지를 펼쳐보니 거기에는 '바보'라는 글자가 쓰여 있었다. 링컨의 얼굴에는 잠깐 불쾌함이 있었지만 빨리 회복하고 모두를 향해 웃으며 말했다. "대통령을 하면서 수많은 익명의 쪽지를 받았지만 전부 내용만 쓰여 있고 보낸 사람의 이름은 없었습니다. 그런데 오늘은 이와 반대로 방금 저 분에게서 받은 쪽지에는 자기 이름만 쓰여 있고 내용이 없군요."

우리는 사람들과 만나며 유머를 통해 교훈이나 비판을 듣는 경우가 있다. 이처럼 유머는 사람들이 받아들이기 어려운 내용도 쉽게 하는 역할을 한다.

식당에서 어느 손님이 밥에 수많은 모래가 들어있는 것을 발견하고 이를 골라 하나하나 식탁 위에 쌓아놓았다. 이 모습을 보고 난처해진 종업원은 사과하며 물었다. "전부 모래뿐이지요?" 손님은 고개를 저으며 말했다. "아니에요. 밥알도 있는걸요." 이 손님은 '밥알도 있다'라는 말 한마디로 음식의 품질과 식당에 대한 평가를 표현했다. 유머를 사용해 선의의 비판을 하면 자신의 의견을 제대로 드러낼 수 있는 동시에 상대방을 난처하게 만들지 않을 수 있다. 사람들과 어울릴 때 종종 난처한 상황에 빠질 때가 있다. 이때 유머는 긴장된 분위기를 풀어주고 다른 사람들이 당신의 선의를 느낄 수 있게 한다.

1895년 여름, 영혼이 과연 존재하는가에 대한 문제에 대해 마크 트웨인과 그의 친구 비젤 부인은 격렬한 논쟁을 벌였다. 그들은 서로를 설득할 방법이 없었다. 비젤 부인은 비꼬는 투로 말했다. "트웨인 씨, 만약 백만 년이 지난 후 천국에서 다시 만난다면 당신은 잘못 생각했다는 사실을 인정할 수 있을까요?" 마크 트웨인은 비젤 부인이 화가 난 걸 알고 논쟁을 그만두었다.

다음 날, 마크 트웨인은 다른 사람에게 부탁해 그가 준비한 3개의

돌을 비젤 부인에게 전달했다. 3개의 돌에는 각각 다음과 같은 말이 쓰여 있었다. '만약 백만 년이 지나면 상황은 당신이 맞고 내가 틀렸다는 것을 증명해 주겠지요. 그렇다면 나는 공개적으로 당신에게 내 잘못을 인정할 것입니다.', '만약 내가 맞았다면 정말 유감입니다. 당신과 나는 영혼이 없어 누가 맞았는지 확인할 수 없겠지요.', '아! 참 을성이 강한 돌이여, 너는 이미 몇백만 년을 기다렸으니 이 편지를 다시 백만 년만 가지고 있어 주시오.' 3개의 돌을 본 비젤 부인은 마크 트웨인의 유머에 감동했고 불쾌한 감정은 말끔히 사라졌다. 이렇게 비젤 부인과 마크 트웨인은 영혼에 대해 다시는 논쟁하지 않았고, 그들의 우정은 오랫동안 지속되었다.

두 사람이 서로 적대시하게 된 상황에서 마크 트웨인은 유머를 발휘해 매듭을 풀고 다시 좋은 관계로 돌아갔다. 실제로 이러한 예는 너무 많아서 일일이 다 셀 수도 없다. 현명한 사람은 유머를 이용해 좋은 인간관계를 유지하고 다른 사람에게 친근감을 발생시킨다. 유머가 가진 효과를 잘 이용하면 인간관계 속에 존재하는 모순을 해소할 수 있다. 유머는 재치 있는 임기응변의 일종으로 복잡한 문제를 처리해주고, 모순을 앞에 두고도 우리가 여전히 미소 지을 수 있게 한다. 또 난처한 상황을 해결하고 사람들이 사실을 더욱 쉽게 받아들이게 한다.

유머는 감정적으로 거리가 먼 두 사람을 순간적으로 친밀하게도 한다. 두 사람을 동시에 웃게 만드는 건 그들의 흥미와 취미를 연결하는 역할을 한다. 이는 인간관계의 성공적인 첫걸음이자 매우 중요한 부분이다. 실생활 속에서도 격렬한 논쟁으로 대치하던 두 사람이

제삼자가 던진 한마디 유머러스한 말에 고집을 내려놓고 금방 화해하는 모습을 볼 수 있다. 또 침울하고 따분한 상황에서 누군가 던진 유머 한 마디로 불편한 분위기가 해소되기도 한다. 결론적으로 유머는 우아한 정신적 활동이며 건전한 인간관계의 윤활제이다.

유머는 인간관계의 윤활제이자 마찰을 없앨 수 있는 유용한 도구다. 유머의 힘을 이용하면 더욱 유쾌한 삶을 만들어 나갈 수 있다.

관용은 영혼을 구한다

그대에게 죄를 지은 사람이 있거든, 그가 누구이든 그것을 잊고 용서하라.
그때 그대는 용서하는 것의 행복을 알 것이다.
우리가 남을 책망할 권리는 없다.
—톨스토이

관용은 수양이자 미덕의 일종이다. 사람들이 모두 관용을 배운다면 우리는 조화롭고 아름다운 세상을 얻을 수 있을 것이다. 또한 관용이란 '완벽한 사람은 없다'라는 사실을 인정하는 것이다. 이는 자신과 다른 관점을 가진 사람의 존재를 인정하고 타인의 행동을 용서하는 것이다. 관용적인 사람은 이해득실을 마음에 두지 않고 사소한 일을 일일이 따지지 않는 마음이 넓은 사람이다. 관용은 소심함이 아니라 백 줄기의 강을 받아들이는 바다처럼 도량이 넓은 것이다. 올바른 사람이 되기 위해서 반드시 관용을 배워야 한다.

'한발 물러나면 더 넓은 세상을 볼 수 있다.'라는 말에서 우리는 관용의 중요성을 느낄 수 있다. 다른 사람이 하는 말이 마음에 들지 않고 논쟁을 벌이며 마음속에 계속 담아두고 있다면 우리의 삶은 얼마나 피곤하겠는가? 그렇다면 삶 속의 기쁨과 아름다움을 느낄 시간이나 체력이 남아있을까? 관용은 물처럼 온유해서 서로 간의 일시적인 적대감을 서서히 해소하며 냉정한 의식을 유지하게 한다. 모순이 발생했을 때 온유한 능력은 종종 과격한 복수보다 더 효과적이다.

터키와 헝가리의 1차 전쟁에서 헝가리의 기사 케난은 패전해 터키의 장군 오디신의 포로가 되었다. 오디신은 케난을 소와 함께 밭을 갈게 하고 밧줄로 묶어놓았을 뿐만 아니라 채찍질도 했다. 케난은 가축처럼 채찍을 맞으며 쉬지 않고 일을 했다. 오디신은 종종 케난의 식량을 빼앗아 배부르게 먹지 못하게 했다. 밤마다 오디신은 케난의 손과 발을 쇠사슬로 외양간 기둥에 묶어놓고 코를 찌르는 분뇨 냄새를 맡게 했다.

케난은 심한 인격적 모욕을 당했고 이는 말로 형용할 수 없을 정도였다. 그러나 강인한 의지는 그가 계속 살아갈 수 있는 버팀목이 되었고 그는 구출될 수 있다는 희망을 버리지 않았다. 케난의 가족들은 그가 터키의 장교에게 학대당하고 있다는 사실을 알고 난 후 여러 차례 대책을 고민했다. 하지만 오디신이 요구한 배상금이 너무 높아 방법을 찾지 못했고 이에 오디신은 더욱 기세등등해졌다.

될 수 있는 한 빨리 케난을 구해내기 위해 그의 부인 앨리스티는 여러 차례 터키에 가서 오디신과 협상했다. 그러나 오디신은 여전히 케난을 풀어주지 않았고 상상하기 힘들 정도로 높은 배상금을 재차 요구했다.

앨리스티는 모국으로 돌아온 후 자신의 모든 장신구와 보석을 저당 잡혔고, 부동산과 토지를 팔아 돈을 구했다. 또한 친척과 친구들에게 돈을 꾸어서야 오디신이 요구한 배상금을 모을 수 있었다. 오랫동안 굴욕을 당한 헝가리의 기사 케난은 드디어 집으로 돌아가게 되었고 자유를 얻었다.

그는 육체와 정신적으로 받은 상처가 너무 커서 집으로 돌아온 후에 큰 병을 앓았다. 이국 타향에서의 모욕적인 경험은 그의 가슴에 사무쳤다. 종종 깊은 밤중에 악몽을 꾸고 놀라서 깨어나면 아직도 포로의 주둔지에 있는 것처럼 느껴졌다.

케난이 귀국한 지 4개월째 되는 때 헝가리 국왕이 터키와의 전쟁에 뜻을 가진 사람을 전국적으로 소집하는 명령을 내렸다. 이 소식을 듣고 아내에게 전장으로 복귀하겠다고 이야기하자 아내는 걱정하며 말했다. "당신이 더 이상 전쟁을 견뎌낼 수 없을까 두려워요!" 케난은 말했다. "전장에서 나는 건강한 사람이나 다름없소." 아내는 그의 말을 받아들이고 보내줄 수밖에 없었다.

다시 전쟁에 나가 말에 오른 케난은 마치 다른 사람이 된 것 같았다. 그 누구도 그가 병자라는 사실을 알아채지 못했다. 그는 전장에서 아무것도 두려워하지 않고 적진으로 뛰어들며 생명을 도외시하며 싸웠다. 그의 염원은 자신을 여러 가지 방법으로 능욕했던 터키의 장군 오디신을 포로로 만드는 것이었다.

갈수록 격렬해지는 전쟁에서 결국 헝가리는 주도권을 잡았다. 어느 날 케난은 터키의 장군 오디신이 포로로 잡혔다는 소식을 들었다. 이를 들은 케난은 감격하며 부하에게 오디신을 데려오라고 명령을 내렸다.

케난은 옛날의 숙적 오디신과 만났다. 오디신은 케난을 본 순간 깊은 절망과 공포를 느꼈다.

케난은 물었다. "당신은 내가 당신을 어떻게 대할지 알고 있는가?"

오디신은 대답했다. "알고 있다. 나는 마음의 준비가 되어있다. 당신은 분명 나에게 복수할 것이고 나는 당신에게 용서를 구하지 않을 것이다."

케난은 대답했다. "그렇다. 유대교의 규정에 따라 당신은 두 배의 괴로움을 받을 것이고 자네가 그것을 이해하리라 믿는다."

"물론 이해한다. 자업자득이지." 오디신은 운명의 장난을 비웃었다.

케난은 말했다. "그렇지만 교의는 나에게 이 세상을 사랑하라고 이야기한다. 우리의 동포를 사랑하고 우리의 적을 너그러이 용서하라고 말이다! 만약 내가 당신이 그랬던 것처럼 대하면 나도 인간성과 도덕이 없는 당신과 똑같은 사람이 되는 것이다. 이는 아무런 의미가 없다. 신은 사랑이시다. 그러니 나는 당신을 당신의 나라로 돌려보낼 것이다. 어쩌면 당신의 가족들은 지금 당신을 간절히 기다리고 있을지 모른다. 내가 지금 당신에게 할 수 있는 유일한 충고는 앞으로 어려움을 겪는 사람을 선하게 대하고 그들에게 최대한 자비와 관용을 베풀라는 것이다."

오디신은 풀려났지만 조금도 기쁘지 않았다. 집으로 돌아가는 길에 그는 갑자기 크게 울기 시작했다. "나는 엄한 형벌이나 모진 고문을 당하고 폐인이 될 정도의 고통을 받을 것이라고만 생각했는데. 지금에 와서 그보다 더욱 고통스러운 후회를 하게 될 줄 누가 알았으랴!"

관용은 세상에서 아름다운 덕목 중 하나고 우리의 영혼을 정화한다. 비록 오디신이 케난에게 끝없는 고통을 주었지만 케난은 그래도 그를 용서했고 관용을 베풂과 동시에 마음의 평화를 얻었다.

뜻을 이루고 존경과 사랑을 받는 사람 중에 도량이 넓지 않은 이는 없다. 행복과 평안을 얻을 수 있는 가장 간단한 방법은 마음속의 노여움과 원한을 내려놓는 것이다.

충동은 모든 것을
파멸시킨다

교육은 사람에게 어떤 말을 들어도 화를 내지 않고
자신감을 잃지 않는 능력을 갖추게 한다.
―로버트 프로스트(Robert Frost), 전 하버드 교수

모든 사람은 길고 긴 인생의 여정에서 충동적인 순간을 경험한다.
희로애락과 마찬가지로 충동은 삶에서 피할 수 없는 감정이다. 그러
나 종종 충동은 후회를 남긴다. 우리는 자신의 감정을 통제하는 법을
배워서, 충동이라는 악마가 정신을 지배해 후회할 일을 만들지 못하
게 해야 한다. 미국에서 다음과 같은 일이 있었다.

네 살짜리 여자아이가 아버지가 새로 산 자동차에서 놀고 있었다.
갑자기 그녀는 동전 비슷한 물건을 발견했고 매우 흥미를 느꼈다. 그
래서 그것을 가지고 차에 그림을 그리기 시작했다.

그녀는 자신이 화를 자초할 것이라는 사실을 전혀 알지 못했다.
바쁜 일을 끝내고 돌아와 상황을 파악한 아버지는 불같이 화를 냈다.
그래서 아이의 두 손을 철사로 묶어 차고 한 쪽에 세워놓고는 어디론

가 가버렸다. 아이가 생각난 아버지가 다시 돌아와 보니 아이의 두 손은 장시간 피가 통하지 않아 이미 검게 부어오른 상태였다. 병원에서 응급 처치를 했지만 돌이킬 수 없어서 그녀의 귀여운 두 손은 절단 수술을 받을 수밖에 없었다.

나중에 이 아버지는 그 자동차를 다시 칠했다. 집에 돌아오는 길에 아이는 새로운 차 덕분에 매우 즐거워져서 아버지에게 어떻게 차가 새것처럼 변했냐고 물었다. 아버지는 아이를 바라보며 돈을 내었기 때문에 새 차처럼 변할 수 있었다고 이야기했다. 아이는 그 말을 듣고 두 손이 없어진 팔을 내밀며 천진난만하게 아버지에게 물었다. "아빠 그럼 내 손은 언제 사줄 거예요?"

아버지는 천진난만한 딸을 보며 심한 양심의 가책을 느꼈다. 그는 아이의 앞에서 권총을 꺼내어 자신의 생명을 끊었다.

이 이야기를 읽고 우리는 아이 때문에 마음 아파할 수도, 아버지의 행동에 분노를 느낄 수도, 이야기의 결말에 슬픔을 느낄 수도 있다. 많은 사람이 일시적인 충동을 자제하지 못해 돌이킬 수 없는 손실을 일으키고 결국에는 후회로 자신을 마비시킨다. 양심의 가책을 느낀 소녀의 아버지는 죽음을 선택했다. 한 번 죽으면 그걸로 끝이지만 남겨진 소녀의 마음속 상처는 어떻게 해야 사라질 수 있을까? 그녀는 앞으로의 인생을 어떻게 마주해야 할까? 우리는 삶에서든 일에서든 우리를 일시적으로 답답하고 화나게 만드는 일들이 언제든지 일어날 수 있음을 기억해야 한다. 일시적인 분노를 참기 위해서는 이성이 필요하다. 이는 일시적인 충동을 다스려 자신과 타인에게 매울 수 없는 상처를 방지한다는 사실을 명심해야 한다.

어느 날, 국왕이 산속에서 사냥하고 있었다. 그의 뒤에는 수많은 문관과 무장이 따랐고, 그들의 뒤에는 하인들이 사냥개를 데리고 따라오고 있었다. 그들은 이번 사냥의 성과에 큰 희망을 품고 있었다.

국왕의 팔에는 용맹스럽고 위풍당당한 매가 앉아있었다. 이는 전문적으로 사냥 훈련을 받은 매였다. 국왕이 명령을 내리면 매는 구름 위로 날아가 땅을 내려다보면서 사냥감을 찾았다. 일단 사슴이나 토끼가 매의 시야에 들어오기만 하면 매는 놓치지 않고 재빨리 돌진해 사로잡았다.

그날 국왕은 운이 좋지 않았다. 그의 일행은 사방으로 흩어지게 되었고, 무더운 날씨 탓에 매우 목이 말랐다. 국왕은 시원한 샘물을 찾았지만, 계곡은 작렬하는 태양에 이미 다 말라버린 상태였다. 매도 하늘을 하염없이 선회하며 물을 찾고 있었다.

국왕은 우연히 암석의 가장자리를 타고 물이 방울져 떨어지는 것을 발견했다. 그가 있는 곳에서는 물이 방울져 떨어질 뿐이었지만 길을 조금 더 올라가면 분명 샘이 있을 것이었다.

국왕은 말에서 내려 포대에서 작은 은잔을 꺼내 떨어지는 물방울을 조금씩 모았다. 한참이 지나 물 한 잔이 거의 다 모아졌고 너무나도 목이 말랐던 그는 허겁지겁 잔을 입에 가져갔다. 그 순간 하늘에서 윙윙거리는 소리가 들려오더니 그의 잔을 뒤집어엎었다. 애써서 모은 물은 쏟아져 메마른 땅으로 순식간에 스며들었다. 국왕이 고개를 들어보니 매가 한 짓이었다.

국왕은 잔을 집어 들고 또다시 떨어지는 물방울을 받았다. 이때 그는 오래 기다릴 수가 없어 잔에 어느 정도 물이 차자 이를 입으로 가져갔다. 그러나 잔이 그의 입술에 닿을 찰나 매가 다시 날아와 국왕이 손에 든 잔을 뒤집어엎어 버렸다. 이때 국왕은 정말로 화가 났다.

그는 크게 소리쳤다. "만약 또 잔을 뒤집으면 네 목을 베어버리겠다!"

그런 다음 그는 다시 잔을 가져다 물을 받았다. 그러나 그가 물을 마시려 하자 매가 다시 날아왔다. 분노한 국왕은 검을 뽑아 매의 목을 쳤다. 국왕이 매를 죽이는 순간 그의 잔은 바위틈으로 굴러 들어가 버렸다.

국왕은 어쩔 수 없이 좀 더 걸어가서 물이 솟아나는 곳을 찾으려고 했다. 곧이어 그는 물이 고여 있는 샘을 발견했다. 그러나 그는 샘 안에 거대한 독사가 죽어있는 것을 발견하고 깜짝 놀랐다. 그제야 실상을 알게 된 국왕은 후회하며 울었다. "매는 나를 구하려고 한 것이었구나. 그는 나의 친구였는데 내 손으로 죽여 버리고 말았구나."

사람은 수많은 잘못을 저지른다. 이는 모두 일시적인 충동 때문에 벌어지는 일이다. 일단 일이 벌어지고 나면 후회해도 소용없기에 자신의 감정을 조절하는 법을 배워야 평생의 후회를 남기지 않을 수 있다.

시간이 흐르고 시대가 변함에 따라 옛날 사람과 오늘날의 사람과는 큰 차이가 있지만 충동은 여전히 공존한다. 충동은 내면의 수양이 부족함을 드러내는 것이나 마찬가지다. 악마와 같은 충동은 당신의 내면 깊은 곳에 숨어 있다가 일순간에 튀어나와 당신이 상상하기 힘든 일을 저지르게 만든다. 결국 당신에게 남는 것은 후회하고 가슴

아파하는 일뿐이다. 일상생활에서 충동만 일어나지 않는다면 큰일도 벌어지지 않는다는 사실을 기억하라. 내면이 온화하며 물처럼 잔잔한 마음을 가진 교양 있는 사람이 되어야 한다.

누구에게나 충동적인 순간이 찾아온다. 예상치 못한 일에 화가 날 때는 10초 정도 마음을 가라앉히고 이성적으로 일을 처리하는 편이 좋다.

불평은 어떤 것도
변화시키지 못한다

행복이 어디에도 존재하지 않는다면 자신을 위해
스스로 행복을 찾아야 한다.
–헨리 데이비드 소로

'세상일이란 십중팔구가 뜻대로 되지 않는 법이다.'라는 말이 있다. 어떤 사람들은 살아가면서 방해가 되는 일이 생기거나 좌절하면 바로 세상을 원망하고 끊임없이 불평한다. 이에 하루 종일 언짢은 기분이 지속되고 의지가 사라진다. 불평하다 보면 방해나 좌절은 지속된다. 반면 어떤 사람들은 곤경과 좌절이 닥치면 이성적으로 분석하고 원망이나 타협은 하지 않는다. 그리고 현재 상황을 변화시키기 위해 노력하기 때문에 그들의 인생에는 희망이 충만하다.

하루 종일 불평만 하는 사람들은 현재 상황을 영원히 변화시키지 못한다. 항상 저절로 해결되기를 기다리며 눈앞의 '어두운 현실'에 독선적인 저주를 퍼붓는다. 이러한 '어두운 현실'이 바로 자신의 그림자라는 사실은 깨닫지 못한다. 반면 용감하게 현재 상황을 변화시키는 사람들은 항상 노력과 지혜로 곤경 속에 숨겨진 기회를 찾아내고 찬

하버드 철학 강의

란하게 빛나는 인생을 살아간다. 기회는 불평 속에서 멀어지므로 후회할 때는 이미 늦었다.

　어느 외진 작은 마을에 세 식구가 살고 있었다. 너무나도 가난했기 때문에 세 식구는 며칠이나 아무것도 못 먹을 때가 있었다. 아들이 야위어 가는 모습을 보고 부모는 어쩔 수 없이 아이를 데리고 길거리에 구걸하러 나갔다. 그러나 하루 종일 구걸을 해도 음식을 나누어 주는 사람은 하나도 없었다. 아들이 배고파 죽어가는 모습을 보면서 다급해진 부모는 경건하게 무릎을 꿇고 신에게 아들을 구해달라고 기도하기 시작했다. 결국 신은 그의 사자를 인간 세상에 보냈다. 사자는 그들에게 한 사람당 하나씩 소원을 들어주겠다고 이야기했다. 그러나 가족들은 그의 말을 미심쩍어했다. 아이의 어머니는 우선 자신의 소원을 이야기했다. "저는 빵 한 트럭을 원합니다. 우리 아들을 배불리 먹이고 싶어요." 말이 끝나자 눈앞에는 정말로 빵 한 트럭이 나타났다. 아이의 아버지는 처음에는 신기하게 생각했지만, 나중에는 화를 내기 시작했다. 아내가 바보 같고 생각이 없어서 이렇게 소중한 기회를 싸구려 빵에 사용해버렸다고 끊임없이 불평했다. 신이 보낸 사자가 무엇을 원하느냐고 묻자 그는 매우 화를 내면서 아내를 가리키며 말했다. "저는 이런 싸구려 빵 따윈 필요 없어요. 이 바보 같은 여자를 어리석은 돼지로 만들어 주세요." 말이 끝나자 신기하게도 빵은 사라졌고 아내도 사라졌다. 대신 한 마리 돼지가 있었다. 이를 보고 깜짝 놀란 아이는 눈앞의 '돼지'를 바라보며 슬피 울면서 사자에게 말했다. "저는 돼지는 필요 없어요. 엄마가 필요해요. 제

발 부탁이에요." 아이의 말이 떨어지자마자 정말로 어머니가 돌아왔다. 사자는 손을 흔들며 어쩔 수 없다는 듯 그들에게 이야기했다. "나는 이미 당신들의 소원을 들어주었소. 그렇지만 당신들이 불평하느라 기회는 전부 사라져버렸소." 말을 마치자 사자의 모습은 보이지 않게 되었다. 이렇게 세 식구는 아무것도 변화시키지 못한 채 여전히 길거리에서 구걸했고 아이는 배고픔에 계속 울었다. 우리가 불평과 불만을 줄이고 열심히 노력하고 행동하면 행운의 신은 우리에게 더 많은 성공의 기회를 가져다주기도 한다.

졸업한 지 얼마 되지 않은 대니는 자신이 심혈을 기울인 작품을 가지고 유명한 광고회사에 면접을 보러 갔다. 대니가 뽑은 면접 순서는 마지막이었다. 긴 시간 동안 기다리면서 긴장을 한 그녀는 직원에게 따뜻한 물 한 잔을 부탁했다. 그 직원은 대니에게 물을 가져다주면서 실수로 물을 엎질렀고 이는 그녀의 작품에 쏟아졌다. 작품은 물에 젖어 축축하고 쭈글쭈글해졌다. 대니는 일순 정신이 아득했다. '어떻게 해야 하지? 이것은 좀 있으면 면접에 사용할 작품인데. 작품도 없이 어떻게 면접관에게 나의 창의력과 구상을 설명할 수 있을까?' 대니는 물을 엎지른 직원이나 자신의 불운을 원망해도 소용없다는 사실을 알고 있었다. 잠시 정신을 가다듬은 다음 그녀는 급히 직원에게 종이와 필기구를 가져다 달라고 부탁했다. 제한된 시간 동안 그녀는 열심히 백지 위에 자기 작품을 다시 묘사하기 시작했다. 그리고 또 다른 종이에 작품이 젖어버리게 된 상황을 대강 서술했다. 그리고 이어진 면접에서 대니는 수많은 면접자 중에서 두각을 드러냈고 최후의 행운아가 되었다. 면접관은 훗날 그녀에게 이야기했다. "광고는 창의력과 융통성이 중요하지. 당신의 작품은 아주 간단했지만, 창의력이 돋보였어. 더욱 대단한 것은 그런 일이 발생했는데도 불평하지 않고 우선은 어떻게 해야 할지 생각했다는 거야. 그것이야말로 우리 회사에 필요한 것이었거든."

끊임없이 불평하기보다는 자기 자신과 현재 상황을 변화시키려고 노력해보면 어떨까? 그러면 삶은 당신의 뜻대로 풀리기 시작할 것이다. 깊은 이해와 정확한 행동 그리고 지속하려는 끈기와 결심만 있으면 아무리 어려운 일이라도 당신의 노력에 따라 변화할 것이다. 아무리 큰 고민이라도 갈피가 잡히고, 아무리 복잡한 모순이라도 간단하게 변할 수 있다.

불평한다고 운명은 바뀌지 않는다. 자신의 운명을 변화시키려면 우선 불평을 그만두어야 한다. 먼저 자신의 기분과 심리 상태부터 변화시켜야 한다. 당신이 변화하면 환경도 그에 따라 바뀔 것이다. 뜻대로 되지 않을 때 세상이 불공평하다고 불평하느라 시간을 낭비하지 말라. 이 세상은 당신이 불평한다고 해서 조금도 바뀌지 않는다.

계속 불평하는 것보다 자기 자신을 변화시켜라. 당신 자신이 변화하면 모든 것이 당신을 따라 좋은 쪽으로 변화할지도 모른다.

사람의 내면은 신비한 보물 창고와 같아 탐지할 수 없는 힘이 잠재되어 있다. 내면의 강함으로 인류는 잔혹한 자연환경에도 세상을 주재하는 존재로 진화했다. 우리가 실패하는 이유는 대부분 지식이나 능력이 아닌 강인한 내면이 부족하기 때문이다.

　　그 누구도 한 번에 성공하는 사람은 없다. 시련이 왔을 때 성공하는 사람은 성장을 선택하고 실패하는 사람은 도피를 선택한다. 성공과 실패의 차이는 바로 여기에 있다.

3장

어려움에
대처하기

일을 대하는
3가지 자세

어떤 일에 열중하기 위해서는 그 일의 가치를 굳게 믿고,
자신에게 그것을 성취할 힘이 있다고 믿으며,
적극적으로 그것을 이루겠다는 마음을 가져야 한다.
그러면 낮이 가고 밤이 오듯이 저절로 그 일에 열중하게 된다.
–데일리 카네기

    일은 사람에게 있어 평생 생각해야 할 문제다. 이제 막 사회에 들어선 젊은이들은 일에 대한 인식과 사회에 대한 이해가 깊지 않다. 그들은 종종 불평을 늘어놓고 자신이 하는 일이 전부 사소하고 보잘것없는 일이라고 생각한다. 자기 일을 중요한 의미가 있는 일과 비교하면서 자신이 시간을 낭비하고 있다고 생각하는 성향이 있다.

    샤하르 교수는 종종 강의에서 학생들에게 일과 생활 그리고 인생의 관계에 관해 설명한다. 그는 일을 대하는 3가지 경지를 '생계를 도모하기 위해 돈을 버는 것, 사업, 사명감'으로 구분했다.

    일을 단순히 임무 혹은 돈을 버는 수단으로 생각하는 사람은 자신의 가치를 실현하기 매우 어렵다. 그들은 매일 출근하면서도 진심으로 회사에 가고 싶어서가 아니라 반드시 가야 하므로 출근한다. 그들이 기대하는 것은 월급 외에 퇴근이나 휴가밖에 없다. 아마도 많은

152

사람이 이에 공감할 것이다.

일을 사업으로 생각하는 사람은 재산을 축적하는 데 관심을 가질 뿐만 아니라 권력과 명성 같은 사업의 발전 전망에도 관심을 기울인다. 그들은 항상 승진할 기회를 노리며, 될 수 있는 한 빨리 승진하기를 기대한다.

대만의 유명한 기업가 왕융칭王永慶의 성공 사례는 샤하르 교수의 관점을 정확하게 설명해준다.

어렸을 때 집안이 너무도 가난했던 왕융칭은 학교에 가지 못하고 일찌감치 장사에 뛰어들었다. 1932년, 당시 16세였던 그는 대만의 자이(嘉義)에 쌀가게를 열었다. 자이에는 크고 작은 쌀가게가 30여 채 있었는데 이는 자금이 200위안에 불과한 왕융칭에게 거대한 경쟁의 압박이었다. 그는 외진 골목에 작은 가게를 빌렸다. 그의 쌀가게는 개점 시기도 늦고 규모도 작아서 지명도가 낮았다. 그래서 개업하고 얼마 동안은 찾아오는 손님이 거의 없었다. 당시 전통 있는 쌀가게들이 쌀 교역 시장을 독점하고 있는 상황에서 왕융칭의 쌀가게는 규모도 작고 자금도 부족해 대량으로 쌀을 사들일 수가 없었다. 거기에 더해 소매로 판매하기도 쉽지 않았는데 이는 대형 쌀가게가 부수적으로 소매점을 소유하고 있기 때문이었다. 당시에는 왕융칭의 작은 쌀가게에서 쌀을 사려는 사람이 거의 없었다. 그래서 그는 쌀을 짊어지고 집마다 돌아다니며 판로를 개척했지만 큰 효과를 거두지는 못했다.

그렇다면 그는 이러한 난관을 어떻게 돌파할 수 있었을까? 왕융칭은 강력한 경쟁 속에서 살아남기 위해서는 반드시 자신만의 장점을 갖춰야 한다고 생각했다. 한 차례의 고민 끝에 그는 쌀의 품질과 고객에 대한 서비스를 높이기로 했다.

1930년대 대만의 농촌은 여전히 수공업을 유지하고 있었다. 당시의 벼 수확과 가공 시설은 모두 낙후되어 있어 수확한 벼를 길에 늘어놓고 햇볕에 말린 다음 탈곡을 했다. 그러나 이렇게 하면 모래알이나 작은 돌 같은 이물질이 섞여 들어가 골라내기가 쉽지 않았다. 그래서 당시 쌀가게에서 판매하는 쌀은 기본적으로 쭉정이와 겨, 모래알, 작은 돌 같은 이물질이 섞여 있었다. 쌀을 파는 쪽이나 소비자도 모두 이를 예사롭게 생각했다.

왕융칭은 다른 사람들이 예사롭게 생각하는 일에서 성공의 포인트를 찾아냈다. 그는 두 명의 동생과 함께 고생과 수고를 마다치 않고 쌀 속에 섞인 이물질을 하나하나 골라내는 데 착수했다. 이렇게 왕융칭이 판매하는 쌀은 다른 가게의 쌀보다 한 등급 높은 품질을 유지하게 되었다. 이는 고객들의 호평을 받았고 장사도 잘되기 시작했다.

쌀의 품질을 높여 성공을 거둔 후 그는 다시 기발한 방법을 생각해냈다. 그것은 쌀을 손님의 집까지 배달해주는 서비스를 시행하는 것이었다. 이는 확실히 매우 편리한 서비스였으므로 고객들의 큰 호평을 받았다.

이렇게 왕융칭은 쌀의 품질과 서비스에서 돌파구를 찾았다. 이를 통해 자이의 사람들은 골목의 끝자락에 품질이 좋은 쌀을 판매하며 집까지 배송해주는 서비스를 제공하는 쌀가게가 있다는 사실을 알게 되었다. 지명도가 올라가자 왕융칭의 장사는 더욱 흥하기 시작했다.

1년 후, 어느 정도 이익을 얻은 왕융칭은 직접 정미소를 경영하기로 했다. 그는 원래 현재의 쌀가게를 정미소로 개조하려고 했지만, 면적이 충분하지 않아 가장 번화한 거리에서 멀지 않은 자리에 지금의 가게보다 몇 배나 큰 가게를 빌렸다. 길가에 접해있는 쪽은 상점으로 사용하고 안쪽은 정미소로 사용했다.

이렇게 일을 자신의 사업으로 삼은 왕용칭은 아주 작은 쌀가게에서 시작해 대만의 갑부가 되기에 이르렀다.

일을 사업의 마음가짐으로 한다면 승진과 이익을 얻을 수 있을지도 모른다. 그러나 이는 일을 하는 최고의 경지는 아니다. 하버드 교수는 학생들이 일을 일종의 사명으로 여기기를 원했다.

그의 말에 의하면 일을 사명으로 여기면 일 자체가 그 사람이 추구하는 목표가 된다는 것이다. 월급이나 직위도 중요하지만 일을 사명으로 삼은 사람은 자발적인 내면의 추구로 기꺼이 일을 한다. 자신이 그저 남에게 부려지는 것이 아니라 일에 강한 열정을 가지고 있으며 자신의 가치를 끊임없이 실현한다. 그들의 목표는 바로 자신에 대한 일종의 만족이다.

예전에 누군가 병원에서 일하는 청소부를 대상으로 연구를 한 적이 있었다. 한 그룹은 자기 일이 매우 무료하며 아무런 가치가 없다고 생각했다. 그러나 다른 한 그룹은 자기 일이 매우 의미 있다고 생각해 최선을 다하고 있다고 이야기했다. 그들은 간호사 혹은 환자의 가족과 이야기를 나누며 병원의 직원과 환자를 편안하게 해줄 방법을 생각했다. 그들의 업무 태도는 매우 성실했고 충실감과 즐거움을 느꼈다.

결국 우리가 일을 하는 이유는 더 나은 삶과 즐거움을 위해서다.

사람은 일을 자신의 사업으로 여기고 강한 사명감을 느끼고 있을 때 일 속에서 일 자체의 즐거움을 체험할 수 있다.

일을 하면서 즐거움을 느끼는 사람이야말로 진정으로 행복한 사람이다. 성숙한 사람은 진실한 즐거움이 일에서 비롯되며 진정한 행복은 일에서 체험할 수 있다는 사실을 발견한다. 그리고 일을 통해 개인의 가치를 실현할 수 있다는 사실을 안다. 일은 인생의 가치를 체현하는 하나의 과정이며 일의 질은 삶의 질을 결정한다.

> 업무 효과에 사람들 간에 큰 차이가 발생하는 주요 원인은 업무를 대하는 태도에 있다. 그리고 이는 일의 경지를 결정한다. 업무를 대하는 당신의 태도가 좋을수록 성공도 더 쉽게 당신에게 다가온다.

운명의 설계자가 되어라

운명의 신은 세상의 모든 사람에게 찾아온다.
그러나 그 사람이 운명의 신을 맞을 준비가 되어있지 않다면
신은 큰문으로 들어와 작은 창문으로 달아나 버린다.
–빌 게이츠

하버드 학생들은 모두 운명은 자기 손에 달려있다고 굳게 믿는다. 그들은 마음속에 맞서 싸울 수 있는 용기를 가지고 있기에 쉽게 패배를 인정하지 않는다. 그들은 실패해도 낙담하지 않고 오로지 신념을 굳게 지킨다. 그들의 신념이란 자기가 운명의 설계사가 되는 것이다.

루트비히 판 베토벤(Ludwig van Beethoven, 1770-1827)은 위대한 독일의 작곡가이자 빈의 고전학파를 대표하는 인물 중 한 사람이다. 1770년 12월 16일에 태어난 그의 고향은 프랑스에서 멀지 않은 라인강 근처의 작은 도시 본이다. 그의 할아버지는 본의 궁정악단에서 악장을 맡고 있었고, 아버지는 궁정의 테너 가수였다. 어렸을 때 베토벤이 음악적 재능을 드러내자 아버지는 그를 모차르트 같은 신동으로 키우기 위해 그에게 피아노와 바이올린을 배우게 했다. 8세 때 그는 이미

음악회에서 공연하고 작곡을 시험해보기 시작했다. 그러나 이때 베토벤이 받은 교육은 결코 체계적이지 못했다.

12세 때 그는 자유자재로 연주했고 오르간 연주자였던 네페(Christian Gottlob Neefe)의 조수를 담당했다. 네페로부터 베토벤은 정식적인 음악 교육을 받을 수 있었다. 네페는 다방면에 천재적인 음악가였고 그는 베토벤의 예술적 시야를 넓혀주었다. 베토벤은 독일 고전 예술의 우수한 범례에 대해 자세히 이해할 수 있게 되었고 인생의 목표를 세웠다. 베토벤의 정식적인 학습과 체계적인 교양은 실제로 네페의 세심한 지도로부터 시작되었다고 할 수 있다. 네페가 이끄는 대로 그는 1787년에 빈에 가서 모차르트에게 가르침을 구했다. 모차르트는 베토벤의 연주를 들은 후 언젠가 그가 전 세계를 놀라게 할 것이라고 예언했다. 그러나 빈에 도착한 지 얼마 되지 않아 어머니의 부고를 받은 그는 어쩔 수 없이 본으로 돌아가야 했다. 가정적인 사정으로 1792년 가을 아버지가 세상을 떠난 후에야 그는 다시 빈으로 돌아올 수 있었다. 그러나 이때 모차르트는 이미 세상을 떠난 뒤였다. 베토벤은 두 번째 빈에 오자마자 최고의 연주가라는 명성을 얻었다. 이후에 그는 하이든, 알브레히츠베르거, 살리에리 등을 차례로 스승으로 삼았다. 본에 있던 시절 그는 지식인 브라우닝과의 교제를 통해 당시의 유명 교수, 작가, 음악가를 직접 만났고 그들에게서 '질풍노도 (18세기 말 독일에서 일어난 낭만주의 문학 운동을 가리키는 말)'의 영향을 받았다. 사실 프랑스 대혁명이 일어나기 몇 년 전부터 베토벤의 민주적인 사상은 이미 성숙해져 있었지만, 혁명의 시대를 보내며 그의 민주적 사상은 특히 빠르게 성장했다.

1789년, 그는 프랑스 부르주아 혁명의 진보적 사상 의식의 큰 영향을 받는다. 이로써 그는 인문주의적 세계관의 기초를 다지게 된다. 그는 인류의 평등을 굳게 믿으며 정의와 개성의 자유를 추구했고 봉건 전제 정치의 압박을 증오했다. 비록 베토벤, 하이든, 모차르트가 살았던 연대가 매우 비슷하기는 하지만 베토벤의 사상은 하이든이나 모차르트와 같은 세대에 속하지 않는 것이 확연하게 드러난다. 하이든은 평생 모욕을 겪으며 때로는 격노하기도 했지만, 항상 외부의 압박을 참고 견뎌냈다. 그가 당시의 진보적인 문학 사조와 혁명적인 정서에 감동하는 일은 드물었다. 이에 우리는 하이든의 음악에서 투쟁의 그림자를 찾아보기 힘들다. 하이든과 비교했을 때 모차르트는 정신적으로 매우 큰 고통을 받았지만 용감하게 맞섰다. 빈곤할지언정 대주교나 귀족의 모욕을 받아들이지 않았다. 빛이 충만하고 청춘의 활력이 느껴지는 모차르트의 음악에서는 숨겨진 고통과 우울함, 비애의 정서를 느낄 수 있다. 반면 베토벤은 끊임없이 봉건제도에 분노하고 대항했으며 음악을 통해 사람들에게 자유와 행복을 위한 투쟁을 호소했다. 본 시기(1782-1792)에 베토벤의 작품은 피아노 소곡, 중주곡 및 가곡이 주류를 이루었다. 이 시기는 창작의 준비 단계라고 볼 수 있다. 그가 빈에서 지낸 초반 10년(1792-1802) 동안의 작품은 〈비창〉, 〈월광〉, 〈크로이처〉와 같은 소나타였고 그중에서도 〈피아노 협주곡 제3번〉 작품이 비교적 유명하다. 이때 그는 사회와 정치 문제에 대해 더욱 깊이 이해하게 되었고 목표를 찾기 위해 노력해야 한다는 사실을 의식하기 시작했다. 1802년에서 1812년에 이르는 시기에 그의 창작은 성숙기에 진입했다. 이 시기는 훗날 그의 '영웅시대'가 되었다.

겉으로 보면 베토벤의 창작 활동이 성숙해가는 과정은 매우 느리게 느껴졌다. 그는 서른 살에 비로소 첫 번째 교향곡을 쓰기 시작했는데 같은 나이 때의 모차르트는 이미 40부 정도의 교향곡을 썼었다.

1796년부터 베토벤의 청력은 점점 나빠지기 시작했다, 1801년이 되어 자기 귀가 나을 수 없다는 사실을 확신했을 때 그는 이를 친구에게 알렸다. 그러나 그는 운명에 굴복하지 않고 자신이 운명을 주재하기로 했다. 정신적 위기를 마주하고도 그는 낙관주의적인 〈교향곡 영웅〉을 창작하기 시작했다. 이 곡은 베토벤의 정신적인 전환기를 상징하는 동시에 창작 활동의 '영웅시대'가 시작되었음을 의미한다.

베토벤이 빈에서 보낸 후기에 유럽은 심각한 정치 반혁명 시기로, 특히 메테르니히의 반혁명 통치가 맹위를 떨치던 시기였다. 이때 베토벤의 창작도 잠시 쇠퇴기(1813-1817)를 맞이한다. 1818년부터 1827년에 이르는 베토벤 인생의 최후 10년간 그는 귀가 완전히 들리지 않게 되었고 건강 상태도 악화하였다. 생활이 곤란하고 정신적인 절망이 계속되는 상황에서도 그는 여전히 강인한 의지로 〈교향곡 제9번 (합창)〉을 작곡했다. 이는 그의 찬란하고 서사적인 평생의 업적이었으며 동시에 인류의 아름다운 희망을 드러내는 곡이 되었다.

운명이란 참으로 오묘하다. 그것은 사람에게 성공을 선사하기에 앞서 시련을 주고, 시련을 극복한 사람만이 비로소 성공을 얻을 수 있게 한다. 시련이라는 관문을 통과하지 못한 실패자들은 절망과 불평 속에 남은 인생을 보낸다. 반면 시련을 헤치고 나아가 용감하게 도전을 받아들이는 사람은 시련을 극복하고 운명의 신이 선사하는 가장 귀한 상을 받는다.

세익스피어는 말했다. "만약 우리가 자신을 진흙에 비유한다면 우리는 정말로 다른 사람에게 짓밟히는 존재가 될 것이다." 사람은 자신을 비하하고 진취적으로 생각하지 않으면 절대 찬란한 빛을 향해 나아갈 수 없다.

어느 한 흑인은 어렸을 때 자기 자신을 매우 싫어했다. 그는 피부색으로 인해 절망한 나머지 성격이 괴팍해졌고 자신이 절대 성공하지 못할 거로 생각했다.

그의 아버지는 식견이 풍부하고 교양 있는 선원이었다. 아들의 고민을 꿰뚫어 본 그는 아무 말도 하지 않고 아들을 데리고 유명한 사람들이 살던 집을 관람하러 돌아다니기 시작했다.

아버지는 그를 네덜란드의 반 고흐가 살던 집에 데려갔다. 작은 침대와 터진 가죽 신발을 보고 아들은 궁금해하며 아버지에게 물었다. "반 고흐는 백만장자가 아니었나요?"

아버지는 대답했다. "반 고흐는 아내조차 맞이할 수 없을 만큼 가난한 사람이었다."

네덜란드를 떠나 아버지는 아들을 덴마크에 데려갔고 안데르센이 살던 집을 관람했다. 아들은 또 궁금해하며 물었다. "안데르센은 황궁에서 생활하지 않았나요?"

아버지는 대답했다. "안데르센은 구두장이의 아들이었다. 그는 생전에 오래되고 허름한 다락방에서 살았어."

아버지의 말을 듣고 아들은 무언가를 깨달은 것 같았다. 아버지는 두툼하고 힘 있는 큰 손으로 아들의 머리를 어루만지며 온화하게 말했다. "아들아, 보렴. 위대한 사람들도 결코 태어났을 때부터 위대했던 건 아니었다. 그러니 신은 결코 누군가를 편애하는 것이 아니라는 사실을 알 수 있지."

아버지의 감화적인 교육 아래 그는 자신감을 되찾았고 자기 자신에 충만한 호기심을 가지게 되었다. 분명 자신도 위대한 일을 해내고 위대한 사람이 될 수 있을 거라 믿었다. 또한 이 세상에 충만한 열정을 가진 그는 기자가 되어 세계를 누비고 다니겠다는 뜻을 세웠다.

그때부터 그는 이상을 위해 게을리하지 않고 노력했다. 대학교를 졸업한 그는 꿈에도 그리던 기자가 되었다. 그렇지만 일을 하면서 항상 백인들의 차별과 괴롭힘을 받아야 했다. 한번은 한 백인 기자가 그가 한 달 동안 취재한 자료를 가져가 성과를 가로챘다. 당시 그는 매우 화가 나 편집장을 찾아가서 공평하게 처리해주기를 바랐다. 그러나 일은 뜻대로 돌아가지 않았다. 편집장은 아예 그의 말을 들으려 하지 않았고 일방적으로 백인 기자의 편을 들었다.

이 사건을 통해 그는 현실의 잔혹함과 사악한 인성을 재차 인식할 수 있었다. 그래도 그는 여전히 자신의 아름다운 미래를 믿었다. 그는 고생을 마다치 않고 다양한 위험 지역에 가서 최신 뉴스를 손에 넣었다. 결국 뉴스에 관한 독특한 시각과 이념 덕분에 그는 미국 뉴스 보도 업계 최고의 상인 퓰리처상을 받았고, 같은 업계의 수많은 흑인에게 마음의 등불을 밝혀주었다.

상을 수여하는 날, 그는 강단 위에 올라 감격이 가득한 소리로 외쳤다. "하나님 감사합니다! 하나님은 결코 비천한 사람을 내버려 두지 않으십니다. 그리고 위대한 영혼을 모든 사람의 육체 속에 숨겨 놓으셨습니다. 출신이 고귀한 육체든 비천한 육체든 모두 똑같이 말입니다. 그리고 아버지 감사합니다! 아버지는 저에게 자신감을 주셨고 나만의 영혼을 찾게 해주셨습니다. 경험을 통해 진실한 믿음이 있고 노력을 게을리하지 않으면 흑인도 백인과 마찬가지로 어떤 일이든지 해낼 수 있다는 사실을 깨닫게 해주셨습니다. 모든 사람은 자기 운명의 설계자입니다."

하버드 철학에는 다음과 같은 말이 있다. '삶은 어떠한 실패자도 불쌍히 여기지 않는다. 시련이 다가왔을 때 용감한 자는 앞으로 나아가고 나약한 자는 뒤로 물러난다.' 모든 사람의 운명은 자신에게 달려 있다. 오로지 자기 자신만이 인생을 변화시킬 수 있다.

> 사람들은 저마다 자기 운명의 설계자다. 당신이 소유하고 싶은 인생이 있다면 반드시 그에 맞은 노력을 해야 한다. 포기하지 말고 당신의 인생은 당신 손에 달려 있다고 굳게 믿어라.

기회는 항상 찾아온다

매일 매일 누군가에게 한 가지 기회가 온다.
이 기회는 절대 다시 돌아오지 않는다.
-빌 게이츠

하버드 학생들은 자아실현을 촉진 시키는 요소 중에서도 기회가 필수 불가결한 요소라는 사실을 잘 알고 있다. 이는 마치 스프링이 달린 도약대처럼 우리를 더 높이 날게 하고 심지어 운명의 방향을 바꾸기도 한다.

기회는 바람에 흩날리는 민들레 씨앗처럼 항상 조용하게 당신 주위에 나타난다. 만약 당신이 혜안을 가지고 있다면 그것을 발견하고 잡을 수 있을 것이고 그러면 성공은 찾아온다. 그러나 그것을 보고도 못 본 척하거나 바람에 날아가게 내버려 두면 설령 나중에 후회하며 탄식한다고 할지라도 다시는 돌아오지 않는다. 기회를 잡을 수 있는 가? 여부는 종종 사람의 사업적인 승패를 결정한다.

우리는 '기회를 잡아라.'라는 말을 자주 듣고 누구나 이 말을 굳게 믿는다. '기회는 준비된 사람에게만 찾아온다. 그것은 눈물을 믿지 않으며 겁이 많고 나약한 사람, 게으름과도 인연이 없다.' 이는 조금만 늦어도 기회를 놓칠 수 있으며 안목이 없는 사람은 기회를 잡을 수 없다는 의미다. 사실 기회를 잡을 수 있는지는 자기 자신에게 달려있다. 기회란 모든 사람에게 평등하기 때문이다.

기회는 인생에서 가장 중요한 부분이고 어느 곳에나 존재한다. 기회가 없다고 항상 불평하는 사람은 그들이 기회를 잡는 것에 익숙하지 않기 때문이다. 그들은 항상 하늘의 별을 바라보느라 발밑의 보석을 그냥 지나쳐 버린다. 기회를 잡아 대단한 성공을 거둔 빌 게이츠의 전설은 하버드대학에 널리 알려져 있다.

1955년, 빌 게이츠는 미국 서부의 아름다운 도시 시애틀에서 태어났다. 11세 때 그는 시애틀에서 가장 유명한 사립 중학교에 들어갔다. 당시는 컴퓨터가 막 알려지기 시작했을 때였고 그가 다닌 중학교에서는 학생들을 가르치기 위해 거액을 투자해 컴퓨터를 구매했다. 배우는 것을 좋아하는 빌 게이츠는 즉시 컴퓨터에 깊은 흥미를 느끼게 되었다.

1973년, 빌 게이츠는 하버드대학의 합격 통지서를 받았다. 세계적으로 유명한 하버드에는 미국을 포함해서 전 세계에서 온 우수한 학생들이 운집해 있었다.

1974년, 빌 게이츠는 최초의 개인용 컴퓨터가 생산되었다는 소식을 들었다. 이에 그의 열정은 달아올랐다. 그는 하버드를 자퇴하고 컴퓨터의 물결에 뛰어들었다. 왜냐하면 그는 이것이 바로 기회라는 사실을 인식했기 때문이었다.

1975년, 빌 게이츠와 그의 친구 폴 앨런(Paul Allen)은 드디어 자신들 만의 회사를 설립했다. 이것이 바로 세계적으로 유명한 마이크로소 프트다. 당시 마이크로소프트는 비록 지금처럼 큰 명성을 얻지는 못 했지만 빌 게이츠와 폴 앨런은 컴퓨터 업계에서 이미 어느 정도 이름 이 알려져 있었다.

1981년, 당시 가장 큰 규모의 컴퓨터 회사였던 IBM은 정식으로 신형 개인용 컴퓨터를 출시해 세상을 떠들썩하게 했다. 그리고 사람 들의 시선을 끈 사실은 젊은 빌 게이츠가 이끄는 마이크로소프트가 IBM의 언어 프로그램을 제공했다는 것이었다. IBM의 개인용 컴퓨터 가 출시된 지 반년 만에 마이크로소프트는 정식으로 개인용 컴퓨터 소프트웨어 방면의 최고가 되었다. 마이크로소프트는 끊임없는 노력 을 통해 최종적으로 승리를 거둔 것이다. 이를 통해 빌 게이츠는 단 번에 명성을 얻었고 이때 그의 나이는 26세에 불과했다.

오늘날 빌 게이츠는 컴퓨터 소프트웨어 분야에서 세계 최고의 인 물이자 미국의 새로운 청년 세대가 숭배하는 우상이 되었다.

예리한 안목과 민첩한 두뇌를 가진 사람은 항상 다른 사람이 보지 못하는 것을 본다. 또한 기회가 다가왔을 때 이를 확실히 포착하고 가장 적합한 책략을 실행한다. 찰스 루이스(Charles Louis)의 성공 비결 은 그가 예리한 안목과 민첩한 두뇌를 가지고 있었기 때문이다. 그는 폐기되는 전선에 사업의 기회가 숨겨져 있음을 간파했다. 그는 자신 의 판단에 승부를 걸었고 결국 성공을 이루어 비즈니스계에서 뛰어 난 일면을 드러냈다.

기회가 찾아오지 않는다고 매일 불평만 하고 종일 하늘에서 떡이 저절로 떨어지기를 기다리지 마라. 성공의 기회는 어디에서나 발견할 수 있다. 그리고 기회가 찾아왔을 때 이를 포착할 수 있는지는 자기 자신에 달려있다. 현명한 사람은 삶 속에서 기회를 깨닫고, 사소한 일에서 기회의 그림자를 포착한다. 그런 다음 그들은 기회를 그저 따라갈 뿐이다. 그러나 어리석은 사람은 설령 기회가 자기 눈앞에 있다고 해도 이를 알아채지 못한다.

　1865년, 미국의 남북전쟁은 종전을 선포했다. 그러나 대통령인 링컨이 암살되면서 미국 전역은 비통과 적막에 빠졌다. 이때 철도 회사에서 일하고 있었던 카네기(Andrew Carnegie)는 전쟁이 끝났으니 분명 경제가 발전하기 시작할 것임을 알아챘다. 그리고 경제가 발전하기 위해서는 반드시 강철이 필요할 거로 생각했다. 그래서 그는 대우가 좋은 직장을 그만두고 제철 회사를 설립했다. 당시 멕시코와의 전쟁에서 승리한 미국은 캘리포니아에 철로를 건설할 필요가 있었고 미국을 횡단하는 3개의 철로를 시공해야 했다. 그뿐만 아니라 전국 각지에서도 철로 시공 신청이 쇄도했고 일순 수십 개에 달하는 철로가 필요하게 되었다. 철로를 시공하는 데 최대의 관건은 바로 대량의 강철이 필요하다는 것이었다. 이에 카네기는 자신의 제철 공장에 당시 세계 최대의 용광로를 설치했고, 유명한 화학 전문가를 공장으로 초빙해 제품, 부품 및 원재료 계통의 품질 검사를 맡겼다. 또한 카네기는 경영 방식을 대폭 조정해 회사 내의 지위에 따른 업무를 분명히 나누었고 이로써 업무 효율은 크게 상승했다.
　그러나 갑작스러운 경제 발전은 점점 쇠퇴하기 마련이다. 카네기는 사회 발전 상황을 미루어 짐작하고 있었기 때문에 이에 대비할 수 있었다. 그는 우선 영국의 엔지니어에게서 '강철 제조' 특허와 '코크스 세척 환원법' 특허를 사들였다. 1837년에 경제 대공황이 도래하자 은행은 도산하고 증권 교역소도 문을 닫았다. 또한 철로 공사도 억지로 중단되었다. 마치 모든 것이 갑자기 정지된 것 같았다. 수많은 회사가 대공황에 도산했지만, 카네기는 각종 특허를 손에 넣은 덕분에 회사를 정상적으로 운영할 수 있었다.

대공황 시기에 사람들은 암울한 광경만 바라볼 뿐이었다. 사회 발전의 법칙을 생각하는 사람은 매우 드물었고 이에 좀처럼 얻기 힘든 좋은 기회를 눈앞에서 놓치고 말았다. 그러나 카네기는 다른 사람들처럼 사회를 비관적으로 바라보지 않았다. 그는 사회 발전의 물결이 높을 때가 있으면 반드시 낮아질 때도 있을 거로 생각했다. 경제가 바닥을 치면 반드시 회복하겠다고 생각한 그는 추가로 강철 제조 방면에 투자를 시작했다. 그의 생각대로 대공황은 머지않아 지나갔고 경제는 다시 왕성하게 발전하기 시작했다. 모든 회사가 정상적으로 운영되기 시작했을 때 카네기는 이미 주도권을 쥐고 있었다. 그의 회사가 생산하는 강철과 철도 레일은 사회 전체적으로 자원이 부족한 상황에서도 대량의 주문이 계속되었다. 이를 통해 그는 높은 이윤을 얻을 수 있었다. 10여 년간 발전을 거듭하면서 카네기는 철강 산업을 거의 독점할 수 있었다.

세상은 시시각각 변화하고 그 속에 기회는 숨겨져 있다. 사회의 발전은 커다란 환경이고, 주위 사물의 변화는 작은 환경이라 할 수 있다. 환경의 변화가 가져오는 기회를 인식하고 세심하게 관찰하여 이를 포착할 때, 당신은 인생을 변화시킬 기회를 잡을 수 있다.

우리는 환경이 변한다고 해서 이 세상이 완전히 변한다고 생각하지 말고 기회는 언제든지 존재한다는 사실을 믿어야 한다. 시대의 변화를 세심하게 관찰하고 거대한 환경의 변화가 경제 발전에 끼치는 영향을 사고하면 분명 기회는 찾아온다.

능숙하게 형세의 변화를 알아차리고 기회를 포착하는 방법을 이해하는 것은 성공자가 반드시 갖추어야 할 소질과 능력이다.

자신에게 주어진
길을 걸어가라

누군가 동료들과 발걸음을 맞추어 걷고 있지 않다면
그것은 아마 또 다른 격려를 들었기 때문일지도 모른다.
그가 빠르든 느리든 자신의 발걸음에 맞춰 전진하게 내버려 두라.
—헨리 데이비드 소로

다른 사람이 당신의 행동에 의문을 품거나 심지어 반대할 때, 당신은 자기 의견을 고수해야만 더 큰 발전을 이룰 수 있다. 리처드 호세(Richard Jose)라는 사람은 비록 하버드에서 주목받지는 못했지만, 그의 업적은 많은 사람에게 알려져 있다.

리처드는 하버드대학을 졸업한 후 모든 사람이 의아하게 생각할 만한 일을 했다. 그가 대기업의 주요 임원이나 프로젝트를 연구하는 전문가가 되는 대신 우수한 페인트공이 되기를 선택했기 때문이다. 그의 부친은 멕시코에서 미국으로 밀입국한 사람이었다. 대사면을 통해 그는 미국 영주권을 얻었고 미국 시민이 되었다. 그는 뛰어난 페인트칠 기술을 가지고 있어서 로스앤젤레스에 정착할 수 있었다.

어려서부터 철이 든 아이였던 리처드는 시간이 나면 아버지를 도와 페인트칠을 했다. 몇 년이 지나 그의 페인트칠 기술은 크게 향상되었다. 끊임없이 솟아나는 그의 창의력은 아버지도 놀랄 정도였다.

리처드의 학업 성적은 항상 전교에서 3등 안에 들었고 사회봉사 기록도 전교에서 가장 뛰어났다. 게다가 전미 중학생 미술전에서 유화로 동상을 받았다. 이에 그는 쉽게 하버드대학에 들어갈 수 있었다.

하버드에서 공부하던 시절에도 그의 성적은 여전히 뛰어났다. 그러나 그가 집에 보내는 편지에는 주말에 페인트칠하지 못하는 것이 너무나도 견디기 힘들다고 썼다. 그러면서 집에 돌아가 페인트칠하고 싶으니 얼른 방학이 되었으면 좋겠다고 할 정도였다. 4년은 눈 깜짝할 새에 지나갔고 졸업할 때도 그의 성적은 매우 우수했다. 그러나 그는 대학원 진학을 단호하게 거절하고 로스앤젤레스에서 괜찮은 일자리를 찾았다.

6개월 동안 일하면서 리처드는 뛰어난 능력을 드러냈다. 그러나 마음속으로는 여전히 페인트칠을 생각하고 있었다. 한번은 리처드의 우수한 업무처리 능력을 높이 평가한 회사 사장이 그와 함께 회사에 대한 의견을 나누고자 했다. 이때 리처드는 회사에 필요한 조립부품의 페인트칠을 외주로 맡기는 것은 원가도 많이 들고 품질도 보장할 수 없다고 이야기했다. 만약 회사에 페인트칠을 전문으로 담당하는 부서를 설립하면 문제는 완전히 해결될 것이라고 말이다. 그러자 사장은 웃으며 이야기했다. "그게 말처럼 쉽겠나? 설비 구매하는 것은 그렇다 쳐도 우수한 페인트 기술자를 초빙하기는 어렵겠지." 리처드는 말했다. "괜한 걱정이십니다. 사장님 앞에 한 사람 있지 않습니까?" 그리하여 리처드는 자기 경험과 생각하는 바를 사장에게 전부 이야기했다. 그리고 그는 젊은이들을 모집해 직접 그들을 전문가로 양성시킬 준비를 했다. 사장은 즉시 페인트칠 전문 부서를 설립했고 리처드는 그 부서의 책임자 겸 기술자가 되었다.

리처드는 매우 기뻐하며 집으로 돌아가 이 소식을 아버지에게 전했다. 자기 아들이 페인트 전문 부서의 책임자를 맡게 되었다는 사실에 아버지는 화가 나서 아무 말 없이 자리를 떴다. 가족들도 끊임없이 리처드를 만류했지만, 그는 자기 생각을 굳건히 지켰다. 몇 년간의 노력 끝에 그가 맡은 페인트 전문 부서는 업무에서 두각을 드러내기 시작했다. 심지어 백악관에서도 몇 가지 용품의 가공을 그의 부서에 맡길 정도였다.

사람들은 어떤 일을 시작할 때 저마다의 생각이 있고 성과를 이룰 수 있는 다양한 방법을 설계한다. 그러나 얼마 지나지 않아 현실의 압박을 마주하고 자신만의 생각을 포기한다. 그리고 그의 이상은 기억 속에서 사라져버린다.

사람은 항해하는 배와 같다. 인생이라는 바다에서 누군가는 방향키를 잃어버린 배처럼 여기저기 떠돌며 언젠가 번화한 항구에 다다르기를 꿈꾼다. 그러나 이는 현실성이 없다. 거친 파도가 닥쳤을 때 그들은 속수무책으로 물결치는 대로 표류한다. 그나마 행운이 따르는 사람이라면 바람을 피할 수 있는 항구를 찾을 수 있을지도 모르지만, 불행한 사람은 암초를 만난다. 반면 성공하는 사람은 시간을 들여 목표와 항로를 연구한다. 그들은 자신이 가야 할 길을 끝까지 유지하며 계획에 따라 항해한다. 그들은 용감하게 자기 영혼의 조타수가 된다.

수십 년 전, 유타주의 솔트레이크시티에 사는 한 젊은이가 모두 의아해하는 행동을 저질렀다. 그는 원래 근면하고 노력하는 사람이 었으며 근검절약하는 생활 태도로 사람들의 칭찬을 받아왔었다.

도대체 그는 무슨 일을 저지른 것일까? 그는 저축해 놓은 돈을 몽땅 털어 새 자동차를 구매했다. 이는 어리석은 짓이라고 사람들이 이야기했다. 새 차를 몰고 집으로 돌아온 그는 차고에서 자동차를 분해하기 시작했다. 이윽고 차 한 대 분량의 부품이 차고 여기저기에 널려있는 상태가 되었다. 그는 모든 부품을 자세히 관찰한 다음 다시 조립하기 시작했다. 게다가 이러한 과정을 몇 번이나 반복했다. 그의 행동을 이상하게 생각한 사람들은 혹시 그가 정신이 나간 것은 아닌지 의심했다.

그러나 몇 년 후, 사람들은 젊은이에게 감동하지 않을 수 없었다. 젊은이는 독창적인 생각으로 자동차를 만들기 시작했다. 그가 만든 제품은 자동차 분야 전체를 선도하게 되었고, 자동차에 창의력과 개선을 더 해 결국 성공했다. 반복해서 차를 분해하고 조립하던 젊은이의 이름은 바로 월터 크라이슬러(Walter Chrysler)다.

자신만의 신념을 가진 사람들은 성공을 향해 나아가는 과정에서 항상 이런저런 말을 듣는다. 그러나 그들은 자신의 신념을 시종일관 굳게 유지한다. 다른 사람이 당신의 행동이나 의견에 의문을 품을 때 자신만의 신념을 굳게 지킨다면 더욱 큰 성취를 이룰 수 있다.

다른 사람의 의견을 과도하게 신경 쓰지 마라. 아마 곰곰이 생각해보면 당신은 거의 모든 위인의 성공이 위대한 생각에서 비롯되었음을, 그리고 성공한 사람들은 모두 다른 사람들로부터 의심의 눈초리와 방해를 받았음을 발견할 수 있을 것이다. 그런 상황에도 그들은 의연하게 자기 내면의 진실한 목소리를 들었다. 다른 사람들의 눈에는 '미친 짓'으로 보이는 그들의 행동은 맹목적인 것이 아니었다. 그들의 내면에는 직접적인 목적과 정확한 길이 존재했다.

살아가면서 우리는 타인의 발걸음을 따르지 않고 앞서 나가야 비로소 성공할 수 있다. 위인들은 모두 자신만의 생각으로 길을 끝까지 걸어간 사람들이다. 우리는 자신만의 생각으로 꿋꿋하게 나아갈 수 있다고 믿어야 한다.

> 수많은 성공자는 우리에게 말한다. 다른 사람의 의견은 대부분 정확한 것이 아니라고, 자기 자신을 믿고 꿋꿋하게 걸어 나가야 반드시 성공할 수 있다고 말이다.

눅눅한 성냥은
희망의 불꽃을 피우지 못한다

신념이 굳게 서 있다면 이 세상에 당신을 쓰러뜨릴 사람은 아무도 없다.

−빌 게이츠

'자신감은 성공의 으뜸가는 비결이다.'라는 에머슨의 말은 수많은 학생과 창업자를 격려했다. 그리고 그들이 어려움을 헤치고 용감하게 미래를 향해 나아가게 했다.

깜깜한 밤에 경작한 토양에서는 들풀 씨앗의 발아율이 단지 2퍼센트에 불과하다. 그러나 낮에 경작한 토양에서는 그 40배나 되는 80퍼센트에 달하는데 이는 독일의 유명한 농학자 슈뢰터(Carl josef Schr□ter)가 연구를 통해 발견한 사실이다.

그는 문제의 본질을 확실히 하기 위해 한 단계 더 나아간 연구를 진행했고 결국 본질을 발견할 수 있었다. 들풀 씨앗은 대부분 토양에 뿌려진 다음 몇 시간 동안 빛의 자극을 받지 못하면 발아하지 못하는 것이었다.

우리는 밤처럼 어두운 인생의 시기를 보낼 때 자신감이라는 한 가닥 빛을 잊지 말아야 한다. 어쩌면 그 빛은 미약해 보일지도 모르지만, 당신의 인생을 구할 수 있다.

옛말에 '사람은 누구나 순(舜)임금과 요(堯)임금이 될 수 있다.'라는 말이 있다. 사람이 마음만 먹으면 임금이 될 수 있다는 이 말처럼 반드시 승리하리란 자신감이 있으면 우리는 어려움을 극복하고 성공한 사람이 될 수 있을 것이다. 자신감이 부족한 사람은 축축하게 젖은 성냥과도 같아서 희망의 불꽃을 피우지 못한다.

주위를 보면 세상에서 가장 좋은 것은 절대 자신의 소유가 될 수 없다고 생각하는 사람들이 있다. 그들은 이러한 것이 모두 특별한 사람들을 위한 것이며 자신과는 인연이 없다고 굳게 믿는다. 이와 같은 자기 비하 심리를 가진 사람이 위대한 업적에 대한 신념을 논할 수 없는 것은 당연지사다.

한 병사가 나폴레옹에게 편지를 전해주기 위해 서둘러 달려가고 있었다. 너무 빠른 속도로 있는 힘껏 말을 재촉한 까닭에 말은 목적지에 도달하기도 전에 넘어져 죽어버리고 말았다. 그러나 병사는 가까스로 나폴레옹에게 편지를 전해주었고, 나폴레옹은 즉시 회신을 쓴 다음 병사에게 건넸다. 그러면서 병사에게 자기 말을 타고 가면 더 빨리 회신을 전할 수 있을 거라고 이야기했다. 그러나 화려하고 건강한 나폴레옹의 말을 보고 주눅이 든 병사는 대답했다. "안 됩니다. 저 같은 말단 병사에게 화려하고 건강한 준마는 어울리지 않습니다!"

그러자 나폴레옹이 대답했다. "이 세상에 프랑스 병사에게 어울리지 않는 것은 없네."

혹시 당신도 이야기 속에 등장하는 병사 같은 생각을 하고 있지는 않은가? 마음속 깊은 곳에서부터 자신을 비하하고, 당당하게 요구하지 못하고, 나아가 공개적인 장소에서 자신을 드러내지 못하는가? 자기 비하는 발전하려 노력하지 않고 자신을 도태시키는 변명이자 구실에 불과하다.

어느 중국 문학가는 말했다. "자신감은 삶의 가장 위대한 역량이다. 이는 어려움을 이겨내고 성공의 기적을 창조하는 데 기초가 된다. 자신감만 있으면 당신은 높은 산도 옮길 수 있다. 마음속에 이길 수 있다는 자신감만 있으면 당신은 반드시 승리한다." 이처럼 자신감만 있으면 당신은 분명 자신이 원하는 사람이 될 수 있다.

오자와 세이지(小澤征爾)는 세계적으로 명성이 높은 오케스트라 지휘자다. 그는 과거에 우수한 지휘자를 뽑는 세계 지휘자 대회에 참가한 적이 있었다. 대회의 결승에서 심사위원은 그에게 악보를 건네주며 이대로 연주해달라고 부탁했다. 연주하던 도중에 그는 화음이 맞지 않는 부분이 있는 것을 발견했다. 처음에 그는 오케스트라가 연주를 잘못한 것으로 생각해 일단 연주를 중지시켰다가 다시 연주를 시작했지만, 여전히 화음이 맞지 않는 부분이 있었다. 그는 악보에 문제가 있다고 생각했다. 그러나 그 자리에 있던 권위 있는 작곡가와 심사위원들은 그의 생각을 인정하지 않았고 그가 틀린 것이라며 큰소리쳤다. 그는 잠시 생각한 후 음악의 대가와 권위자 앞에서 단호하게 큰 소리로 외쳤다. "아닙니다! 분명히 악보가 틀린 겁니다!" 그의 말이 떨어지기가 무섭게 심사위원들은 벌떡 일어나 열렬한 박수로 화답했다. 이는 오자와 세이지가 그 대회에서 우승했음을 알리는 축하의 표시였다.

사실 이는 심사위원이 공들여 설치한 '함정'이었다. 그들은 악보에 잘못된 점이 있다는 사실을 발견한 지휘자가 권위자들이 '부정'하는 가운데 자신의 정확한 주장을 고수할 수 있는가를 검증하려 했다. 오자와 세이지보다 먼저 참가한 두 명의 지휘자는 비록 잘못된 점을 발견했지만, 권위자들의 '부정'을 앞에 두고 자신에 대한 믿음을 잃고 말았다. 이에 그들은 결국 탈락했다. 반면 오자와 세이지는 강한 자신감으로 세계 지휘자 대회의 우승을 거머쥐었다.

서양의 한 철학자는 "내가 만약 한 덩이 흙이라면 나는 이 흙에 가장 용감한 사람의 발자국을 남길 것이다."라고 말했다. 표정과 언행에 시시각각 자기 비하가 드러나고 자신을 존중하지 않으며 자신감이 없는 사람이 과연 다른 사람의 존중과 신임을 얻을 수 있겠는가?

성공자는 자신감을 가졌지만, 실패자는 열등감을 가지고 있다. 계속되는 성공은 자신감을 성장시키지만, 거듭되는 실패는 사람을 갈수록 비굴하게 만든다. 이에 원래 자신감을 느끼고 있던 사람도 몇 차례의 실패를 겪고 나면 열등감을 가지게 된다. 자신감이 없을 때 당신은 어떤 일을 해도 잘 풀리지 않는다. 그렇게 되면 또 자신감을 잃게 되고 이는 악순환의 반복이 된다. 이러한 악순환에서 벗어나려면 우선 가장 자신 있게 해낼 수 있는 일부터 시작해보라. 이로써 성공을 거듭하면 우리의 자신감은 갈수록 강해질 것이다.

자신감은 삶에 직면하는 용기이자 신념의 일종이다. 자신감은 내면에 존재하지만, 사람의 행동을 통해 드러난다. 자신감이 있는 사람에게는 항상 행운이 따른다. 그들은 자신이 원하는 삶을 위해 끊임없이 노력하고, 그들이 걸어가는 길에는 항상 찬란한 빛이 충만하다.

> 자신에게 능력이 있다는 사실을 믿지 않으면 그 어떤 일도 성공시킬 수 없다. 자신감을 가진 사람은 함부로 자신을 낮추지 않는다. 그리고 이러한 사람은 적은 노력으로 큰 효과를 거둘 수 있다.

좌절은 약한 자를
무시하고 강한 자를 두려워한다

시련은 동요하거나 비겁한 사람에게는 떨어지기 쉬운 흔들다리다.
반대로 용감한 사람에게는 전진하는 완벽한 주춧돌이 된다.
─랠프 월도 에머슨

의지가 강한 사람은 결코 곤경에 쓰러지지 않는다. 그들은 힘든 시련을 겪을수록 강하고 용감해지며 적극적으로 투쟁한다. 강인한 정신을 가진 사람은 절대 자기 능력을 의심하지 않는다. 그들이 실패를 두려워하지 않는 이유는 반드시 이길 것이라는 믿음과 강인한 정신이 있기 때문이다. 이에 그들은 끊임없이 장애를 뛰어넘고 한 걸음씩 목표를 향해 다가간다.

명작 《해리 포터》 시리즈를 모르는 사람은 아마 아무도 없을 것이다. 그렇지만 이 책의 저자 조앤 K. 롤링(Joan K. Rowling)에 대해 당신은 얼마나 알고 있는가? 하버드대학의 명예박사학위를 받게 된 조앤 K. 롤링은 그 자리에서 자신이 느낀 바를 이야기했다. "모든 사람에게는 한 가지 공통점이 있습니다. 그것은 바로 좌절을 통해 더욱 현명해지고 강대해진다는 사실이지요. 사람은 좌절을 겪은 후 자기 삶

하버드 철학 강의

을 더욱 확실히 파악하게 됩니다. 만약 고난이 당신을 괴롭히지 않는다면 자신이 얼마나 큰 에너지를 가졌는지, 그리고 얼마나 다양한 시련을 겪어낼 수 있는지 진정으로 이해할 수 없습니다."

하버드를 졸업하고 자신의 사업을 시작한 사람들은 모두 좌절이나 고난이 삶의 단련이라는 사실을 깊이 깨닫고 있다. 그러나 하버드 사람들은 눈물이 무언가를 변화시킬 수 있다고 생각하지 않는다. 그들은 눈앞에 마주한 좌절에 불평하지 않고 오로지 노력의 구슬땀을 흘린다.

성공하는 사람은 강인한 품성을 기반으로 한 걸음씩 성공을 향해 나아간다. 살다 보면 행운은 강인한 정신을 가지고 끊임없이 노력하는 사람에게 다가온다. 반면 강인한 정신이 부족한 사람은 설령 행운이 바로 옆에 있다고 해도 이를 놓쳐버리고 원망과 실의에 빠진다.

요리사를 아버지로 둔 소녀가 있었다. 그녀는 아버지에게 삶은 뜻대로 되지 않고 사람들은 너무 냉정하다며 불평을 늘어놓고 있었다. 그러자 아버지는 그녀를 주방으로 데려갔다. 그런 다음 냄비를 3개 꺼내와 첫 번째 냄비에는 당근을, 두 번째 냄비에는 달걀을, 세 번째 냄비에는 커피 가루를 넣었다. 그는 강한 불로 냄비를 끓이기 시작했다. 그러는 동안 그는 아무 말도 하지 않았다. 약 20분이 지나자 아버지는 불을 끄고 익은 당근과 달걀을 각각 접시에 담은 다음 마지막으로 커피를 컵에 담았다. 작업을 다 끝낸 후에야 아버지는 딸을 바라보며 물었다. "자, 눈앞에 뭐가 보이니?"

"당근이랑 달걀 그리고 커피요." 딸이 대답했다. 아버지는 딸에게 당근을 만져보라고 했다. 그녀는 당근을 만지면서 당근이 이미 푹 익어 부드러워졌다는 사실을 발견했다. 이어서 아버지는 그녀에게 달걀을 두드려보라고 했다. 그녀는 달걀이 잘 익었다는 사실을 알게 되었다. 마지막으로 아버지는 딸에게 커피를 마시라고 했다. 향기롭고 감미로운 커피 맛에 그녀는 미소를 지었다. 그러고는 머뭇거리며 아버지에게 물었다. "아빠, 이게 도대체 무슨 뜻이에요?"

아버지는 천천히 이야기했다. 당근, 달걀, 커피는 모두 똑같은 곤경, 즉 끓는 물이라는 곤경을 맞이했다. 그러나 그것들의 반응은 각각 달랐다. 당근은 냄비에 넣기 전에는 가장 단단했지만, 끓는 물에 넣은 다음에는 부드럽게 변했다. 달걀은 원래 깨지기 쉽고 얇은 껍데기 속에 액체 상태의 내용물이 들어있었지만 끓고 나서 내용물은 단단해졌다. 마지막으로 커피 가루는 매우 독특했다. 그것은 끓는 물에 들어가 물 자체를 변화시켰다. "너는 어느 쪽이니?" 아버지는 딸에게 물었다. "역경이나 곤경이 다가왔을 때 너는 그것을 어떻게 맞이하겠니? 당근이나 달걀이니 아니면 커피니?"

평생을 순풍에 돛단 듯 보내는 사람은 아무도 없다. 삶에서 좌절과 고난은 피하기 어려운 것이다. 그렇다고 해서 절대 좌절과 고난에 놀라서는 안 된다. 오히려 이를 긍정적으로 대하고 이겨낼 방법을 냉정하게 생각해야 한다. 약한 사람은 좌절을 만나면 후퇴하거나 부정적으로 받아들이지만 우리는 좌절에 용감하게 도전하고 긍정적으로 받아들여야 한다. 그래야만 상황을 올바르게 판단할 수 있고 성공을 얻을 수 있다. 이에 관한 매우 재미있는 이야기가 있다.

'좌절'이라는 이름을 가진 개가 있었다. 그 개는 셰퍼드로 매우 사나웠다.

그리고 순풍에 돛단 듯 순조로운 장사를 몇 년간 해온 상인 두 사람이 있었다. 그들은 개가 어떻게 생긴 동물인지 전혀 알지 못했다.

첫 번째 상인은 매우 소심한 사람이었다. 어느 날 그는 길거리에서 개장수가 '좌절'을 팔고 있는 것을 보고 가격을 물어보았다. 가격을 알고 난 상인은 서둘러 이야기했다. "내가 사겠소. 나에게 파시오!" 돈을 치른 그는 개장수에게 '좌절'을 자기 집까지 데려다 달라고 부탁했다. 개장수가 떠나자 그는 앞에 있는 '좌절'을 쓰다듬고 싶었다. 그러나 '좌절'은 사납게 "멍멍!"하고 짖었다. 깜짝 놀란 그는 몇 걸음 물러났다. 그는 자신이 개와 눈높이를 맞추지 않고 서 있어서 '좌절'의 기분이 나빠진 줄 알고 몸을 구부려 그 앞으로 다가가 손을 뻗었다. 그러자 '좌절'은 상인의 두 손가락을 덥석 물어버렸다. 상인은 너무 아파서 집을 뛰쳐나가 실성한 사람처럼 길거리를 뛰어다녔다. 그리고 '좌절'도 그의 뒤를 끝까지 쫓아왔다. 어쩔 수 없이 상인은 황급히 개울로 뛰어들었다. 그런데도 '좌절'은 포기하지 않고 개울을 바라보며 한참을 짖다가 간신히 사라졌다. 상인은 숨이 끊어지기 직전에 도움을 받아 개울가로 올라갔다.

또 다른 상인은 길을 가다 '좌절'을 만났다. 지금껏 개를 본 적이 없었던 그는 조심스럽게 다가가 매끈매끈한 털을 만져보려 했다. 그러자 '좌절'은 금세 알아차리고 상인을 향해 "멍멍!"하며 사납게 짖기 시작했다. 그러다 결국에는 상인을 물어뜯으려 달려들었다. 경황이 없었던 상인은 어쩔 수 없이 채찍을 가져다 '좌절'을 몇 차례 호되게 내리쳤다. 그러자 '좌절'은 단번에 꼬리를 내리고 상인에게 고분고분해졌다.

어느 날 두 상인은 함께 사원에 향을 올리러 가게 되었다. 한 사람이 멀지 않은 곳에 있는 나무 한 그루를 가리키며 스님에게 물었다. "스님, 나무 밑에 묶여 있는 '좌절'은 도대체 어떤 성격의 개입니까?" 늙은 스님은 웃으며 대답했다. "사람의 일생에는 많은 좌절이 있지요. 실제로 좌절은 평범한 한 마리 개에 불과합니다. 그러니 그것을 두려워할 필요가 없지요. 그것은 사람이 두려워하면 사나워지고, 두려워하지 않으면 오히려 당신을 두려워합니다."

좌절은 약한 사람은 업신여기고 강한 사람에게는 온순한 한 마리 개일 뿐이다. 그것은 당신이 두려워할수록 사나워지고 두렵지 않게 여기면 한층 온순해진다.

강인한 사람은 아무리 많은 고난이 닥쳐도 앞으로 나아가는 발걸음을 멈추지 않는다. 여러 차례 걸려 넘어지고 실패해도, 강한 열정과 믿음을 갖고 포기하지 않으면 존경받을 가치가 있다. 이러한 사람은 분명 성공할 것이고, 자신이 원하는 바를 다 이룰 것이다.

시련은 당신이 움츠러든다고 사라지지 않는다. 오히려 당신이 나약할수록 더 강하게 변한다. 평온하기만 한 인생은 없다. 성공하여 삶의 강자가 되고 싶다면 강인한 정신으로 시련을 맞이해야 한다.

진흙탕 길을 걸어본 사람만이
성공을 얻는다

위대함이란 저절로 생겨나는 것이 아니고 획득하는 것이다.
우리의 여정에 지름길이나 차선책은 없다.

−버락 오바마(Barack Obama)

　사람의 성장과 성숙은 길고 긴 과정이다. 그래서 최후에 승리를 얻을 수 있는가는 일시적인 등수로 판단해서는 안 된다. 길고 긴 인생을 살아가며 얼마나 큰 시련을 경험하고 발전을 이룩했는지를 보아야 한다. 하버드의 졸업 강연에서 법학과 학생 한 명이 자신의 성장에 관한 이야기를 들려주었다.

　시험 성적이 항상 짝꿍보다 떨어지는 아이가 있었다. 아이는 정말 궁금했다. 똑같이 열심히 수업받고 숙제도 하는데 왜 시험만 보면 짝꿍은 항상 1등이고 나는 항상 그 애보다 뒤처지는 것일까?

　그래서 매번 시험이 끝나면 그는 어머니에게 물었다. "엄마, 나는 다른 사람보다 바보인 걸까요? 나도 짝꿍처럼 열심히 수업받고 숙제도 하는데 왜 나는 항상 그 애한테 뒤처지는 걸까?" 어머니는 아들의 질문을 들으며 억울한 기색이 비친 아이의 눈을 바라보았다. 그리고 아들에게 자존심이 생기기 시작했다는 사실을 알게 되었다. 학교에서의 등수는 바로 그의 자존심에 상처를 입힌 것이었다. 그러나 어머니는 어떻게 대답해야 좋을지 알 수 없었다. 그 후로 아들은 또 시험을 보았다. 이 시험에서 아들은 20등이었는데 짝꿍은 여전히 1등이었다. 집에 돌아온 아들은 다시 똑같은 질문을 했다. 어머니는 아들에게 대답해주고 싶은 마음이 굴뚝같았다. 사람은 저마다 지능지수가 다르다고, 1등을 한 아이는 분명 다른 아이들보다 똑똑하기 때문일 것이다. 그러나 어머니는 자기 생각을 차마 입 밖으로 낼 수 없었다. 이러한 이유는 분명 아들이 이해하기 어려울 것이다. 그래서 그녀는 침묵을 유지했다.

아들은 학기마다 똑같은 질문을 했다. 도대체 어떻게 해야 아들의 질문에 답을 해줄 수 있을까? 어머니는 다른 부모들처럼 '네가 너무 노는 것만 좋아하니까 그렇지. 공부에 많은 시간을 투자하지 않잖니, 다른 애들 보다 노력을 덜 하니까 그렇지……'라고 대답해주려는 생각을 몇 번이나 한 적이 있었다. 그렇게 대답해주고 아들의 질문을 떨쳐버리고 싶었다. 그러나 그녀의 아들처럼 머리가 좋지 않고 성적도 뛰어나지 않은 아이는 분명 평소에 다른 아이들보다 힘들게 공부하고 있을 터였다. 그래서 어머니는 아들의 질문에 답을 찾는 고민을 했다.

아들은 초등학교를 졸업했다. 그는 하루가 다르게 노력했지만, 여전히 짝꿍을 따라잡을 수 없었다. 그러나 과거에 비해 아들의 성적은 훨씬 향상되었다. 발전해가는 아들에 대한 보상으로 어머니는 아들을 바다에 데려갔다. 여행하면서 그녀는 아들이 몇 년간 계속해서 물어봤던 문제에 대답하기로 했다.

어머니와 아들은 해변에 앉아 있었다. 그때 어머니가 바다를 가리키며 말했다. "저기 해변에 먹이를 두고 다투고 있는 새들을 보렴. 파도가 칠 때마다 작은 피리 새는 신속하게 피하지. 피리 새들은 두세 번 날갯짓하면 재빨리 하늘로 날아오를 수 있단다. 그렇지만 갈매기는 상당히 느려서 하늘로 날아오르려면 꽤 시간이 걸리지. 하지만 실제로 넓은 바다를 건너는 것은 바로 갈매기들이란다."

사람과 사람 사이에는 원래 태생적인 차이가 존재하고 이것은 변하지 않는 사실이다. 사람의 성장과 성숙은 길고 긴 경쟁이다. 최후에 승리를 얻는 것은 일시적인 등수가 아닌 그동안 쌓아온 경험과 발전을 보아야 한다. 수많은 비바람을 견뎌낸 날개야말로 더욱 힘 있고 높게 그리고 멀리 날 수 있다.

다른 사람이 자신보다 뛰어난 부분이 있다고 해도 질투하지 말고, 하늘의 특별한 사랑을 받지 못했다고 해도 삶을 불평하지 마라. 하늘은 결코 당신에게 평탄한 길을 주지 않는다는 사실을 기억해야 한다. 하늘은 당신을 단련시켜 더욱 성숙한 사람이 되게 하고 미래의 성공을 위한 기초를 다지게 한다.

미국 서부의 가난한 작은 마을에 나이 든 할아버지가 운영하는 가구점이 하나 있었다. 할아버지는 예전에 목수였기 때문에 판매하는 가구는 기본적으로 할아버지가 직접 만들었다. 당시 마을에는 몇 개의 가구점이 있었는데 할아버지의 가구가 제일 품질이 좋았기 때문에 모두 할아버지의 가게에서 가구를 구매했다. 그러나 손자가 보기에는 다른 가게의 가구도 모두 스타일이 비슷비슷한데 사람들이 왜 굳이 할아버지의 가게에서 가구를 구매하는지 알 수 없었다. 손자는 참지 못하고 할아버지에게 물었다. "왜 마을 사람들은 모두 우리 가게에서 가구를 사 가는 걸까요? 게다가 다들 우리 가게 가구가 좋다고 이야기하고요." 할아버지는 알 수 없는 미소를 지으며 말했다. "내일 너한테 답을 보여주마."

다음 날 이른 아침, 하늘이 조금씩 밝아올 무렵 할아버지는 손자를 깨웠다. 할아버지는 진즉에 달구지를 준비하고 톱을 실어놓은 상태였다. 손자는 할아버지가 산에 나무를 베러 가는 것이라는 사실을 잘 알고 있었다. 10여 킬로미터를 지나 그들은 목적지에 도착했다. 그곳은 전혀 높지 않은 산기슭 아래였다.

할아버지는 달구지를 산기슭에 묶어 놓고 손자를 데리고 계속해서 산 정상을 향해 올라갔다. 손자는 호기심에 물었다. "산기슭에도 저렇게 나무가 많은데 왜 산 정상까지 올라가야 하나요? 괜한 수고만 하는 것 같아요." 할아버지는 웃으면서 손가락으로 몇 그루의 나무를 가리키며 말했다. "한 번 안아 보거라. 저 나무들이 얼마나 튼튼한 것 같니?" 당시 소년은 일고여덟 살에 불과했으므로 할아버지가 하는 말의 의미를 알 수 없었다. 그래도 두 팔을 뻗어 몇 그루의 나무를 안아 보았다. 분명 나무들은 튼튼해 보이기는 했지만 직접 안아 보니 생각보다 쉽게 안을 수 있었다. 산 정상에 올라 할아버지는 다시 손자에게 가장자리의 나무 몇 그루를 안아 보라고 했다. 그러나 이곳의 나무를 안기에는 소년의 두 팔이 모자랐다. 이때 손자는 산 정상의 나무가 산기슭의 나무보다 훨씬 튼튼하다는 사실을 비로소 깨달았다.

"산 정상의 나무들은 튼튼할 뿐만 아니라 속도 실해서 가구를 만들 때 매우 단단하고 오래 쓸 수 있단다." 할아버지가 톱질하며 손자에게 설명해주었다.

"다 똑같은 나무인데 왜 산기슭과 산 정상의 나무는 이렇게 차이가 나나요?" 궁금증이 더욱 깊어진 손자는 계속해서 할아버지에게 물었다. 이때 할아버지는 손에 잡았던 일을 놓고 이마의 땀방울을 닦으며 북쪽을 가리켰다. "봐라, 산 북쪽에 뭐가 있느냐?" 손자는 할아버지의 손가락이 가리키는 방향을 따라 눈을 돌렸다. 그러나 눈앞에는 넓게 펼쳐진 하늘 외에는 아무것도 없었다. 손자는 고개를 저으며 대답했다. "아무것도 없는데요!" 할아버지는 두 팔을 휘두르며 북쪽을 가리키며 말했다. "있어. 게다가 아주 크지. 그것은 바로 북쪽에서 불어오는 강풍과 시베리아에서 오는 한파란다." 한 손을 허리에 대고 다른 한 손은 먼 곳을 가리키는 할아버지는 마치 위대한 지휘자 같았다.

"그게 바람이나 한파랑 무슨 상관이 있는데요?" 손자의 의문은 더욱 증폭되었다.

"물론 관계가 있고말고. 일 년 내내 비바람을 맞으며 성장한 나무는 다른 나무보다 생명력이 훨씬 강하거든! 그런 나무들은 뿌리가 발달해야 하므로 토양에서 훨씬 많은 양분을 흡수한단다. 그러니 자연스레 튼튼해지지." 할아버지는 몸을 돌려 남쪽의 산기슭을 가리키며 계속 이야기했다. "다시 산기슭의 나무들을 보렴. 큰 산이 한파와 강풍의 침입을 막아주니 그것들은 혹독한 환경의 영향을 받지 않는단다. 가지에서 뿌리에 이르기까지 단련이 되지 않기 때문에 연약하고 작지. 만약 저런 나무로 가구를 만들 때 쉽게 부서지거나 벌레 먹는 단다." 할아버지의 설명을 다 듣고 손자는 큰 깨달음을 얻었다.

손자는 산 정상에 서서 큰소리로 인생 최초의 선언을 했다. "나는 반드시 정상의 큰 나무들 같은 사람이 될 거야!" 할아버지는 그 소리를 듣고 손자의 머리를 쓰다듬으며 시원스레 웃었다.

성공을 얻으려면 반드시 고통을 거쳐야 한다. 성공은 결코 쉽게 찾아오지 않는다. 산기슭의 나무처럼 비바람의 연마를 겪지 않으면 우리의 삶은 편하기는 하지만 강해질 수 없다.

삶이 당신에게 불공평하다고 불평하지 마라. 어쩌면 삶은 당신에게 기회를 주었는데 당신이 그것을 피했을 수도 있고, 당신이 기회에 적합하지 않아 그저 흘려보내 버렸는지도 모른다. 이는 당신이 '미숙' 하므로, 시련을 견뎌내지 못했기 때문에 삶이 더욱 많은 고난과 고통으로 당신을 단련하는 것이다. 삶이 주는 모든 것을 긍정적으로 받아들이면 설령 고통을 겪고 있더라도 이는 성장이며 성공의 밑바탕이 된다.

> 사람은 정확한 사고력을 가지고 미래를 분명히 바라보되 눈앞의 사물에 현혹되어서는 안 된다. 시련을 견뎌내며 성장하고 발전해야 성공으로 나아갈 수 있다.

모든 경험은
하나의 단련이다

실패를 배워라. 실패에 대한 두려움이 새로운 것을
시도하려는 발걸음을 방해하게 내버려 두지 마라.
—탈 벤 사하르

따뜻한 바람이 얼굴을 스쳐 지나가며 향기로운 꽃이 만발하고 새
가 지저귀는 봄의 아름다운 풍경을 바라보면 당신은 만물이 소생하
는 봄을 끊임없이 칭찬할 것이다. 들판이 황금빛으로 물들고 과실이
주렁주렁 열리는 가을을 보며 풍성하고 여유로운 가을에 감탄할 것
이다. 그러나 온화한 봄이 엄동설한의 시련을 견뎌낸 후에야 찾아온
다는 사실을 알아야 한다. 가을의 아름다운 풍경이 불볕더위를 이겨
내고 생겨난 결과라는 사실을 알아야 한다. 돌이켜 생각해보면 우리
의 인생도 이와 다르지 않다. 시련을 겪지 않고 어떻게 인생의 아름
다운 풍경을 얻을 수 있겠는가?

살면서 모든 일을 자기 뜻대로 이루는 사람은 없다. 성장하는 과
정에서 좌절을 겪고 다른 사람의 오해나 비판도 받는다. 우리는 그것
을 넘지 못할 장애물로 생각할지도 모르지만, 이는 성장 속에서 맛볼

수 있는 다양한 묘미다. 묘목이 하늘 높이 치솟은 큰 나무가 되려면 햇빛과 양분을 얻어야 하는 것처럼 우리도 무언가를 이루어내기 위해서는 반드시 이러한 시련을 거쳐야 한다. 온실 속의 화초는 아름답기는 해도 사람의 마음속 깊이 스며드는 꽃향기를 내뿜지는 못한다는 사실을 기억해야 한다.

하버드의 대학 이념에는 '우리 인생은 흐르는 강과 같아서 단련을 경험하지 않으면 단조롭고 미성숙할 수밖에 없다'라는 말이 있다. 어느 교수가 이에 대해 다음과 같은 이야기를 했다.

감진(鑑眞) 대사가 막 불교에 입교했을 때 사원의 주지 스님은 그에게 행각승을 시켰다. 이 일은 매우 고돼서 다른 사람들은 모두 원하지 않는 일이었다.

2년 동안 그는 주지 스님이 시킨 일을 모두 근면하고 성실하게 해냈다. 매일 힘든 일을 하면서도 그는 주지 스님에게 한 번도 불평한 적이 없었다. 그러나 한 가지 문제가 항상 그를 괴롭혔다. 다른 사람들은 꽤 수월한 일을 하는데 왜 나는 사원에서 가장 힘들고 고된 일을 해야 하는 것일까? 게다가 장장 2년 동안이나 계속되고 있지 않은가?

그의 마음은 한순간에 무너졌다. 주지 스님이 불공평하게 일을 분배한다고 생각한 그는 굉장히 억울했다. 어느 날, 해가 중천에 떴는데도 스님은 잠자리에서 일어날 생각을 하지 않았다. 이상하게 생각한 주지 스님은 스님의 방문을 열어보았다. 스님의 침상 옆에는 너덜너덜해진 신발이 쌓여있었다. 주지 스님은 도대체 무슨 일인가 싶어 스님에게 물었다. "자네 오늘은 탁발하러 가지 않는가? 그리고 신발은 왜 이렇게 쌓아놨는가?"

스님은 하품하며 말했다. "다른 사람들은 1년에 신발 한 켤레면 족한데 저는 스님이 된 지 1년 반 만에 이렇게 많은 신발이 넝마가 되었습니다."

스님의 말을 듣고 그 의미를 깨달은 주지 스님은 미소를 지으며 말했다. "간밤에 비가 내렸으니 우리 함께 절 앞을 좀 걸어봄세."

절 앞에는 황토로 된 언덕이 있었는데 비가 내린 지 얼마 되지 않아서 길이 질퍽거렸다.

주지 스님은 스님의 어깨를 치며 말했다. "자네는 하루 내내 종을 치는 승려가 되고 싶은가? 아니면 불법을 깨닫는 진정한 승려가 되고 싶은가?"

스님은 대답했다. "물론 불법을 깨닫는 진정한 승려가 되고 싶습니다."

주지 스님은 수염을 어루만지면서 웃으며 말했다. "어제 이 길을 걸어보았는가?"

스님은 대답했다. "그렇습니다."

주지 스님이 물었다. "그러면 여기서 자네의 발자국을 찾을 수 있겠는가?"

스님은 주지 스님의 말이 무슨 뜻인지 알 수 없어서 물었다. "제가 매일 지나다니는 길은 마르고 단단한데 어디서 제 발자국을 찾습니까?"

스님의 대답을 듣고 주지 스님은 웃으며 말했다. "그럼, 오늘 이

길을 걷는다면 발자국을 찾을 수 있을 것 같은가?"

스님은 말했다. "물론 찾을 수 있지요."

주지 스님은 아무 말도 하지 않고 그저 미소를 지으며 스님을 바라보았다. 스님은 멍하니 있다가 금방 주지 스님의 가르침을 깨달았다.

비바람을 겪지 않은 인생은 평탄하고 단단한 길에 아무런 발자국을 남기지 못하는 것과 같다. 비바람 속을 걸어온 사람이야말로 고통과 즐거움의 진정한 의미를 안다. 이러한 도리를 알려주는 비슷한 이야기가 또 하나 있다.

어느 날, 세상일에 달관한 소년이 모든 것을 내려놓고 출가해 속세와의 인연을 끊기로 했다. 그는 천신만고 끝에 깊은 산속에 숨어있는 사원을 찾아서 주지 스님을 뵙고 자신을 출가하게 해달라고 부탁했다. 그는 깊은 산속에 있는 사원만이 속세의 소란스러움과 번잡함을 벗어버릴 수 있다고 생각했다. 주지 스님은 소년에게 물었다. "스님이 된다는 것은 홀로 등불을 지키는 것과 같다. 평생 결혼도 못 하는데 네가 할 수 있겠느냐?" 소년은 단호하게 할 수 있다고 대답했다. 그러자 주지 스님이 또 물었다. "스님이 되면 삼시세끼 채식을 하고 더운 여름이나 추운 겨울이나 얇고 거친 옷을 입어야 하는데 정말 참을 수 있겠느냐?" 소년은 다시금 단호하게 할 수 있다고 대답했다. 그러자 주지 스님이 또 물었다. "스님이 되려면 우선 욕구와 증오가 없어야 하고, 정을 베풀고도 보답을 바라지 않아야 하며 원한을 기억해서도 안 된다. 항상 맑은 거울 같은 마음을 유지하고 속세에 물들어서는 안 된다. 할 수 있겠느냐?" 소년은 여전히 단호하게 할 수 있다고 말했다. 주지 스님은 재차 불법에 대한 지식을 물었고 소년은 빠르고 결단력 있게 대답했다. 그러나 주지 스님은 소년을 배웅해주겠다고 했다. 극도로 실망한 소년은 주지 스님을 따라 산에서 내려갔다. 헤어지기 전에 주지 스님은 소년에게 한마디 남겼다. "일찍이 가진 것이 없으면서 함부로 모든 것을 내려놓았다고 이야기하지 마라. 네가 진정으로 무언가를 얻었을 때 다시 나를 찾아와 네가 과연 그것을 내려놓았는지 못했는지 이야기해주렴."

소년에게 있어서 인생은 갓 시작된 것이나 마찬가지다. 그의 경험은 인생의 아주 작은 단락에 불과하다. 작은 경험으로 자신의 인생을 정의하고 속세를 달관했다고 생각한다면 이는 너무 극단적이라 할 수 있다. 삶의 고난을 겪어보지도 않고 어떻게 사는 게 쉽지 않다는 사실을 이해할 수 있을까? 평탄한 삶은 일종의 행복이라는 사실을 고통을 겪어보지 않은 사람이 어떻게 알 수 있단 말인가?

설탕은 끝까지 맛을 다 봐야 달콤함을 이야기할 수 있고, 소금도 끝까지 맛을 다 봐야 짠맛을 이해할 수 있는 법이다. 생사를 가볍게 이야기할 때 과연 생사를 가볍게 이야기할 수 있는 경지에 이른 것일까? 아무렇지 않게 즐거움을 논할 때 우리는 과연 충분한 고통을 겪었다고 말할 수 있을까?

인생에는 울퉁불퉁한 길이 많아 다채롭다. 고난이 찾아오는 것을 좋아하는 사람은 아마 없을 것이다. 그렇지만 정말 고난이 찾아왔을 때 우리는 이를 용감하게 마주하고 받아들여야 한다. 고난은 악마나 마찬가지다. 그것은 당신이 마음에 들면 계속 당신을 따라다니면서 극복할 때까지 절대 놓지 않는다. 숨거나 도망가기를 선택한 사람은 참혹할 정도로 고난의 괴롭힘을 받는다.

무릇 큰일을 이룬 사람은 반드시 실패를 경험한다. 성공에는 비바람의 시련이 필요하다. 추구하는 바와 목표가 있는 사람은 좌절을 전진의 원동력으로 생각한다. '하늘의 시련을 겪어낸 사람만이 진정한 강자이며 사람들의 질투를 받지 않는 사람은 평범한 사람이다.'라는 말처럼 시련은 성공하는 사람들에게 성공의 도약판이자 소중한 자산이다.

누군가 말했다. 성공한 인생에는 고통과 실패가 가득하고, 고난과 순조로움이 번갈아 가며 나타나는 것이라고. 탁월한 인생은 탁월한 목표에서 시작되고 그 배후에는 반드시 가시밭길과 울퉁불퉁한 여정이 존재한다. 이러한 시련을 받아야만 성공을 좇는 우리의 의지는 더욱 확고해진다. 시련은 인생에 있어 더없이 귀중한 재산이다. 이를 소유해야만 극복할 능력이 생기고 쓰러지지 않는다.

> 모든 경험은 당신을 성장시킨다. 핵심은 그것을 어떻게 보는가에 달려있다. 불평은 더욱 나쁜 결과만 불러오지만, 긍정적인 마음은 성장의 한걸음이 된다.

무거운 짐을 진 사람만이
비바람을 견딘다

누구나 1분만 더 노력하면, 한 번만 더 노력하면 역전승을 할 수 있다.

−하버드대학 교훈

어떤 일을 할 때 반드시 경쟁과 압박의 시련을 마주한다. 현대 사회는 경쟁이 가득한 사회다. 경쟁 속에서 성공을 얻든 실패를 만나든 사람들은 모두 압박받을 수밖에 없다. 현실에서 압박받지 않고 살아가는 사람은 없다. 그중에서도 큰일을 이루고자 하는 사람은 목표가 크기 때문에 이에 수반되는 압박도 필연적으로 커질 수밖에 없다. 큰 성공을 하려면 반드시 이에 따르는 압박을 성공의 동력으로 바꿔야 한다. 누구나 모든 일이 순조롭게 풀리기를 원하지만 대부분 좌절을 겪고, 압박을 견뎌내고, 슬픔을 겪어야 더욱 완벽하고 이상적으로 완성되어간다.

그렇다면 압박을 느낄 때 우리는 어떻게 해야 할까? 이때 당신이 해야 할 일은 바로 부정적인 감정을 극복하는 것이다. 끊임없이 노력하며 최선을 다해 바꿀 수 있는 조건을 변화시켜야 한다. 수동적인 자신을 능동적으로 변화시키고 한계를 격려로 바꾸며 한 걸음씩 성공에 접근해가야 한다.

실제로 사람들은 압박을 이야기할 때 잠재의식 중에 긴장감을 느낀다. 과연 압박은 정말 장점이 하나도 없는 것일까? 수많은 연구를 통해 발견되었듯이 적당한 압박은 우리가 정상적인 상태를 유지하고 잠재력을 발굴하는 데 도움이 된다. 예를 들어 스포츠 경기에서 운동선수는 반드시 자신의 페이스를 조절해 스스로 적당한 압박 속으로 몰아넣는다. 이를 통해 적당한 흥분과 경기에 가장 적합한 상태를 유지하면 좋은 성적을 거둘 수 있다. 그러지 못하면 평소의 실력을 발휘하지 못할 가능성이 크다. 또 다른 예를 들자면 시험을 볼 때 적당한 압박은 대뇌를 자극해 우리를 흥분시키고 좋은 성적을 거두게 한다. 이러한 예를 통해 볼 수 있듯이 적당한 압박은 우리에게 긍정적인 효과를 가져다준다.

화물선 한 척이 항구에 짐을 내리고 귀항하는 도중에 갑자기 매서운 폭풍우를 만났다. 이러한 상황에 선원들은 모두 깜짝 놀라 속수무책이었지만 경험이 풍부한 나이 든 선장은 매우 침착했다. 그는 선원들에게 즉시 화물칸을 열고 그 속에 물을 채워 넣으라는 명령을 내렸다. "저 선장 정신이 나간 거 아니야? 배 안에 물을 넣으면 압력이 올라가서 배가 침몰할지도 모르는데. 오히려 저승길을 재촉하는 꼴이라고." 선원들은 나이 든 선장의 방식을 이해할 수 없었다.

그러나 선장의 명령은 매우 엄해서 선원들은 어쩔 수 없이 시키는 대로 했다. 화물칸의 수위가 높아질수록 배도 조금씩 아래로 가라앉기 시작했다. 폭풍우는 여전히 강했지만, 배에 대한 위협은 점점 줄어들었고 화물선은 차츰 평온해졌다.

선장은 한숨 돌리고 있는 선원들을 향해 말했다. "백만 톤의 거대한 선박은 전복되는 경우가 드물지만, 규모가 비교적 작은 배는 종종 풍랑에 삼켜져 버린다. 그것은 배의 하중이 클 때가 가장 안전하기 때문이네. 텅 빈 배가 큰 바다에 나가는 건 가장 위험한 일이다. 물론 배의 하중이 적재능력을 초과하면 안 되겠지만 적당한 압력은 폭풍우에 저항할 수 있다네. 만약 배가 견딜 수 있는 능력을 초과하면 자네들이 걱정하는 것처럼 배는 해저로 침몰하지."

이것이 바로 '압박의 효과'다. 되는대로 살아가며 압박을 조금도 느끼지 않는다면 폭풍우를 만난 배처럼 자그마한 인생의 풍랑에도 전복되고 만다. 그러나 무거운 하중을 지고 있는 사람은 사나운 파도를 견뎌낼 수 있고 자기 삶을 충실하고 다채롭게 만들 수 있다.

압박을 느끼지 않는 인생이란 존재하지 않는다. 한 번 곰곰이 생각해보라. 진학, 취업, 이직 등 우리 인생에 압박이 없는 상태에서 이루어진 일이 무엇이 있는가? 압박이 없는 인생에 어떤 광경이 펼쳐질지는 정말 상상도 할 수 없다. 우리는 압박받는 상황이 해결되어 인생의 즐거움을 누리는 순간에도 우리를 괴롭혔던 압박이 마음속에 존재했다는 사실에 감사해야 한다.

또한 압박을 적당한 범위 내로 조절해 유리한 힘을 발휘할 수 있도록 유지해야 한다. 사람에게는 아직 발굴되지 않은 잠재력이 존재한다. 게으름을 피우거나 열정을 다른 곳에 쏟아붓느라 잠재력이 제대로 개발되지 않았다면 자신에게 적당히 압박을 가해보라. 누구나 적극적인 면도 있고 타성적인 면도 있다. 두 가지를 저울질했을 때 설령 타성적인 면이 우세를 점한다 해도 적시에 압박을 가하면 좋은 효과를 거둘 수 있다.

미국의 과학자들은 두 마리의 쥐를 이용해 실험을 진행했다. 한쪽은 흰 쥐였고 한쪽은 회색 쥐였는데 과학자들은 흰 쥐의 압박을 느끼게 하는 유전자를 전부 추출한 다음 두 마리의 쥐를 자연을 모방한 환경 속에 넣어두었다.

실험이 막 시작되었을 때 유전자가 추출된 흰 쥐는 매우 흥분했고 회색 쥐와 비교했을 때 더 큰 호기심을 드러냈다. 그는 단 하루 만에 500제곱미터의 크기에 달하는 공간을 관찰하며 돌아다녔다. 반면 유전자가 제거되지 않은 회색 쥐는 길을 걸을 때나 먹이를 찾으러 다닐 때 항상 조심했다. 그가 자연을 모방한 공간에 익숙해지는 데는 4일이나 걸렸다. 기록에 의하면 회색 쥐는 바구니에 걸어 넣어둔 먹이를 얻기 위해 2미터 정도밖에 오르지 않았다. 반면 흰 쥐는 셋째 날 전혀 압박을 느끼지 않고 13미터에 달하는 가짜 산에 올라갔다. 그리고 작은 바위를 지나가다가 잘못해서 가짜 산에서 굴러떨어져 죽고 말았다. 회색 쥐는 정신적으로 일정한 압박을 받고 있었기 때문에 항상 신중하게 행동했고 의외의 상황은 벌어지지 않았다. 심지어 동면 준비에 들어가기 위해 식량을 저축하기 시작했다. 며칠간의 실험이 끝난 후 회색 쥐는 팔팔하게 살아나왔다.

우리는 압박이 대부분 외부에서 시작된다고 생각하지만 스스로 압박받는 환경을 조성할 수 있다. 저마다 이상을 가지고 있으며, 이상과 현실에 모순이 발생할 때 압박을 느낀다. 미래를 향한 목표가 있지만 그것을 바라만 볼 뿐 다가갈 수 없어서 당신을 괴롭히고, 좋은 일을 하려 생각했는데 엉망이 되고, 열심히 씨앗을 뿌렸는데 열매를 맺지 못할 수도 있다. 당신은 자아를 초월하고 싶어도 현실 앞에서 일일이 부정당할 수도 있다. 대부분 주위의 경쟁이 너무 격렬하고 본인이 너무 큰 압박을 느낀다고 불평한다. 실제로는 우리 자신이 너무 게으르거나 능력이 없어서라는 사실을 모르고 있다. 만약 압박이 존재하지 않는다면 우리는 흰 쥐처럼 원래는 안전하게 통과할 수 있었던 바위에서 떨어져 생명을 잃을지도 모른다. 사람은 압박을 조금이라도 느끼지 않는 상태에서는 고도의 주의력을 발휘하기 힘들다. 심지어 투지를 잃고 게을러지며 불운을 불러올지도 모른다. 그러므로 투지와 근성을 유지하는 가장 좋은 방법은 바로 수시로 자기에게 적당한 압박을 받는 상태로 만드는 것이다.

삶에서 발생하는 수많은 일들은 결코 우리가 예측할 수 있는 것이 아니다. 그렇다고 해서 우리가 조절하지 못하는 것도 아니다. 만약 당신이 압박을 받아들일 수 있다면 분명 넘어져도 다시 일어날 수 있다. 그러면 시련을 겪은 후 더 강인한 사람이 될 수 있고 이때 성공은 당신에게 한 걸음 다가와 있다.

모든 행위는 관념의 지배를 받는다. 압박을 두려워한다면 당신은 압박을 앞에 두고 단 한 차례의 공격도 견뎌내지 못할 것이다. 압박 속에서도 전진하기를 고수한다면, 성장하고 압박을 자신의 조력자로 만들어 성공에 한 걸음 다가갈 것이다.

희망을 품고 있는 사람은
자신을 구한다

나는 많은 것을 배웠지만 절대 새로운 정보를 흡수하는 것을 멈추지 않는다.
때로는 감각이 좋지 않아 시합이 엉망이 되는 날도 있고 그런 때는
나도 밤새 잠을 이루기 어렵다. 그러나 이는 성장의 일부분이라 생각한다.

-린수하오, 농구선수

누구나 어려움이 닥칠 때가 있지만 이는 삶의 진정한 고난이 아니라 일종의 정신 혹은 신념의 어려움이다. 당신이 정신을 똑바로 차릴 수만 있다면 반드시 희망을 얻을 수 있고 일단 희망이 생기면 당신은 자기 자신을 구할 수 있다.

세상을 살아가면서 좌절과 시련을 피하기란 어려운 법이다. 득과 실은 한순간에 불과해 그 누구도 다음 순간에 무슨 일이 벌어질지 예상할 수 없다. 역경을 만나도 비관적이거나 의기소침해서는 안 된다. 지금 당장 아무리 참기 힘든 고통을 겪고 있어도 하루 종일 그 고통 속에서 빠져나오지 못해서는 안 된다. 또한 고통이 당신의 마음속에 오래 머무르게 해서도 안 된다. 역경이 찾아왔을 때 이를 강인한 태도로 마주하고 해결할 방법을 찾으면 결국에는 이겨낼 수 있다.

신념이 있으면 희망도 사라지지 않는다고 철학자들은 말했다. 하

지만 많은 사람이 한번 어려움에 빠지면 비관적으로 되고 실망하게 된다. 심지어는 자신에게 막대한 무형의 압박을 가하기도 한다. 이럴 때 어려움은 희망의 시작이고 앞으로 아름다운 삶을 가져다줄 것이라고 이야기해야 한다. 마음을 편하게 먹고 희망은 어느 곳에나 있다는 사실을 믿으면 아무리 큰 어려움이 다가와도 담담하게 마주할 수 있다.

제2차 세계대전 때 독일 나치당의 전쟁 포로수용소에서 독일 병사들은 종종 영국 포로에게 같이 축구를 하자고 했다. 경기는 감옥의 모래사장에서 진행되었는데 이는 독일 나치가 포로들을 괴롭히는 방식에 지나지 않았다.

나치는 충분한 음식을 제공하지 않았기 때문에 포로들에게는 체력이 없었다. 그들은 비틀거리며 어쩔 수 없이 축구 경기에 참여했다. 당연히 독일인들은 큰 점수로 승리를 거두었고, 영국인들은 모두 돼지라며 비웃었다.

그러나 크리스마스 전날 열린 시합에서 의외의 일이 벌어졌다. 경기를 관람하던 사람들은 대부분 나치의 고급 관리였는데 모두 깜짝 놀랐다.

베럼은 포로가 되기 전에 우수한 저격수였고, 축구에서는 기술이 매우 뛰어난 포워드였다. 시합 전에 포로들이 검은 빵을 조금씩 모아 그에게 주었다. 덕분에 그는 충분한 체력을 갖고 시합에 참여할 수 있었다. 시합은 30분간 진행되었는데 베럼은 마치 무아지경에 빠진 것처럼 독일인의 방어선을 교란하며 독일의 골문을 돌파했다. 비

록 최종적으로는 독일이 큰 점수 차로 승리하기는 했지만 그들의 '백
전백승' 신화는 전쟁 포로에 의해 깨졌다. 이는 그들에게 있어 치욕이
었고 얼마 지나지 않아 베럼은 비밀리에 사형 되었다. 사실 경기에서
반드시 골을 넣기로 하고 나서부터 베럼은 자신이 사형에 처할 수 있
음을 알고 있었다. 영국의 어느 작가는 여러 차례 그에 대해 언급하
며 그날 시합 이후 베럼은 수용소에 갇힌 사람들의 정신적 지주이자
승리의 신념이 되었다고 이야기했다.

50여 년이 지난 후 영국의 어느 방송국에서는 신념을 주제로 이러
한 이야기를 방송했다. 그 결과 수천만 명의 전화를 받았고 그중에는
베럼의 전우였던 한 노인이 있었다. 그는 베럼이 골을 넣은 후 모든
사람에게 영국은 반드시 승리할 것이라는 확신이 생겼다고 말했다.

폴 베를렌(Paul Verlaine)은 다음과 같이 말했다. "희망은 햇빛과도 같
다. 희망과 햇빛은 모두 빛 속에서 승리를 얻는다. 희망은 황량한 마
음에 피어나는 신성한 꿈이고, 햇빛은 진흙탕에서도 눈부신 금빛이
떠오르게 만든다."

희망은 사람에게 굳은 신념을 준다. 희망이 없이는 성공을 기다릴
수 없고, 가장 아름다운 희망은 종종 가장 힘든 절망 속에서 생겨난
다.

인생은 한 차례의 시합과도 같다. 어쩌면 당신은 항상 선두를 유
지하지 못하고 도태되는 상황을 맞이할지도 모른다. 그러나 계속해
서 시합에 참여해야만 언젠가 만족할만한 성적을 거둘 수 있다. 천재
라고 반드시 부유한 것은 아니며 현명한 사람이라고 해서 반드시 행
복한 것만은 아니다. 마주한 곤경에서 벗어나고 싶다면 반드시 마음

에 희망의 빛을 비추어야 한다. 그래야만 침착하게 어려움 뒤에 있는
승리를 향해 나아갈 수 있다.

> 어떤 일을 하든지 마음속에 희망이 가득하면 당신에게는 계속해 나아갈 동력과
> 강인함이 생겨난다.

항상 용감하게 전진하라

삶은 럭비에 비유할 수 있다.
규칙은 최선을 다해 골라인을 향해 뛰어가는 것이다.
-프랭클린 루스벨트

우리의 삶은 마치 세차게 흘러 바다로 들어가는 시냇물과 같다. 그 과정에서 모든 것이 순조로울 수도, 평탄할 수도 없다. 반드시 비바람을 겪고 울퉁불퉁한 길을 지나기 마련이다. 강한 사람들은 인생의 좌절을 만났을 때 용감하게 전진한다. 그들은 거듭되는 고난이나 좌절에 절대 굴복하지 않는다.

하버드의 한 교수는 항상 학생들에게 소크라테스의 명언을 이야기한다. '이 세상에는 두 종류의 사람이 있는데 하나는 행복한 돼지고 하나는 고통스러운 사람이다.' 세상에는 수많은 사람이 있지만 그들은 대부분 즐거움을 누리기 위해 하루하루를 보내며, 미래는 생각하지 않고 눈앞의 향락만을 추구한다. 그러나 성공을 얻으려는 사람들은 반드시 그에 걸맞은 대가를 감당하며 더 많은 고통을 당한다. 행복과 즐거움을 얻기 위해서는 고통을 겪어야 하고 그러지 않으면 성공하기란 매우 어렵다.

많은 사람이 일할 때 시작은 좋지만, 끝이 흐지부지하다. 어떤 일을 하다가도 실패할 기미가 보이면 물러나기 시작한다. 사람은 패배할 수 있지만 쓰러지지는 않는다는 사실을 알아야 한다. 마음속에 희망만 있다면 설령 100번을 넘어져도 다시 일어설 수 있을 것이다. 꺾이지 않는 끈기와 신념은 미래를 쟁취한다. 대부분 우리를 쓰러뜨리는 것은 어려움이나 좌절이 아니라 우리 자신이다. 우리 스스로 자신감을 잃으면 마음속에는 희망의 빛이 사그라진다.

오스트레일리아에서 태어난 존은 선천적으로 심각한 장애를 가지고 있었다. 꼬리뼈가 정상적으로 발육하지 못해 태어났을 때 그의 양다리는 마치 청개구리처럼 허약하고 가늘었다. 병원의 의사는 그의 다리를 보고 깜짝 놀랐고, 존에게 사망 선고를 내렸다. 그의 아버지에게 이 아이는 1년을 못 넘길 것이라고 이야기한 것이다. 그러나 몇년 후 존은 여전히 자유롭게 살고 있었고 자기가 좋아하는 일을 하고 있었다. 그 이유는 존 본인이 아무리 힘들어도 꺾이지 않는 정신으로 생명의 기적을 만들었기 때문이다.

우리는 선천적인 장애를 가지고 있는 그가 얼마나 많은 고난을 겪었는지 충분히 상상할 수 있다. 그는 자신이 살아남을 수 있었던 이유를 용감하게 삶을 마주하고 불행을 직시했기 때문이라고 이야기한다. 그는 결연하게 말했다. "사람은 일단 목표를 확실하게 정하면 그것을 실현하기 위해 노력해야 합니다. 실패에 넘어져서는 안 돼요, 천 번을 넘어져도 다시 한번 일어서야 하지요. 절대 실패로 인해 위축되어서는 안 됩니다."

존은 계속해서 넘어지면서도 두 팔로 걷는 법을 배웠고 스케이트 보드의 고수가 되었다. 게다가 운전을 배워 면허도 땄다. 또한 수영과 잠수를 배워 오스트레일리아 장애인 경기 대회에서 우승했고 전국 역도 대회에서도 준우승을 차지했다.

그의 꿈은 연설가가 되는 것이었다. "나는 10년 이내에 가장 위대한 연설가가 될 것이다." 현재 그의 연설을 듣는 청중은 세계적으로 350만 명을 넘어섰다.

백 번을 넘어져도 다시 일어서서 용감하게 전진하는 마음가짐은 오늘날의 존을 만든 중요한 핵심이다. 이러한 의지는 그의 성공의 기초가 되었다. 만약 이러한 정신이 없다면 설령 아무리 완벽한 사람이라도 성공의 희열을 맛보지 못할 것이다. 그저 다른 사람의 성공을 부러워하며 자신의 불운을 탄식할 뿐이다.

조시 쿨리(Josh Cooley)는 다음과 같이 말했다. "많은 사람이 실패하는 이유는 그들에게 절대 포기하지 않고 싸우려는 정신이 부족하기 때문이다." 확실히 재능이 넘쳐흐르고 성공의 각종 조건을 구비하고 있는 데도 많은 사람이 실패한다. 그 원인은 그들에게 강인한 의지가 부족하기 때문이다. 그들은 사소한 장애물에 부딪혀도 즉시 걸음을 멈추고 앞으로 나아가지 않는다. 장애물을 돌아갈 근성도 없고, 어려움이 닥치면 물러서며 위험을 만나면 도망간다.

링컨은 1832년에 직장을 잃었다. 그 때문에 그는 상심했지만, 정치가가 되기로 새로운 결심을 했다. 그러나 안타깝게도 그는 경선에서 패배하고 말았다. 1년에 두 차례나 큰 타격을 받는다는 것은 누구에게나 고통스러운 일이다. 그러나 링컨은 그로 인해 쓰러지지 않았다. 이어서 그는 기업을 창립했지만 1년도 못 가서 도산하고 말았다. 그 후로 17년간 링컨은 여기저기 바쁘게 뛰어다니며 정신없이 일했다. 기업이 도산했을 때 빌린 채무를 갚기 위해서였다.

1835년에 링컨은 약혼했다. 결혼을 몇 개월 남겨두었을 무렵 그의 약혼녀가 갑자기 사망하고 말았다. 이는 링컨에게 실제로 매우 큰 타격이었다. 상심한 그는 수개월 동안 자리에 누워 일어나지 못했다. 그러나 자포자기의 날들은 절대 오래가지 않았다. 1838년에 그는 몸이 회복되었다는 사실을 깨닫고 주지사 경선을 준비했다. 그러나 애석하게도 그는 또 실패하고 말았다. 1843년에 그는 또 미국 국회의원 경선에 참여했지만, 이번에도 실패했다.

연이은 시도에도 불구하고 그는 계속해서 실패했다. 회사가 도산하고, 약혼자가 세상을 떠나고, 경선에서도 패배했지만, 그는 포기하지 않았다. 1848년에 그는 다시 국회의원 경선에 참여했고 안타깝게도 또 낙선하고 말았다. 이번 경선에서 많은 돈을 써버린 그는 현지의 토지 관리원에 지원했다. 그러나 주 정부는 그의 신청을 기각했고 거기에는 이렇게 쓰여 있었다. '본 주의 토지 관리원이 되기 위해서는 비범한 재능과 남다른 지혜가 필요합니다. 당신은 이러한 조건에 부합되지 않습니다.'

그러나 링컨은 여전히 굴복하지 않았다. 1854년에 그는 참의원 경선에 참여했고 여전히 실패했다. 2년 후 그는 미국 부통령 선거에 추천되었으나 상대에게 패하고 말았다. 또 2년이 지나 그는 다시 참의

원 경선에 나섰고 또 실패했다. 링컨은 반평생에 성공하기 위해 노력했지만, 성공은 3차례에 불과했다. 하지만 3번째 성공은 바로 미국의 제16대 대통령으로 당선된 것이었다.

거듭되는 실패는 링컨의 굳은 신념을 흔들지 못했다. 오히려 링컨이 더욱 노력하며 자신에게 충실하고 위기를 돌파할 기회를 찾게 했다. 실패를 마주해도 링컨은 물러서거나, 도망가지 않았다. 그리고 강한 자신감으로 운명에 도전했고 이에 찬란한 인생을 맞이했다. 강렬한 의지와 불굴의 정신으로 곤경과 고난을 맞이하면 당신은 도태되지 않을 수 있다.

우리 삶에는 불확실한 일이 충만하고 당신은 다음 순간에 어떤 일이 일어날지 알 수 없다. 하지만 삶에 대한 신념이 있고 용감하게 운명에 쓰러지지 않는다면 당신은 모든 어려움이나 장애물에 맞서 싸우고 이길 수 있다.

> 인생의 수많은 성공은 단번에 이루어지는 것이 아니며 실패는 피하기 어렵다. 그러나 불굴의 의지만 갖추고 있다면 반드시 성공을 얻을 수 있다.

불행에 대처하는 법

늦었다고 생각할 때가 가장 빠른 때다.
−하버드 대학 도서관 교훈

    불행이 닥쳤을 때 우리는 긍정적인 마음으로 맞서야 한다. 긍정적인 마음가짐은 잠재력을 최대로 발휘시키는 반면 부정적인 마음가짐은 마치 인간의 사고가 거미줄에 걸려버리는 것과 같아서 갈수록 생각하기 힘들어진다. 하버드의 한 교수가 강의에서 다음과 같은 이야기를 했다.

    큰비로 거미줄에서 떨어져 버린 거미 한 마리가 있었다. 거미는 열심히 벽을 기어올라 거미줄에 다시 올라가려 하고 있었다. 그러나 비 때문에 벽이 축축해서 어느 정도 올라가면 또 떨어지고 말았다. 거미는 열심히 기어올랐지만 계속해서 떨어졌다. 한 사람이 이를 보고 자기의 처지를 생각하며 중얼거렸다. "내 인생도 마치 이 거미 같군. 매일 바쁘게 일하지만, 아무것도 이룬 것이 없다."라고 중얼거리며 고개를 숙였다. 두 번째 사람은 거미를 보고 웃으며 말했다. "이

거미는 참 어리석군. 바로 옆에 젖지 않은 곳이 있는데 그곳으로 올라가면 될 것을. 나는 앞으로 어떤 일을 해도 저렇게 어리석은 짓은 하지 말아야지." 그리하여 그 사람은 현명해지기 시작했다. 세 번째 사람은 거미를 보고 시련에 굴하지 않는 정신에 감동하여 강해지는 법을 배웠다.

똑같은 일이라도 사람마다 이를 대하는 생각과 방식은 각각 다르다. 사람이 양면성을 가지고 있는 것처럼 핵심은 한 가지 일을 자세히 살펴보는 각도와 선택에 달려있다. 태양을 똑바로 마주하면 당신은 햇빛을 볼 수 있고 태양을 등지면 자신의 그림자밖에 볼 수 없다.

불행이 지나간 후 성공을 향해 나아갈 것인가 아니면 실패의 나락으로 떨어질 것인가는 당신의 대응에 달려있다. 성공하는 사람은 적극적이고 낙관적인 태도로, 실패자는 비관적이고 절망적인 태도로 대응한다. 마음가짐은 개인의 선택이다. 성공하는 사람의 마음가짐은 어떠한 어려운 일이라도 극복한다. 마음가짐이 긍정적으로 변화되면 성공은 쉽게 이룰 수 있다.

어느 겨울날 오후, 창밖에는 눈보라가 흩날리고 있었다. 한 소년은 창가로 올라가 바깥을 바라보았다. 길거리에는 몇 명의 거지가 굶주림과 추위로 몸을 웅크리거나 길모퉁이에 서 있었다. 그들은 다시는 일어나지 못할 것처럼 보였다. 이에 소년은 눈물을 펑펑 흘리며 슬퍼했다. 소년의 할아버지는 이러한 광경을 보고 소년을 다른 쪽 창가로 데려가 집의 뒤뜰을 감상하게 했다. 그곳에는 꽃이 가득한 각종 나무에 눈이 쌓여 순백의 세계가 펼쳐지고 있었다. 이는 실로 기분이 좋아지는 풍경이었고 소년의 마음은 한순간에 좋아졌다. 노인은 손자를 끌어안고 따스한 목소리로 말했다. "얘야, 너는 보아야 할 창문을 잘못 선택한 것이란다."

"사람과 사람 사이에는 본래 아주 작은 차이가 존재한다. 그러나 이러한 작은 차이가 나중에 큰 차이가 된다. 여기서 말하는 작은 차이란 긍정적인 마음가짐을 가지고 있는가 아니면 부정적인 마음가짐을 가졌는지다. 이는 훗날 성공과 실패를 가르는 거대한 차이가 된다."라고 나폴레옹은 말했다.

긍정적인 마음가짐을 가진 사람에게는 불행이 닥쳐도 그의 눈에는 희망이 가득하다. 그리고 진취적인 결심과 투지가 충만하다. 반면 부정적인 마음가짐을 가진 사람은 불행이 닥치면 더욱 의기소침하고, 잠재력과 재능을 발휘할 여지조차 남기지 않는다. 긍정적인 마음가짐은 인생을 창조하고 부정적인 마음가짐은 인생을 소모한다.

'청바지의 제왕' 리바이스의 성공에는 많은 우여곡절이 있었다. 그러나 그가 성공할 수 있었던 비결은 바로 고난과 고통이 자신을 곤경으로 몰아넣을 때 절대 불평하지 않고 흥분된 상태로 "아주 좋아!"라고 스스로 말했다는 것이다. 이로써 그는 불행한 와중에도 자신에게 성장의 기회를 줄 수 있었다.

곤경에 처하더라도 마음에 희망만 품는다면 이는 위기를 극복할 원동력이 된다. 그러면 곤경 속에서 큰 도약을 이루고 성공의 기초를 다질 수 있다. 역사적으로도 수많은 위인이 곤경 속에서 위기를 돌파했고 최후의 승리를 거머쥐었다. 그들의 가장 큰 장점은 낙관적인 마음가짐으로 용감하게 좌절에 맞섰다는 것이다.

외진 농촌에 밥과 잭이라는 두 명의 도자기 직공이 살고 있었다. 두 사람은 도시 사람들이 도자기를 좋아한다는 소문을 듣고 열심히 도자기를 구워 도시에 내다 팔기로 했다. 그들은 고생을 마다치 않고 10여 년간 끊임없이 시도한 끝에 만족스럽고 훌륭한 도자기를 구워 낼 수 있었다. 그날 밤 그들은 잠을 이룰 수 없었다. 도시 사람들이 모두 자기들이 만든 도자기를 사용하게 되면 여유로운 생활을 보낼 수 있게 될 환상에 빠져있었다. 꽤 흥분한 그들은 다음 날 증기선을 빌려 몇 년 동안 준비한 도자기를 전부 운반해 팔러 갔다.

그러나 항해 중에 강력한 폭풍을 만나 그들이 만든 도자기가 모두 산산조각이 나버리고 말았다. 부자가 되고 싶었던 그들의 꿈은 폭풍으로 인해 깨져버렸다. 밥은 우선 호텔에 가서 하루를 묵자고 제의했다. 기왕 도시에 왔으니 하룻밤 정도 쉬고 난 다음 도시를 여기저기 돌아보면서 도시의 매력에 대한 견문을 넓히자는 것이었다. 그러나 잭은 히스테릭하게 울면서 밥에게 물었다. "너는 아직도 돌아다닐 마음이 있냐? 우리가 그 고생을 해서 만든 도자기가 다 깨졌는데 마음이 아프지도 않아?" 그러자 밥은 온화한 목소리로 말했다. "우리는 도자기를 잃었고, 그건 매우 불행한 일이야. 그렇다고 해서 계속 우울해하면 그건 더 불행한 일이잖아!"

잭은 밥의 말에 꽤 일리가 있다고 생각했다. 그래서 밥과 함께 도시에 들어가 며칠을 재미있게 보냈다. 그들은 도시를 돌아다니면서 의외의 발견을 했다. 그것은 도시 사람들이 벽면에 장식한 물건이 그들이 구워낸 도자기 재료와 비슷하다는 것이었다. 그래서 그들은 깨진 도자기 조각을 아예 더 작은 조각으로 부수기 시작했다. 그런 다음 모자이크로 만들어 건축 상인에게 팔기 시작했다. 그 결과 밥과 잭은 폭풍으로 도자기가 깨지기는 했지만, 오히려 모자이크를 판매해 큰돈을 벌었고 부유한 생활을 할 수 있었다.

불행이 닥쳤다고 의기소침하고 불평만 하는 것은 아무런 도움이 안 된다. 우리는 불행을 담담하게 마주해야 한다. 우리가 변화시킬 수 있는 것은 오로지 자신의 마음뿐이다. 마음가짐을 바꾸고 불행을 마주하면 행복으로 바뀔 수도 있다는 사실을 기억해야 한다.

> 행복과 불행은 우리가 그것을 대하는 생각에 달려있다. 인생지사 새옹지마, 재난이 복이 될지 흉이 될지 그 누가 알겠는가? 긍정적이고 낙관적인 마음으로 하루하루를 맞이하라.

고통은 잠시 머무르는
손님이다

피할 수 없는 고통을 즐겨라.

-하버드대학 도서관 교훈

하버드대학의 샤하르 교수는 인생의 여정에서 우리는 실패나 사랑하는 사람을 잃는 등 다양한 슬픔을 겪을 수밖에 없다고 이야기했다. 그렇지만 우리는 의연하게 행복한 삶을 살아가야 한다. 즐거움은 우리 삶의 주인이고 고통은 손님이다. 손님은 언젠가 떠나기 마련이다. 우리는 고통을 직시할 때 삶의 강자가 될 수 있다.

고통을 감당할 수 있는 능력이 얼마나 되는가는 감성지수를 평가하는 기준의 하나다. 감성지수는 심리적 소질을 결정한다. 고통에 대해 하버드대학의 교수들은 다음과 같은 이야기를 했다.

헤이시는 미국 캘리포니아주의 유명 약품 대리상이었다. 그는 낙관적이고 시원시원한 성격에 운동을 매우 좋아하는 사람이었다. 어느 해 여름날 새벽, 그는 평소처럼 달리기를 마치고 집으로 돌아갈 준비를 하고 있었다. 그런데 갑자기 달려온 대형 트럭이 그를 덮치고 말았다. 며칠간 혼수상태에 빠졌다 깨어났을 때 그는 병원 침대에 누워있었고 왼쪽 다리에 감각이 없었다. 그는 하반신에 두꺼운 붕대가 감겨 있는 것을 보았다. 이때 그의 머릿속에 가장 먼저 떠오른 생각은 '이제 모든 게 끝장이구나.'가 아니라 그가 항상 좌우명으로 삼아오던 '두려워해야 할 것은 두려움 그 자체다'라는 말이었다. 그는 병실에서 항상 다른 환자들에게 "우리는 반드시 살아남아야 합니다. 생명은 찬란한 존재예요."라며 일깨웠다.

병원에서는 설령 다리가 다 낫는다 해도 장애가 남을 것이라는 확진을 내렸다. 사고 당시 왼쪽 다리에 심각한 골절상을 입었을 뿐만 아니라 뇌에도 손상이 있었기 때문이었다.

그러나 그는 고통스러워하지 않고 오히려 긍정적인 태도를 보였다. "저는 하나님께서 제 생명을 구해주신 것에 감사드립니다. 목숨을 잃는 것에 비하면 장애는 아무것도 아니지요. 어쩌면 하나님께서 저에게 또 다른 일을 시작할 기회를 주신 것일지도 모르잖아요? 그러니 저는 반드시 더 잘 살아서 삶과 일 모두 더욱 완벽하게 만들어야 합니다."

조기 퇴원을 위해 그는 몇 번이나 간호사에게 자신의 상태를 물었지만, 간호사는 대답해주지 않았다. 의사들도 그의 앞에서 입을 다물고 자세한 상황을 말해주지 않았다. 어느 날 그는 무의식중에 한 간호사와 환자의 대화를 들었다. 간호사는 환자에게 말했다. "왼쪽 다리 마비라니, 안에 있는 사람이랑 똑같네요!" 간호사가 말하는 안에 있는 사람이란 바로 헤이시를 의미하는 것이었다. 그는 기가 죽거나 슬퍼하지 않았고 오히려 긍정적인 마음을 가졌다. 그는 자신의 노력을 통해 미래를 더욱 충실하고 행복하게 변화시키고 싶었다.

1년 후, 그는 퇴원했다. 비록 사고로 인해 왼쪽 다리의 기능을 잃고 장애인이 되었지만, 그는 여전히 긍정적이고 낙관적으로 인생을 마주했다. 강한 의지로 운동과 단련을 계속했고 매일 가득한 열정을 가지고 살아갔다. 그는 친구들에게도 가장 즐거운 모습만을 보였다. 십수 년이 흘렀지만 답답하고 무미건조한 휠체어 생활은 결코 그에게서 즐거움을 빼앗지 못했다. 낙관적이고 긍정적인 그의 정신은 계속해서 주위 사람들에게 긍정적인 작용을 끌어냈다. 그의 사업은 나날이 번창했고 장애인 경기에도 참여하게 되었다. 더 많은 장애인이 곤경에서 벗어날 수 있도록 많은 시간을 들여 심리 치료소에서 의무 상담사로 일했다. 그는 항상 다음과 같이 말했다. "비록 몸에는 장애가 있어도 의지는 결연해야 한다는 것, 이는 모든 장애인이 반드시 믿어야 할 신념입니다. 고통은 당신을 쓰러뜨릴 수 없습니다. 고난은 우리가 정복해야 할 것입니다. 마음속에 희망을 품고 있어야만 우리는 과거와 다름없이 빛나는 삶을 살 수 있고 스스로 만족을 느낄 수 있습니다. 우리도 다른 사람들처럼 멋진 삶을 추구해야 합니다."

삶의 강자는 고통을 직시할 줄 안다. 미국의 국회의원 존의 이야기는 우리에게 이러한 이치를 증명했다.

존은 시골에 살면서 큰 채소밭을 가꾸었다. 어느 날 채소 덩굴에 지지대가 필요하다고 생각한 그는 산에 나뭇가지를 베러 가기로 했다. 산에 도착한 그는 나뭇가지를 한 무더기나 베어 차에 가득 싣고 자신의 작은 자동차를 운전하면서 노래를 흥얼거리며 즐거운 마음으로 집을 향해 가고 있었다. 그러나 재난은 조용히 그에게 다가오고 있었다. 핸들을 돌리는 순간 산에서 커다란 나뭇가지가 굴러 내려와 차 엔진에 박혔다. 차는 뒤집혀 길을 벗어났고 존은 즉시 튕겨 나가 도로변의 커다란 나무에 부딪혀 정신을 잃었다. 그가 눈을 떴을 때는 병원이었다. 그리고 척수 손상으로 인해 그의 다리는 마비되고 말았다. 모두 그에게 목숨이라도 부지해서 천만다행이라고 이야기했다. 그러나 존은 당시 24세에 불과했고, 청춘이 갓 시작된 무렵이었다.

그때부터 존은 휠체어에 의지해 생활하게 되었다. 처음에 그는 이러한 사실을 받아들이기 힘들었고 마음속은 분노와 고통으로 가득했다. 그는 운명을 원망하고 세상을 증오하기 시작했다. 종일 밖에 나가지 않고 비관과 실망에 빠져 스스로 헤어 나오지 못했다. 가족들도 어찌할 도리가 없었다.

한참이 지난 후 존은 가족들과 친구들이 모두 자신을 사랑하며 아무런 대가도 바라지 않고 그를 돌보아준다는 사실을 점차 깨닫게 되었다. 그렇다면 자신은 그들에게 어떻게 보답할 수 있을까? 존은 자신을 변화시키기로 결심했다. 그리고 이미 잃어버린 지 오래인 자신감을 되찾기로 했다. 주위 사람들은 점차 열정과 대범한 성격을 가진 활발하고 명랑한 녀석이 다시 돌아왔다는 사실을 느낄 수 있었다. 존의 집에서는 드디어 그의 쾌활한 웃음소리를 들을 수 있었다.

수년 후, 존은 자신이 사고의 상처에서 벗어나는 데 오랜 시간이 걸렸으며 사고 이후의 세월을 긍정적인 마음으로 마주했다고 회고했다. 그는 사고가 난 후 14년 동안 2,000권에 달하는 다양한 책을 읽었다. 책은 그를 구원했고 새로운 세계로 이끌어 세상의 신비함과 아름다움을 느낄 수 있게 해주었다. 존은 말했다. "당신은 비교에 능해야 한다. 자신의 처지가 매우 비관적이라고 생각하는가? 그렇지 않다. 사고로 인해 생명을 잃은 사람과 비교했을 때 당신은 매우 행운이다. 그러니 의기소침할 이유가 있는가?"

훗날 존은 정치에 관심이 생겼다. 그는 다양한 사회적 문제를 조사하고 사회적 모순의 해결 방법을 연구했다. 그는 점차 자신만의 정치적인 의견을 형성하게 되었다. 그는 휠체어를 타고 여기저기 강연을 다니며 사람들의 깊은 사랑을 받았다. 존은 자신의 지식과 매력을 이용해 조금씩 사람들의 주목을 얻었고 이윽고 국회의사당에 입성했다. 그는 사람들의 환영과 사랑을 받는 국회의원이 되었다. 그는 사람들에게 존중받았을 뿐만 아니라 성공도 거두었다.

우리는 누구나 고통을 겪지만 저마다 고통을 마주하는 태도가 달라 다른 결과가 생겨난다. 고통을 마주할 때 어떤 사람은 강인함으로 새로운 인생을 얻는다. 반면 어떤 사람은 한 번 넘어지면 다시 일어나지 못하고 자포자기하며 고통에 패하고 만다. 하버드 대학 찰스 교수는 종종 다음과 같은 이야기를 들려주었다.

빈곤한 가정에서 자라 일찍이 학업을 포기해야 했던 사람이 뉴욕에 살고 있었다. 생계를 위해 그는 싸구려 술집에서 피아노를 치고 노래를 하며 돈을 벌었다. 그러나 이러한 일 때문에 그는 점점 음악이 싫어지게 되었다. 어렸을 때 아버지가 집을 나가고 어머니와 단둘이 서로 의지하며 살았기 때문에 생활이 매우 힘들고 곤란했다.

돈이 없었던 그는 매일 밤 무인 세탁소에서 자리를 깔고 잠을 잤다. 당시 그는 한 아름다운 여인을 사랑했고 달콤한 시간을 보냈다. 그러나 얼마 지나지 않아 그들은 헤어졌다. 이는 그에게 있어 큰 충격이었다. 세상이 어둡고 무정하다고 생각했고, 살아가는 희망을 전혀 찾을 수 없었던 그는 자살을 결심하기도 했고 정신병원에 입원한 일도 있었다. 그 후 그의 인생관은 완전히 바뀌었고, 아무리 큰 절망이라도 자살의 이유가 되지는 못한다는 사실을 깨달았다. 우울증에 빠지거나 자살을 시도하는 행위는 나약한 사람이 저지르는 일이었다. 그는 마음에 부끄러움 없이 열심히 노력한다면 실패하더라도 이 세상을 한 번 살아가는 보람이 있다고 생각했다. 정신병원을 나오면서 그의 마음속 안개는 단번에 사라졌고 기분이 후련해졌다. 그는 강인하고 용기 있게 살아가기로 했다. 그리고 자신이 좋아하는 음악을 인생에서 추구할 목표로 삼았다.

그 후로 몇 년 동안 음악적인 실패는 여전히 그를 좌절시켰다. 그러나 포기하지 않고 계속해서 자신의 꿈을 굳게 지켰다. 자신만의 독특한 창작 스타일을 고수했고 1968년 비지스가 새로운 디스코의 시대를 열었을 때〈더 스트레인저(The Stranger)〉라는 이름의 음반으로 돌연 두각을 드러내 대중의 주목을 받게 되었고 성공했다. 그 해의 그래미 시상식에서 그는 〈저스트 더 웨이 유 아(Just the way you are)〉라는 곡으로 '최고 음반상'을 거머쥐는 영예를 누렸다. 이 사람은 바로 빌리 조엘(Billy Joel), 1970~80년대 최고 스타다.

만약 그때 빌리 조엘이 자살을 선택했다면 현대 음악계에는 슈퍼스타가 한 명 줄었을 것이다. '이 세상에 태어났다는 건 반드시 그 쓸

모가 있다.'라는 말처럼 가난하든 혹은 부자이든 반드시 쓸모가 있기 마련이다. 삶 속의 좌절은 지혜와 근성을 단련하는 데 큰 도움이 된다. 훗날 고통과 시련을 되돌아보았을 때 인생의 가장 소중한 자산이라는 사실을 발견하게 될 것이다.

> 사람은 평생 다양한 경험과 고통을 겪는다. 이는 인생에 소중한 자산으로 고통을 마주하고 운명에 굴복하지 않아야 한다.

만약 우리 인생을 커다란 나무에 비유한다면 꿈은 나뭇가지에 불과하다. 행동이 있어야만 비로소 과실을 맺을 수 있다. 인생의 목표를 건물 짓는 일에 비유한다면 설계도는 바로 우리의 계획이다. 그리고 행동은 건물을 짓기 위해 벽돌과 기와를 쌓는 일에 비유할 수 있다. 우리는 행동해야만 인생이라는 커다란 나무를 무성하게 키울 수 있으며, 땅 위에 우뚝 솟은 이상적인 건물을 지을 수 있다.

4장

시간 관리와
실행력

성공은 마음에서
시작되고 행동에서 이루어진다

자신감을 가지고 당신이 꿈꾸던 삶을 살아라.
자기 삶을 단순하게 변화시킬 때 우주의 법칙도 더욱 단순하게 변화한다.
—헨리 데이비드 소로

어느 하버드 교수가 꿈에 대해 다음과 같이 이야기했다. 당신이 당장 무엇을 가졌는지 그리고 무엇을 해야 하는지를 알아야 삶에 좋은 변화를 가져올 수 있다. 아무리 위대한 꿈이라도 게으름을 버리고 계속 노력하면 반드시 실현된다. 그러나 이를 행동으로 실천하지 않는다면 제아무리 아름다운 꿈도 공상이나 망상에 지나지 않는다. 어떤 일을 하든지 행동하기 시작해야 그 일의 절반은 성공한 것이다.

강연의 대가 치글러(Ziegler)는 청중들에게 다음과 같은 이야기를 들려주었다. 세계에서 가장 강력한 견인 열차는 철로에 놔두면 미끄러지기에 이를 방지하기 위해 3센티미터 크기의 나무 조각을 각각 8개의 구동륜 앞에 놓는다고 한다. 이렇게 해두면 커다란 견인 열차는 절대 움직이지 않는다. 그러나 일단 거대한 열차에 시동이 걸리면 나무 조각으로는 이를 막을 수 없다. 시속 160킬로미터의 속도로 전진할 때는 150센티미터 두께의 철근 콘크리트 벽도 쉽게 뚫고 지나간다. 작은 나무 조각으로도 막을 수 있었던 견인 열차가 콘크리트 벽을 뚫고 나갈 정도로 위력을 발휘할 수 있는 이유는 매우 간단하다. 시동이 걸렸기 때문이다.

사람의 위력도 이처럼 막강하게 변할 수 있다. 당신이 즉시 행동하기만 하면 극복하기 어려운 장애도 수월하게 돌파할 수 있다. 그러나 철로에 서 있는 열차처럼 생각만 하고 행동으로 옮기지 않는다면 작은 나무 조각조차도 당신의 성공을 가로막는 걸림돌이 된다.

1950년, 정샤오잉(鄭小瑛)은 작곡 공부를 위해 당시 최고로 유명한 모스크바 음악학교에 진학했다. 이때 그녀의 나이는 20살에 불과했다. 그녀는 태어났을 때부터 뛰어난 음악적 재능을 가지고 있었다. 6살 때 피아노를 치기 시작했고 14살 때 각종 악기에 정통했으며 몇 차례나 큰 무대에 올랐다. 모스크바 음악학교에서 그녀의 재능은 교수와 학생들의 인정을 받았다. 그녀가 작곡한 곡은 종종 학교 오케스트라의 연주곡이 되곤 했다.

어느 날, 그녀는 홀에서 자신의 곡을 지휘하고 있는 지휘자를 보았다. 지휘자의 늠름한 모습에 감동한 그녀는 '우수한 지휘자'를 인생의 꿈으로 삼았다.

그때부터 시간만 나면 그녀는 홀에 가서 연주를 감상했다. 물론 지휘 기술을 배우는 것이 그녀의 주요 목적이었다. 그 밖에도 그녀는 종종 교수에게 가르침을 청할 기회를 찾았다. 기숙사에 돌아온 후 그녀는 자신의 곡으로 지휘 연습을 했다. 학생들은 그녀를 비웃으며 말했다. "설마 지휘자가 되려는 건 아니겠지? 쓸데없이 힘만 낭비하지

마. 그건 불가능한 일이니까!"

사실 다른 학생들의 말에는 일리가 있었다. 당시 사회에서 여성의 지위는 비교적 낮은 편이었다. 여성이 음악 교육을 받는다는 것 자체가 이미 보기 드문 일에 속했으니 여성 지휘자는 말할 것도 없었다. 당시 사람들은 여성 지휘자에 대해 들어본 적이 없었다. 오로지 남성만이 지휘자가 될 자격을 가지고 있는 것 같은 시대였다.

"정말 여자는 지휘자가 될 수 없는 걸까?" 정샤오잉은 마음속으로 자문했다. 그러나 그녀 자신 외에 대답해줄 사람은 없었다.

그 후 정샤오잉은 더욱 열심히 지휘를 배웠다. 표현에서 손동작 그리고 눈빛에서 마음에 이르기까지……

기회는 항상 준비된 사람에게만 찾아온다. 한 번은 학교에서 음악회를 기획했는데 정샤오잉이 작곡한 곡 하나가 연주 목록에 들어있었다. 관중 중에는 당시 명성이 자자하던 소련 국립오페라단의 지휘자 하이킨(Boris Khaikin)과 모스크바 오페라 극장의 지휘자도 자리하고 있었다. 그런데 지휘자가 준비를 마치고 단상에 오를 무렵 생각지도 못한 사고가 발생하고 말았다. 발목을 삔 지휘자가 비틀거리며 바닥에 주저앉아 버린 것이다. 회장에 있던 사람들은 모두 깜짝 놀랐고 직원은 재빨리 다가와 지휘자를 부축했다. 그가 의자에 앉아 지휘할 수 있도록 누군가 의자를 가져왔지만, 그것도 불가능했다. 지휘자는 발목을 삔 데다 팔꿈치도 부딪친 것이었다. 지휘자는 고개를 저었고 그 자리에 있던 사람들은 모두 어찌할 바를 몰랐다.

이때 정샤오잉이 의자에서 일어났다. 그녀는 가득한 관중들의 시선을 받으며 지휘자 앞에서 예를 표하고는 말했다. "저는 예술의 이름으로 당신이 지휘봉을 건네주시기를 요청합니다."

정샤오잉의 젊은 얼굴에는 의연한 정신이 드러났다. 거절할 이유를 찾지 못한 지휘자는 손에 쥔 지휘봉을 그녀에게 건네주었다. 그녀는 몸을 돌려 연주자들에게 고개를 끄덕여 의사를 표시한 다음 평온하게 지휘하기 시작했다. 지휘봉은 그녀의 손에서 빠르고 힘 있게 때로는 느리고 춤추는 것처럼 움직이기 시작했다. 마치 음악이 그녀의 지휘봉에서 흘러나오는 것 같았다. 발을 뺀 지휘자는 그녀의 지휘를 보며 감탄했다. 한 곡이 끝나자 무대 아래서는 우레와 같은 박수 소리가 들려왔다. 하이킨과 그 지휘자는 그녀를 다음과 같이 평가했다. "그녀는 장래에 분명 탁월한 지휘자가 될 것이다."

그날 하이킨은 그녀에게 정식으로 소련 국립오페라단에 들어와 지휘 예술을 더욱 깊이 연구하지 않겠냐고 물었다. "예술은 모든 사람에게 속한 것입니다. 성적인 차별이 있어서는 안 되지요!"라고 하이킨은 말했다. 국립오페라단에 들어간 후 정샤오잉은 피나는 노력 끝에 소련의 고전 오페라, 〈토스카〉, 〈라 트라비아타〉 등의 작품을 성공적으로 지휘했고, 당시 소련에서 센세이션을 일으켰다.

몇 년간 열심히 공부한 그녀는 자신만의 예술을 이루어 중국으로 돌아갔다. 음악 분야에 위대한 공헌을 한 그녀는 중국 그리고 나아가 전 세계에서 최고로 탁월한 오케스트라 지휘자가 되었다. 2010년, 그녀는 82세의 나이에 중국 가극 예술 성취 대전에서 최초로 평생 공로상을 받았다.

우리는 누구나 꿈을 가지고 있다. 대부분 사람은 꿈이 긍정적인 역량이자 향상의 원동력이라는 사실을 잘 알고 있다. 그러나 정샤오잉처럼 꿈을 실현하고 성공을 거두는 사람은 매우 드물다. 그 이유는 꿈을 현실로 변화시키는 과정에서 필요한 행동력이 부족하기 때문이다.

하버드 학생들은 위대한 꿈을 가졌더라도 우선 주위의 작은 일부터 실천하라는 교육을 받는다. 매일 아침 목표에 한 걸음 더 다가갔다고 생각하면 즐거움과 자신감을 느낄 수 있을 것이다. 하루를 보람 있게 보내기 위해 노력하고 모든 일을 열심히 하라. 그러면 당신은 회의감과 두려움에서 벗어날 수 있고, 열심히 노력하기만 하면 반드시 성공한다는 신념은 더욱 강해질 것이다.

성공에는 난이도의 구별이 없다. 적극적으로 행동하면 아무리 어려운 일이라도 성공을 얻게 되고, 아무리 쉬운 일이라도 줄곧 공상만 하고 행동을 게을리하면 성공과는 멀어진다. 행동이 반드시 만족할만한 결과를 가져온다고 할 수는 없지만 행동하지 않으면 절대 만족할만한 결과를 얻을 수 없다. 이 세상에는 기회가 부족한 것이 아니라 기회를 잡는 사람이 부족한 것이다. 만약 당신의 마음속에 꿈이 있다면 바로 행동에 옮겨라. 실패 혹은 거듭되는 고난을 두려워하지 말고 끊임없이 행동하고 꿈을 좇으면 당신은 분명 더 나은 자신을 만날 수 있다.

> 많은 사람이 성공 후의 빛나는 성과만 보고 그 뒤에 숨겨진 시련과 고생은 발견하지 못한다. 그렇기에 성공은 소수의 사람에게만 주어지는 것이다.

배우는 고통은 순간이지만
못 배운 고통은 평생 간다

지식은 물과 같고 성취는 배와 같다. 깊은 물에만 큰 배를 띄울 수 있고
해박한 지식만이 위대한 성취를 짊어질 수 있다.
자오위안런(趙元任), 하버드대학 철학과 졸업

지식과 지혜에 의존해 살아가는 오늘날 배움을 이해하지 못하고 안일함만 추구한다면 순식간에 고지식한 사람이 되어버린다. 지식이 부족하면 인생의 어느 단계에서나 고통을 겪을 수 있다. 애벌레는 번데기가 되는 고통을 거쳐야 아름다운 나비로 거듭난다. 사람도 배움의 과정을 거쳐야 아름다운 미래를 만들 수 있다. 배우는 고통은 순간이지만 배우지 않고 일시적인 쾌락만 누린다면 평생의 후회만 남는다.

탐과 밥은 미국 동부의 외진 시골에 사는 이웃 간이었다. 평소에 두 사람은 함께 놀러 다니며 축구를 했다. 그들은 전문 공부를 하지 않아 근처의 작은 공장에서 노동자로 일했다. 매일 계속되는 일은 피곤했고 일을 끝내고 나면 두 사람의 몸은 매우 더러웠다. 직장의 유일한 장점은 매일 오전 근무만 끝내면 오후에는 퇴근할 수 있다는 것이다.

"밥. 우리 놀러 가자. 오늘 거기 멋진 여자들이 많이 온대." 탐은 집에서 한바탕 몸치장하고 밥의 집 앞에서 함께 나가 놀자고 권했다. 그러나 밥이 이에 응하는 경우는 드물었다. 이따금 놀기는 해도 근처에서 농구 하며 몸을 단련하는 것이 전부였다. 반면 탐은 여기저기 즐기며 다녔다.

"아, 안 돼. 오늘은 책을 읽어야 하는 데다 할 일이 많아. 너나 가서 놀아." 책을 한 권 들고나온 밥은 탐에게 말했다.

"알았어. 근데 아마 안 가면 후회할 걸, 헤헤." 말을 마친 탐은 혼자 돌아갔다.

그렇게 5년이라는 시간이 흘렀다. 탐은 여전히 매일 놀러 다녔고 밥은 매일 책을 보며 지식을 연구했다.

어느 날, 탐이 출근했는데 밥의 모습이 보이지 않았다. 그는 밥이 휴가를 냈으려니 생각했다. 그러다 집에 돌아가는 길에야 그가 이사한다는 사실을 알게 되었다. 사실 밥은 열심히 노력해서 도시의 한 신문사에 좋은 일자리를 찾은 것이었다. 그래서 밥은 도시로 이사를 하게 되었다. 떠나기 전에 밥은 탐에게 여러 가지 물건을 건네주고 시간이 나면 그를 만나러 돌아오겠다고 이야기했다.

밥이 떠나자 탐의 생활은 돌연 따분해졌고 놀아도 재미가 없었다. 그는 여전히 무미건조한 일을 했고 쉬는 시간에 놀러 다니는 것도 지겨워졌다. 그는 밥이 생각났다. 따분하고 시시한 날들이 매우 고통스러웠기 때문에 자기도 도시에서 일자리를 찾고 싶었다. 그러나 배운 것이 없고 지식도 부족하며, 나이도 많았기 때문에 결국에는 도시에 나가지 못했다.

순식간에 1년이 지나갔다. 밥은 차를 몰고 탐을 보러 돌아왔다. 오랜만에 만난 두 사람은 매우 즐겁고 따스하게 인사를 나누었다. 지난 1년 동안 업무 능력이 매우 뛰어난 밥은 두둑한 보수를 받고 승진하게 되었다. 그러나 탐은 나이가 들자 일을 할 체력이 뒷받침되지 못해 퇴직을 앞에 두고 있었다.

결국 탐은 퇴사하고 다른 일자리도 찾지 못해 정부의 구제금에 의지해 생활해야 했다. 반면 밥은 도시에 부유한 생활을 누렸다. 비슷하게 보였던 두 사람은 확연한 차이가 나는 결말을 맞이했다.

두 사람의 결말에 큰 차이가 발생한 이유는 무엇일까? 직접적인 원인은 공부에 달려있다. 밥은 업무 외의 시간에 열심히 공부했고 탐은 이를 노는 데만 사용했다. 이에 밥은 지식을 얻었고 탐은 고통을 얻었다.

배우는 일은 무미건조하고 고통스럽다. 그 때문에 많은 사람이 참지 못하고 포기하며 즐겁게 놀기를 선택한다. 그러나 배우는 고통은 한순간이지만 못 배운 고통은 평생 간다는 사실을 모른다. 이야기 속의 주인공처럼 결국에는 후회만 남을 뿐이다.

사람은 누구나 성공하고 싶어 하지만 성공은 하늘에서 갑자기 뚝 떨어지는 건 아니다. 노력이 있어야 성공의 기회는 찾아오고 배움은 성공의 필수요소라 할 수 있다. 순간적인 배움의 고통을 참으면 당신을 기다리는 것은 눈부신 성공이다.

절대 허송세월하지 마라. 책을 읽든지, 쓰든지, 기도하든지, 명상하든지, 또는 공익을 위해 노력하든지, 항상 뭔가를 해라.

234

오늘 걷지 않으면
내일은 뛰어야 한다

'오늘 걷지 않으면 내일은 뛰어야 한다.' 이는 하버드대학이 학생들에게 주는 격언이다. 만약 오늘 노력하지 않으면 우리는 다른 사람을 따라잡기 위해 내일 뛰어야 한다. 인생이라는 길에서 당신이 발걸음을 멈추고 앞으로 나아가지 않을 때도 누군가는 끊임없이 발걸음을 재촉한다. 어쩌면 그 사람이 지금은 당신 뒤에 있을지 몰라도 발걸음을 멈춘 당신이 뒤를 돌아보면 이미 그의 모습은 보이지 않을지도 모른다. 당신이 멈춘 사이 그는 당신을 뛰어넘어 앞으로 나아갔기 때문이다.

하버드의 교수들은 다음과 같이 학생들을 가르친다. "사회에 들어간 후 당신이 어떤 장소에서든 호평받기를 원한다면 당신은 하버드에 있는 기간에 햇볕을 쬘 시간이 없어야 한다." 하버드에 널리 퍼진 격언 하나는 '추수를 끝내면 바로 가을 농사를 시작하라. 공부하고,

공부하고, 또 공부하라.'이다.

찰스는 하버드대학을 졸업하고 현재는 뉴욕의 한 소프트웨어 회사에서 자신이 가장 좋아하는 행정관리 업무를 맡고 있다. 그러던 어느 날 그의 회사는 프랑스 회사에 합병되었다. 합병 계약서에 사인하는 날, 회사의 새로운 경영자는 다음과 같이 선포했다. "비록 우리는 제멋대로 인원을 감축하지는 않을 테지만 여러분의 프랑스어 실력이 너무 떨어져 의사소통에 지장을 준다면 직위와 관계없이 회사를 떠나게 할 것입니다. 이번 주말에 프랑스어 테스트를 진행할 예정인데 합격한 사람만 회사에 남을 수 있습니다."

회의가 끝난 후 많은 사람이 급히 도서관으로 달려갔다. 이때 그들은 그제야 프랑스어를 배워야겠다고 생각했다. 반면 찰스는 평소와 마찬가지로 곧장 집으로 돌아갔다. 동료들은 그가 일을 포기한 것으로 생각했다. 어찌 됐든 그는 하버드에서 공부한 배경과 회사를 관리한 업무 경험이 있으니 쉽게 좋은 일자리를 찾겠다고 생각했다.

그러나 예상치 못하게 사람들이 가장 희망이 없다고 생각했던 찰스는 가장 높은 점수를 받았다. 원래 찰스는 대학을 졸업하고 회사에 들어온 후 업무상 프랑스인과 교류할 기회가 매우 빈번해서 업무 시간 외에 프랑스어를 공부하고 있었다. 게다가 이러한 습관을 매일매일 지속하고 있었다. 결국 그의 노력은 수확을 걷었다.

성공과 안일함은 결코 동시에 추구할 수 없다. '지금 잠을 자며 흘리는 침은 내일의 눈물이 된다.'라고 사람들을 일깨우는 하버드의 격언이 있다. 오늘 노력하지 않으면 내일은 반드시 후회한다. 기회와 근면은 쌍둥이 형제와도 같다. 하늘은 근면한 사람에게 기회를 주고, 기회는 근면한 사람에게 더 오래 머무른다. 성공하고 싶다면 지금 더 큰 노력을 해야 한다.

어느 하버드 박사 연구생은 말했다. "토요일을 제외하고 저는 한 번도 공부를 쉰 적이 없어요. 토요일 하루를 쉬는 것은 저의 학습 원칙이에요. 하루만 쉬면 체력을 회복할 수 있거든요." 하버드 사람은 배움에 수많은 시간을 투자한다. 만약 불합리한 분배로 인해 시간을 낭비하게 되면 그들은 불안을 느낀다.

'오늘 우리가 헛되이 보낸 시간은 어제 죽은 이가 그토록 원하던 내일이었다.' 하버드 도서관 벽에 쓰여 있는 이 교훈은 오늘을 낭비하면 내일은 후회해도 소용없다는 사실을 학생들에게 일깨워준다.

신은 공평하게 우리 모두에게 24시간을 주었다. 매일 해야 할 일의 순서를 잘 안배하고 시간을 합리적으로 이용한다면 절대 후회할 순간은 오지 않을 것이다.

눈앞의 좌절과 곤경에
놀라지 마라

설령 줄이 하나 끊어졌다 해도 나머지 세 줄로 연주를 계속할 수 있다.
그것이 바로 인생이다.

-랠프 월도 에머슨

세상 사람들은 누구나 자신만의 꿈을 추구한다. 예를 들어 재물, 명예, 지위 등등 자신이 추구하는 것이 가장 가치 있다고 생각한다. 그러나 사람에게 있어서 생명보다 더 가치 있는 것은 없다. 만약 생명을 잃으면 우리의 삶은 아무 의미가 없다. 하버드대학의 철학과 교수 낸시 스미스(Nancy Smith)는 "사람의 생명은 짧지만 찬란하게 빛나기 때문에 가치가 있다. 그러나 모든 사람이 평생 얼마만큼의 가치를 창조할 수 있는가는 자기 자신에게 달려있다."라고 말했다.

오래전에 미국 뉴욕에 유명한 연설가가 살고 있었다. 그의 연설은 유머러스하면서도 강한 전염력을 가지고 있어 그의 강연을 듣는 사람은 반드시 그를 기억했다. 그러나 한 차례의 강연에서 작은 변화를 해주었다. 과거의 연설 방식과 달리 평범한 어조로 자신의 관점을 서술했다. 이에 현장에 있던 사람들은 매우 실망했다. 예전에 그의 강연을 들어본 적이 있는 사람들만 계속되는 그의 이야기에 기대를 품고 있었다. 반면 그의 강연을 들어본 적이 없는 사람들은 별다른 기대를 하지 않았다.

강연이 시작되고 어느 정도 시간이 흐르자 연설가는 웃옷 주머니에서 100달러짜리 지폐를 꺼냈다. 그런 다음 지폐를 높이 들고 청중들에게 큰 소리로 외쳤다. "이 지폐를 갖고 싶은 분 혹시 계십니까?" 현장에 있던 사람들은 그 말을 듣고 꽤 흥분했고 거의 모든 사람이 손을 들었다.

이러한 상황을 보고 연설가는 미소를 지으며 이야기했다. "와, 보아하니 많은 분이 원하시는군요. 그렇지만 저는 이 지폐를 여러분 중 한 분께만 드릴 수 있습니다. 우선 그 전에 제가 하는 행동을 용서해 주시기를 바랍니다."

그러더니 연설가는 들고 있던 지폐를 둥글게 찌그러뜨렸다. 그런 다음 웃으면서 청중들에게 물었다. "그렇다면 지금 여러분 중 여전히 이 지폐를 원하는 분이 계십니까?" 그러자 여전히 많은 사람이 손을 들었고 연설가는 여전히 미소를 지을 뿐이었다. 그런 다음 그는 지폐를 바닥에 던지더니 발로 신나게 밟기 시작했다. 이러한 행동을 모두 끝낸 후 그는 미소를 지으며 청중들에게 똑같은 질문을 했다. 그러자 이번에는 아무도 손을 들지 않았다.

현장에 있던 관중들은 어리둥절했다. 그들은 이 연설가가 도대체 무엇을 말하려는 것인지 알 수가 없었다. 그래서 그들은 조용히 연설가의 다음 말을 기다렸다. 연설가는 허리를 굽혀 이미 더럽고 찢긴 지폐를 주웠다. 그는 지폐를 들고 묻은 먼지를 턴 다음 다시 높이 들며 같은 질문을 했다. 이번에는 많은 사람이 손을 들었다.

그러자 연설가는 말했다. "이 자리에 계신 여러분, 사실 지금 여러분은 매우 생동적인 철학 수업을 배우신 겁니다. 저는 다양한 방법을 동원해 100달러 지폐를 대했고 여러분의 반응도 그에 따라 달라졌습니다. 사실 여러분의 반응은 모두 제가 예상한 대로였습니다. 누구나 아무런 대가를 치르지 않고 새 100달러 지폐를 얻기를 원하지요. 그것이 구겨지고 자존감에 상처를 입었을 때도 여전히 누군가는 그것을 원합니다. 그러나 지폐가 더러워졌을 때 그 가치는 여러분의 마음속에서 대폭 하락했습니다. 여러분의 눈에 이미 그것은 다툴 가치가 없는 것이 되었고 이를 계속 원하면 자신의 존엄성을 상실할 수 있기 때문입니다. 그러나 제가 그것을 다시 주워 주름을 펴고 깨끗하게 만들자 여러분의 마음속에는 다시금 그 가치를 긍정하는 마음이 생겨난 것입니다."

연설가가 말을 마치자 청중들은 침묵을 지킬 뿐 아무 말도 없었다. 조용히 단상을 바라보는 그들의 눈에는 놀라움과 기대가 가득했다. 연설가는 이어서 말했다. "사실 방금 제가 100달러를 어떻게 대했든 시장에서는 여전히 동등한 가격의 상품과 교환할 수 있습니다. 왜냐하면 이 지폐의 가치가 정말로 떨어진 것이 아니기 때문이지요. 지폐의 가치는 시종일관 변하지 않았습니다. 단지 우리의 편견에 의해 그 가치에 변화가 생겨난 것뿐입니다. 사람은 살다 보면 반드시 다양한 곤란이나 좌절을 겪게 됩니다. 이때 당신은 어쩌면 희망을 잃을 수도 있고 심지어는 살아가는 것이 의미가 없다고 생각할 수도 있지요. 그렇지만 우리는 이러한 상황에 맞닥뜨렸을 때 더욱 자신감을 가져야 합니다. 당신의 가치는 다른 사람이 당신을 어떻게 대하느냐에 달린 것이 아니라 오로지 당신 자신에 의해 결정되는 것이기 때문이지요. 이 세상에서 자기 자신만이 자기 구세주가 될 수 있습니다. 그 누구도 마음대로 당신이라는 존재의 가치를 동요시킬 수 없습니다."

연설가의 멋진 연설에 현장에 있던 사람들은 모두 감동하였다. 그 누구도 연설가의 실력에 의심하는 사람은 없었다. 관중들은 모두 깊은 생각에 빠져 연설가가 한 말을 생각했다.

인생도 마찬가지다. 우리는 짧은 삶 속에서 다양한 좌절을 만난다. 이때 외부의 영향을 받아 자기 생각이나 의견을 바꿀 수도 있고 문제를 이성적으로 판단하지 못할 수도 있다. 어쩌면 아름다운 청춘을 의미 없이 소비하고 나중에는 외면하고 회피할 수 있다.

비록 인생은 짧지만, 우리의 인생은 저마다 가장 소중하다. 무수한 고난과 장애물의 시련을 겪은 사람만이 자신의 가치를 최대화할 수 있다. '갖은 고생을 견뎌내야만 비로소 큰 사람이 될 수 있다.'라는 말처럼 고생은 성공의 전제조건이다. 아무리 많은 어려움을 겪더라도 절대 희망을 포기해서는 안 된다. 오로지 자기 자신만이 당신의 인생을 구제할 수 있다.

우리는 모두 자기 존재의 가치를 긍정하고 사소한 좌절로 인해 자신을 부정해서는 안 된다. 고난은 잠시일 뿐, 당신이 노력하면 성공은 반드시 다가온다는 사실을 믿어야 한다.

241

시간은 가장 빨리
사라지는 존재다

세상에서 가장 길면서도 가장 짧은 것은 시간이라고 누군가 말했다. 시간이 길다는 것은 외부 세계가 어떻게 변화하든 멈추지 않는다는 것이고 시간이 짧다는 것은 소리도 없이 유수처럼 빨리 사라진다는 것이다. 실제 생활에서 많은 사람이 시간은 부족한데 할 일은 너무 많다고 불평한다. 그리고 인생의 좋은 시절은 이미 흘러가 버렸다고 생각한다. 아직 꿈을 실현하지도 못했는데 시간은 이미 흘러가 버려 어떤 일을 하기에는 너무 늦었다고 생각한다. 하지만 모든 일에 열심히 하면 너무 늦은 일이란 존재하지 않는다. 어떤 일을 하겠다고 결정했을 때 긍정적인 마음으로 시작한다면 시간은 늦었다고 해도 원하는 결과는 절대 늦지 않는다.

미국 뉴욕주의 농촌 가정에서 태어난 안나 매리 로버트슨 모제스

(Anna Mary Robertson Moses)는 스물일곱 살에, 농장에서 일하던 일꾼에게 시집간 뒤 열한 명의 아이를 낳았다. 그때부터 모제스는 아이들을 위해 자신의 시간을 쓰며 가정주부로서 삶을 보냈다. 가족들을 돌보기 위해 모제스는 자신의 청춘을 보낸 것은 물론, 취미와 원하는 삶을 포기하며 살아야 했다. 그렇게 수십 년 동안 그녀는 거의 문밖을 나가지 않은 채 오로지 빨래, 식사, 농장 일만 반복하는 단조로운 삶을 살아야 했다. 어느덧 40여 년의 시간이 흐르고 67세의 할머니가 된 모제스는 사고로 남편을 먼저 떠나보낸 뒤 막내아들과 함께 살게 됐다.

집안의 경제를 담당했던 남편을 떠나보낸 모제스는 며느리로부터 온갖 구박을 받게 되었다. 특히 류머티즘을 앓고 있었던 탓에 일할 수 없었던 모제스를 며느리는 어떻게 해서든 쫓아내려 했다. 자신을 바라보는 며느리의 짜증 나는 눈빛을 떠올리며 모제스는 혼자 힘으로 살겠다고 결심하고는 과감하게 붓을 들었다. 모제스는 화가가 되는 것이 평생소원이었지만 넉넉지 않은 가정 형편 탓에 꿈을 포기해야 했고, 중년이 되어서는 아이들과 가정 때문에 붓을 내려놔야 했다. 그리고 이제 일흔이라는 나이가 되어서야 아무런 부담 없이 캔버스 앞에 설 수 있었다.

전문 회화용 붓이 없었던 모제스는 페인트칠할 때 쓰는 솔을 들었다. 캔버스를 살 돈이 없어 복도와 주방 바닥에 그림을 그리기도 했다. 마땅한 소재를 구하지 못해 들판과 언덕을 오가며 대자연의 풍경을 소재로 삼았다. 하루도 빠지지 않고 그림을 그린 지 어언 5년 만에 모제스는 〈농장·가을〉이라는 작품을 세상에 선보였다. 이 작품이 세상에 알려지면서 모제스는 많은 사람으로부터 주목받았다. 그 후 그랜드마 모제스(Grandma Moses)라는 이름이 뉴욕 미술계에 널리 퍼지면서, 그녀의 작품이 유명한 잡지에 실리기 시작했다. 얼마 뒤, 모제스의 작품은 프랑스로 건너가더니 100만 달러라는 거액을 받고 루브르궁 근대 미술관에 팔리기도 했다. 푸시킨 미술관에서 모제스 작품전을 개최했을 때 참관자 수만 무려 11만 명에 달했다.

실제 생활에서도 위의 이야기와 같은 일들은 수없이 발생한다. 결심을 하고 이를 지속하며 포기하지 않으면 설령 죽을 날이 가까운 나이라도 절대 늦지 않다. 하고 싶은 일을 마음에 품고 있어도 시간이 없다는 핑계로 행동으로 옮기지 않는다면 가장 좋은 시기를 놓치고 정말 늦어버린다. 하버드대학의 한 교수는 다음과 같이 이야기했다. "당신의 마음에 꿈이 있을 때 절대 망설이거나 기다리지 말라. 낙관적이고 열정적인 마음으로 당장 시작하는 사람만이 비로소 성공을 거둘 수 있다."

하버드대학은 '배움에는 때가 없다.'라는 이념을 줄곧 고수하고 있다. 이는 사람에게는 언제든지 계속해서 공부할 기회가 있다는 것이다. 하버드대학을 다니는 사람들은 결코 나이에 구애받지 않는다. 수많은 노인이 젊은이들과 함께 하버드에서 공부한다. 설명을 덧붙이자면 매년 하버드의 합격자 명단에는 70세 전후의 사람들이 몇 명 포함되어 있다고 한다. 그들은 나이로 인해 공부를 포기하지 않고 오히려 퇴직 후 대학에 진학해 자신을 충전시키기를 선택한 사람들이다. 그들에게 있어서 나이는 결코 배움을 방해하는 핑계가 될 수 없다. 항상 나이가 많다는 이유로 행동하지 않으면 정말로 늦어버릴 수도 있다.

많은 사람이 평생 자신의 꿈을 포기하지 않고 노년이 되어서도 여전히 적극적인 마음가짐으로 자신의 꿈을 위해 노력한다. 우리에게 주어진 시간은 비록 짧지만 꿈과 시간의 길고 짧음은 아무런 상관이 없다. 결심을 내렸다면 열정을 가지고 행동으로 옮겨라. 그러면 성공은 결코 당신을 포기하지 않는다.

시간을 낭비하지 마라. 좋은 생각이 있다면 지금 당장 실행하고 쓸데없는 핑계를 찾지 마라. 당신이 살아있기만 하다면 성공은 절대 늦지 않다.

오늘 일을 내일로
미루지 말라

지금 잠을 자며 흘리는 침은 내일의 눈물이 된다.

−하버드대학 도서관 교훈

우리는 오늘 할 일을 내일로 미루지만, 내일 할 일은 오늘보다 훨씬 많다. 그렇게 되면 못한 일들은 어쩔 수 없이 또 다음으로 미뤄진다. 우리는 이렇게 하루하루를 반복하며 미루느라 귀중한 오늘을 낭비한다. 내일이 지나면 또 다른 내일이 다가온다고 생각하며 계속 미루기만 하다 보면 항상 긴장과 고민으로 살아가게 될 것이다. 그러다 보면 아무리 위대한 꿈과 완벽한 계획을 하고 있다고 할지라도 아무것도 이루지 못할 가능성이 있다. 하버드대학의 한 철학 교수는 다음과 같이 말했다. "시간은 사람에게 으뜸가는 자원이다. 오늘 일은 반드시 오늘 완성해야 한다. 내일로 미루면 악영향만 생겨날 뿐이다." 오늘 할 일은 반드시 오늘 마치는 습관은 성공적인 인생에 매우 중요한 요소다.

"오늘 반드시 해야 할 일을 하지 않으면 내일 아무리 서둘러도 일을 그르치게 된다."라고 스위스의 저명한 교육가 페스탈로치(Johann Pestalozzi)는 말했다. 오늘을 마주하고도 얼마나 남아있는지 알 수 없는 내일을 바라본다면 결국 인생의 막바지에 다다르게 되고 내일도 어느새 사라지고 만다.

마리엘라는 할리우드의 유명한 배우로 그녀의 성공 비결은 시간을 소중히 여기고 즉시 행동하는 것이다. 과거에 그녀는 예술단의 일반 단원이었지만 할리우드에 가겠다는 꿈을 가지고 있었다. 어느 날 그녀는 고모에게 자신의 계획을 이야기했다. 반년 후에는 세계 순회공연을 마치고 정식으로 할리우드에 가서 뛰어난 배우가 되겠다고 했다.

그러나 그녀가 자기 생각을 말하고 나자 고모는 얼굴색이 변하더니 성난 목소리로 물었다. "순회공연이 끝나는 것과 할리우드에 가는 게 무슨 상관이니?" 마리엘라는 곰곰이 생각해보았다. "그러네요. 순회공연을 마친다고 해도 할리우드에 가서 일자리를 찾는 데는 도움이 되지 않을 거예요." 그래서 그녀는 말했다. "그러면 다음 달에, 할리우드에 가서 최선을 다할 거예요." 이때 고모는 또 의아해하며 물었다. "지금 가는 거랑 다음 달에 가는 거랑 무슨 차이가 있니?" 마리엘라는 다시 생각해보고 다음 주에 출발하기로 했다. 그러자 고모는 재촉하며 말했다. "할리우드에 갈 때 준비해야 할 생활용품 같은 게 있니? 왜 굳이 다음 주까지 기다렸다가 떠날 필요가 있는 거니?"

마리엘라는 다시 한번 생각하더니 단호하게 이야기했다. "좋아요. 내일 떠날 거예요." 고모는 자랑스러운 듯 미소를 지으며 말했다. "내

얼른 내일 표를 예약해주마." 다음 날 마리엘라는 할리우드에 도착했다. 마침 그때 한 제작자가 배우를 물색하고 있었다. 그리고 메이크업 아티스트를 통해 대본을 손에 넣은 마리엘라는 즉시 대사를 외우며 훈련을 시작했다. 배우를 모집하는 오디션에서 그녀는 뛰어난 연기로 순조롭게 영화에 합류할 수 있었고 자신의 꿈을 이루었다.

비록 마리엘라는 처음에 자기 행동을 미루려는 생각이었지만 고모 덕택에 시간의 중요성을 깨닫게 되었다. 훗날 그녀는 삶 속에서 일분일초도 소홀히 하지 않고 결국 자신의 꿈을 이루었다.

"결정한 일을 미루면 이는 엄청나게 불리한 영향을 끼친다."라고 노벨 의학상을 받은 하버드 학생 윌리엄은 말했다. 주위를 보면 많은 사람이 미루는 타성을 가지고 있어 오늘은 그럭저럭 살아가고 결심과 꿈은 내일로 미룬다. 그러면서 미루는 것이 자기와 타인에게 얼마나 큰 손실을 끼치는지 생각하지 못한다. 또한 그들은 실패가 미루는 습관에서 비롯된다는 사실을 알지 못한다.

하버드를 졸업한 어느 부호는 '지금 당장 실행하라.'는 말을 남겼다. 확실히 너무 많은 사람이 기다리고 미루며 자신이 적당하다고 생각하는 시간에 일을 하는 데 습관이 되어있다. 그러나 시간은 사람을 기다리지 않는다. 당신을 위해 머무르지 않는 시간은 아무리 만류해도 자신의 발걸음을 멈추지 않는다. 당신이 일찍 성공을 이루고 다른 사람보다 앞서가고 싶다면 지금 당장 미루는 나쁜 습관을 버리고 '오늘 일은 오늘 마친다.'라는 좋은 습관을 들여야 한다.

시저 장군의 이야기는 언제나 사람들에게 경각심을 준다. 당시 조지 워싱턴은 군대를 인솔해 델라웨어강을 건너 전속력으로 앞을 향해 나아가고 있었다. 트렌턴에 주둔하고 있던 사령관 라엘은 대경실색하여 적군이 자기 진영에 가까워지고 있다는 문서를 써서 시저에게 보고했다. 통신병이 편지를 시저에게 건네주었을 때 그는 마침 카드놀이를 하는 중이었다. 판이 막 끝나가려 하고 있었기 때문에 그는 게임을 끝내고 라엘이 보낸 편지를 읽을 생각이었다. 통신병은 그에게 매우 긴급한 군사 문건이라고 이야기했지만, 시저는 그를 한 번 노려보기만 했다. 어쩔 수 없이 통신병은 곁에서 묵묵히 기다렸다. 시저는 편지를 상의 주머니에 넣었다. 그러나 이것이 자기 죽음을 자초하는 일이 될 줄은 전혀 깨닫지 못했다. 패를 섞는 사이에 편지를 다 읽은 그는 급히 서둘러 군대를 소집했지만, 모든 것은 이미 늦은 상황이었다. 그의 군대는 겹겹이 포위되었고 전 군대가 소멸했으며 그는 목숨을 잃었다. 그는 평생의 영예와 가장 중요한 목숨을 몇 분간의 게으름 때문에 파멸시켜버리고 말았다.

성공한 사람들은 '미루는 일은 죽음을 기다리는 것과 같다.'라고 이야기한다. 많은 사람이 조금 미루는 것 정도는 아무것도 아니라고 생각한다. 성공하지 못한 사람들은 미루는 습관 때문에 수많은 기회를 놓치고 앞으로 나아가지 못한다.

"오늘 할 일을 내일로 미루는 사람은 분명 삶의 약자다. 능력과 의지가 있는 사람은 어떤 일에 흥미와 열정이 생길 때 즉시 부딪혀서 해낸다."라고 빌 게이츠는 말했다.

많은 사람이 기다리고 미루는 습관에 길들어 있다. 게다가 반드시 해야 할 일인데도 불구하고 시간이 있을 때 하면 된다고 생각한다.

하지만 오늘은 매우 짧다. 시계의 초침이 똑딱똑딱 움직이는 순간마다 시간은 흘러 어느덧 깜깜한 밤이 찾아온다. 시간은 멈추지 않고 잔혹하게 흘러갈 뿐 다시는 돌아오지 않는다.

> 시간을 소중히 하는 법을 배우고 한순간도 헛되이 보내서는 안 된다. 오늘 일을 오늘 마치지 않으면 내일은 더 많은 일이 우리를 기다리고 있을지도 모른다.

시간을 낭비하는 것은
삶을 낭비하는 것이다

오늘 우리가 헛되이 보낸 시간은 어제 죽은 이가 그토록 원하던 내일이었다.

－하버드대학 도서관 교훈

'젊은 날은 다시 돌아오지 않고 하루의 아침은 두 번 다시 오지 않는다.'라는 말처럼 우리는 누구나 시간의 소중함을 알아야 한다. 그러나 이를 실제로 이해하는 사람은 매우 드물다. 오늘의 소중함을 모르는 사람은 내일을 장악할 수 없다.

미국의 저명한 정치가이자 과학자인 벤저민 프랭클린(Benjamin Franklin)은 정해진 시간을 최대로 활용하기 위해 시간을 정해 일정대로 실행했다. 이 시간표에서 프랭클린은 자신에게 다음과 같이 요구했다. 5시에 기상해 하루에 할 일을 계획하고 자문한다. '나는 오늘 어떤 좋은 일을 할 것인가?' 오전 8시에서 11시, 오후 2시에서 5시까지는 일을 한다. 정오부터 오후 1시까지는 독서를 하고 밥을 먹는다. 저녁 6시부터 9시까지는 저녁을 먹고 오락을 즐기고 오늘 한 일을 돌아보며 자문한다. '나는 오늘 어떤 좋은 일을 했는가?' 이를 알게 된 친구들은 물었다 "매일 시간표대로 살면 피곤하지 않은가?" 그러자 프랭클린은 손을 저으며 친구에게 단호하게 이야기했다. "자네는 삶을 사랑하는가? 그렇다면 시간을 낭비하지 말게. 시간은 우리의 삶을 구성하는 요소니, 말일세."

사람들은 오늘을 소중히 해야 한다고 입으로는 이야기하지만 실제로 소중히 하는 사람은 매우 드물다. 많은 사람이 자신을 시간의 부자라고 생각해 시간을 흥청망청 낭비한다. 그 결과 아무것도 이루지 못하고 평생의 후회를 남긴다.

한호조(寒號鳥)라 불리는 새가 있었다. 이 새가 다른 새들과 다른 점은 다리를 네 개나 가지고 있고, 민둥민둥한 날개 때문에 날 수 없다는 것이었다.

여름이 되면 한호조는 전신에 화려한 깃털이 자라나 매우 아름답다. 그것이 너무도 자랑스러웠던 그 새는 봉황조차도 자신의 아름다움을 이기지 못할 것으로 생각했다. 그래서 한호조는 하루 종일 깃털을 흔들며 여기저기 돌아다니며 의기양양하게 노래를 불렀다. "내가 봉황보다 훨씬 아름다워! 내가 봉황보다 훨씬 아름답다고!"

여름이 지나고 가을이 다가오자 다른 새들은 모두 바빠지기 시작했다. 그들은 무리를 지어 남쪽으로 날아가 따스한 겨울을 보낼 준비를 했다. 그리고 남은 새들은 하루 종일 먹이를 모으고 둥지를 수리하며 월동 준비에 바빴다. 그러나 한호조는 겨울을 보내려 따스한 남쪽으로 날아갈 수도 없었고 열심히 일하려고 하지도 않았다. 그는 하루 종일 여기저기 돌아다니며 끊임없이 자신의 아름다운 깃털을 뽐

내고 다녔다.

어느새 겨울이 다가왔고 날씨는 매섭게 추워졌다. 다른 새들은 모두 온기를 취하려 될 수 있는 한 둥지 안으로 들어갔다. 겨울이 되자 한호조의 몸에 난 아름다운 깃털은 전부 빠지고 말았다. 저녁이 되면 추위를 피하고자 바위틈에 머무를 수밖에 없었던 한호조는 추위에 몸을 떨면서도 말했다. "너무 춥다, 너무 추워. 날이 밝으면 꼭 둥지를 만들어야지!" 그러나 다음 날 날이 밝아 따스한 햇볕이 찬 기운을 몰아내면 한호조는 간밤의 추위를 잊고 계속해서 노래했다. "되는대로 살지 뭐. 되는대로 사는 거라고! 햇살은 정말 따뜻하구나!"

한호조는 이렇게 하루하루를 되는대로 살아가며 결국 둥지는 만들지 않았다. 결국 겨울을 채 못 넘기고 바위틈에서 얼어 죽고 말았다. 오늘은 매우 소중하지만 동시에 가장 쉽게 넘기기도 한다. 주의하지 않으면 오늘은 우리 앞에서 사라진다. 다시 돌리고 싶어도 절대 다시 돌아오지 않는 오늘을 자기 손으로 의미 있게 만들어야 한다. "시간은 소리 없이 지나가고 우리가 필요로 한다고 해서 잠시 기다려주지 않는다."라고 영국의 대 극작가이자 시인인 셰익스피어는 말했다. 만약 시간을 낭비하면 분명 그로 인해 평생 후회하게 될 것이다. 청춘은 한 번 지나가면 다시 돌아오지 않는다.

천사가 인간 세상에 내려와 사람들의 고통을 살펴보고 있었다. 그러다 그는 쇠약한 노인이 통곡하고 있는 모습을 보고 물었다. "당신은 누구신가요? 나이도 많으신 것 같은데 왜 울고 계세요?" 노인은 슬픔에 잠겨 말했다. "난 어릴 때부터 놀기 좋아해서 나 자신을 억제하지 못했소. 소년 시절에는 공놀이했고 청년 시절에는 도박했지요. 중년이 되어서는 노래와 연극을 좋아했소. 결국 나는 아무런 일도 이루지 못한 채 유일한 재산마저도 탕진하고 말았답니다. 지금 거지나 다름없는 나는 소중한 시간을 헛되이 흘려보낸 것을 진심으로 후회하고 있소."

천사는 가련한 노인을 보고 시험 삼아 물었다. "만약 젊었을 때로 다시 돌아갈 수 있다면? ……"

"정말이오? 그렇다면 난 반드시 새 사람으로 태어나 열심히 노력할 거요." 노인은 고개를 들어 천사를 바라보더니 도움을 애원했다. "만약 나에게 다시 한번 청춘을 준다면 나는 반드시 시간을 소중히 여기고 열심히 일해서 꼭 무언가를 이루어내겠소."

"그럼 좋습니다." 천사는 미소를 짓더니 사라졌다.

노인은 자기 몸에 변화가 일어났음을 느꼈다. 우선 주름이 가득하던 손이 팽팽해졌고 몸은 20세 때의 모습으로 돌아갔다.

그는 자신이 천사에게 한 말을 기억하고 대학을 찾아갔다. 가는 길에 그는 몇몇 청년이 앉아서 카드놀이를 하는 모습을 보았다. 서서 보고 있자니 그는 손이 근질거리기 시작했다. 그러면서 아직은 괜찮지 않을까 하고 마음속으로 생각했다. 결국 그는 패에 끼어들어 청년들과 함께 놀기 시작했다. 다음 날 그는 붓을 한 자루 사서 글자를 연습할 준비를 했다. 그러다 길에서 원숭이 공연을 보게 되었다. 가까이 다가가서 보니 자기가 정말로 좋아하는 공연이었다. 이렇게 그는 며칠을 그냥 흘려보냈다. 그는 도박하고 공연을 보면서 여전히 예전의 생활처럼 보내고 있었다.

세월은 어느새 또 흘러갔다. 자기 머리가 백발이 되었음을 발견했을 때 그는 여전히 아무것도 이루지 못한 가난한 노인이었다. 그는 또다시 후회에 울기 시작했다. 이때 다시 천사가 나타났다. 그는 '퍽' 하고 무릎을 꿇더니 천사에게 다시 한번만 기회를 달라고 구걸하기 시작했다.

"내가 또 바보 같은 짓을 저지르고 말았소! 부디 큰 자비를 베풀어 나에게 다시 한번만 기회를 주시오. 앞으로 시간을 반드시 유익한 일에 사용하겠소!"

천사는 고개를 저으며 말했다. "당신에게 아무리 많은 청춘을 준다 해도 당신은 진정한 삶을 얻을 수 없을 겁니다. 당신은 영원히 시간을 소중히 하지 않을 거예요."

'시간은 사람을 기다려주지 않고, 검은 머리는 순식간에 흰머리로 변한다.' 자신에게 충분한 시간이 있다고 생각한 이야기 속의 노인은 거리낌 없이 시간을 헤프게 사용했다. 그러다 머리에 백발이 가득하게 되어서야 비로소 자신이 허송세월했음을 후회하게 되었다. 시간은 가장 소홀히 하기 쉽고 사람을 가장 후회하게 만든다. 하루의 일이나 공부를 끝마칠 때 곰곰이 생각해보라. 오늘 하루 동안 나는 무엇을 했는지, 그것은 나에게 도움이 되었는지 아니면 손해가 되었는지 생각해보라.

청춘은 한 번 지나면 다시 돌아오지 않는다. 아름다운 봄 경치는 금방 사라지고, 엎질러진 물은 다시 담기 어렵다. 시간을 흘려버리면 아무것도 이루지 못하고 끝없는 후회만이 계속된다.

최선을 다해
시간을 활용하라

지나간 오늘은 다시 돌아오지 않는다.

−하버드대학 도서관 교훈

수억의 자산을 지닌 부호이든 길거리를 유랑하는 거지든 모두 시간이라는 공동의 재산을 가지고 있다. 우리의 출신을 변화시킬 수는 없지만 시간은 절대적으로 공평하다. 현명한 사람과 우둔한 사람의 가장 큰 차이점은 지능지수가 아니라 시간을 조절하는 능력과 이를 어떻게 합리적으로 운용하는가에서 달렸다. 평생 바쁘게 일하는데도 아무것도 이루지 못하는 사람들이 많이 있다. 그들은 의욕을 잃고 곤경에 빠져 하늘이 불공평한 것이라고, 운명이 사람을 희롱하는 것이라며 원망한다. 그들은 죽을 때까지 이러한 결과가 된 가장 큰 원인이 자기에게 있다는 사실을 깨닫지 못할 것이다. 그들이 시간을 낭비하여 운명이 아무런 도움이 되지 않는다고 한탄할 때 성공하는 사람들은 일분일초를 다투며 계속 노력하고 있다. 하버드대학의 한 심리학 교수는 학생들에게 다음과 같은 이야기를 했다.

외진 산속에 시간이라는 이름을 가진 유명한 부자가 살고 있었다. 광활하고 풍요로운 마을에서 그는 셀 수 없이 많은 가축을 기르고 끝없이 펼쳐진 밭을 가꾸고 있었다. 그의 토지는 이 마을의 절반을 차지할 정도였다. 그의 밭에서는 항상 농작물이 풍성하게 자라났고 창고의 커다란 상자 안에는 세계의 보물이 가득했다. 그의 곡물 창고에는 평생 먹고도 남을 양식이 가득 쌓여있었다.

어느 날 세계 각국의 상인들이 시간이 살고 있는 마을에 몰려왔다. 그들뿐만 아니라 수많은 무용가, 가수, 배우들도 전부 같은 시기에 이 마을을 찾아왔다. 그들은 시간이라 불리는 부자의 막대한 재산을 직접 보고 이를 자기 나라의 사람에게 전해주기 위한 목적으로 마을을 찾아온 것이었다. 부자는 사방팔방에서 몰려든 사람들을 매우 우호적으로 접대했고 소, 양, 옷 등을 가난한 사람에게 나누어주었다. 사람들은 모두 부자가 세계에서 가장 부유하고 선량한 사람이라고 찬양했다. 그들은 자기 나라의 사람에게 평생 그 부자를 보지 못한다면 절대 무엇이 진정한 삶인지 이해할 수 없다고 이야기했다.

몇 해가 흐르고 한 마을에서 시간이라 불리는 부자를 방문하기 위해 사람을 보냈다. 출발 전에 마을의 촌장은 사자에게 이야기했다. "자네는 시간이라는 부자를 찾아가 반드시 그가 어떻게 생활하는지 제대로 보고 오게. 그가 정말로 사람들이 말하는 것처럼 부유하면서도 베푸는 사람인지 아닌지 말이야." 사자는 촌장에게 작별을 고한 후 짐을 꾸려 출발했다. 며칠간 분주하게 뛰어다닌 끝에 그는 드디어 부자가 살고 있는 지역에 도착했다. 마을 부근에서 그는 한 여윈 노인을 만났다. 더러운 옷을 입고 있는 것을 보아하니 거지인 것 같았다. 사자는 다가가 물었다. "안녕하십니까? 이곳에 시간이라 불리는 부자가 살고 있다는 데 정말입니까? 그렇다면 그가 어디 있는지 알려 주실 수 있습니까?"

노인은 근심 가득한 눈빛으로 사자를 바라보며 조그만 목소리로 말했다. "이곳에는 확실히 시간이라 불리는 부자가 있습니다. 그는 마을 안에 살고 있지요. 들어가서 물어보시면 아마 누군가 이야기해 줄 겁니다." 그래서 사자는 마을에 들어가 농부에게 시간이라는 부자가 어디 있는지 물었다. "제가 이번에 시간이라 불리는 부자를 뵈러 온 것은 그의 명성이 자자하기 때문입니다. 우리 마을의 촌장은 특별히 저에게 시간이라 불리는 부자를 찾아가라고 했습니다. 저는 돌아가 우리 마을 사람들에게 그에 대해 이야기해주어야 합니다."

이때 마을 근처에서 처음 만난 거지가 사자의 앞으로 다가왔다. 마을 사람들은 그 거지를 가리키며 말했다. "그는 바로 저기 있습니다. 그가 바로 당신들이 보고 싶어 하는 시간의 노인입니다!" 사자는 남루하고 빈곤하기 짝이 없는 눈앞의 거지를 바라보며 매우 놀란 기색을 드러냈다. "여러분 잘못 알고 계신 것 아닌가요? 그가 어떻게 사람들에게 가장 부유하다고 칭송받는 시간의 부자란 말입니까?" 사자는 믿을 수 없다는 듯 말했다. "그들은 틀리지 않았소. 내가 바로 시간의 부자요. 그렇지만 나는 이미 예전의 내가 아니오. 지금은 불운한 사람일 뿐이지." 노인이 말했다. "전에 나는 확실히 세상에서 가장 부유한 사람이었소. 그렇지만 지금은 아무것도 가진 것이 없소." 사자는 안타까운 표정으로 노인을 바라보며 말했다. "그렇습니까. 현실은 끊임없이 변화하니까요. 영원불변한 것이란 이 세상에 없지요. 그러면 저는 우리 부족 사람들에게 뭐라고 전해야 할까요?"

노인은 고개를 숙이고 생각하더니 사자에게 말했다. "당신이 마을에 돌아가면 사람들에게 전해주시오. 시간은 이미 원래의 모습으로 돌아갈 수 없다고 말이오!"

왜 그렇게 많은 문인이 시간을 흐르는 물에 비유했을까? 이는 시간과 물에 수많은 공통점이 있기 때문이다. 둘 다 눈 깜짝할 새에 지나가며 한 번 지나가면 다시는 돌아오지 않는다. 그리고 세상에 아무리 큰 변화가 발생해도 절대 멈추지 않으며 그저 조용히 흘러간다. 시간을 합리적으로 운용한다면 그것은 당신의 성공을 도울 것이고 시간을 중요하게 생각하지 않고 허무하게 흘려보낸다면 당신은 아무 일도 이루지 못할 것이다.

> 일분일초 흘러가는 시간은 일분일초 흘러가는 생명과도 같다. 시간을 소중히 여기는 것은 생명을 소중히 여기는 것이다.

완전히 독립된 오늘

오늘 일을 내일로 미루지 말라.

−하버드대학 도서관 교훈

　우리에게 내일은 미지의 날이다. 내일 어떤 일이 벌어질지 우리는 전혀 알 수 없다. 내일을 걱정하지 마라. 어차피 예측할 수 없기에 걱정해도 방법이 없다. 내일을 두려워하지 마라. 우리는 내일을 주관할 수 없기에 두려워해도 이를 해결할 방법이 없다. 마태복음 6장 34절에는 '내일 일을 위하여 염려하지 말라 내일 일은 내일이 염려할 것이요 한 날의 괴로움은 그날로 족하니라'라는 말씀이 있다.

　만약 시간을 편도 열차에 비유한다면 우리는 이 열차에 타고 있는 갈 길 바쁜 나그네다. 우리가 앞날만 생각한다면 과연 현재가 우리에게 무슨 의미가 있겠는가? 인생의 여정에는 잠시 머물 수 있는 역이 무수히 존재한다. 짐을 가지고 있다면 등에 메야 할 순간에 다시 메면 된다. 지금 당장 메지 않아도 될 짐을 굳이 서둘러 멜 필요는 없다. 우리는 슈퍼맨이 아니기 때문에 체력이 항상 한정되어 있다. 내일의 문제를 오늘 해결하려고 시도하는 것은 현명하지 못한 동시에 불가능한 일이다. 내일을 위한 걱정은 오늘의 삶에 쓸데없는 고충을 더한다. 또한 까닭 없이 오늘을 살아가는 마음을 더 무겁게 하는 일이다.

한 철학자가 황량한 길을 걸어가다가 오래전에 폐허가 된 도시를 발견했다. 세월의 무게로 도시는 매우 황폐해졌지만 여기저기 과거의 찬란했던 모습을 엿볼 수 있었다. 철학자는 그곳에서 좀 쉬어가려고 어느 석조 밑에 자리를 잡았다. 그는 담배에 불을 붙이고 역사에 도태된 성벽을 바라보았다. 과거를 상상하니 참을 수 없는 안타까움 생겼다. 그러자 갑자기 누군가 말을 걸었다. "선생, 당신은 왜 안타까워하고 있소!" 그는 사방을 둘러보았지만 아무도 보이지 않아 의아하게 생각했다.

잠시 후 그는 또 그 목소리를 들었다. 그가 자신이 앉은 석조를 자세히 살펴보니 '두 얼굴을 가진 신'을 조각한 석조였다. 그것이 신상이라는 사실을 몰랐던 철학자는 호기심에 물었다. "당신은 왜 두 개의 얼굴을 가지고 있습니까?" 신상은 대답했다. "두 개의 얼굴을 가지고 있기에 나는 과거를 바라보며 교훈을 흡수하는 동시에 미래를 내다보며 아름다운 미래의 청사진을 그려낼 수 있소." 철학자는 말했다. "과거는 현재가 흘러간 것에 불과해 잡을 수 없지요. 그리고 미래는 현재의 연속입니다. 지금 아무리 노력해도 얻을 수 없지요. 현재를 충분히 파악하지 않으면 설령 당신이 과거에 대해 훤히 알고 있고 미래를 통찰하는 선견이 있다 하더라도 구체적이고 실질적인 의미가 없지 않습니까?"

철학자의 말을 듣고 두 얼굴을 가진 신상은 목메게 울며 말했다. "선생, 당신의 말을 듣고 나는 오늘에서야 깨달았소. 내가 왜 오늘날과 같은 결말을 맞이하게 되었는지." 철학자가 물었다. "왜 그렇게 된 것입니까?" 신상은 말했다. "매우 오래전에 내가 이 도시를 지킬 때, 나는 한 얼굴로는 과거를 볼 수 있고 다른 한 얼굴로는 미래를 내다볼 수 있다고 자만했소. 그래서 현재라는 순간을 충분히 이용하지 못했소. 그 결과 적들이 도시를 공격해 왔고 아름답고 찬란한 모든 것이 사라졌소. 그래서 나도 사람들에게 버림받고 이러한 폐허 속에 있는 것이오."

우리는 현재 하는 일을 제대로 파악하고 잘 해내야 비로소 미래에 좋은 결과를 얻을 수 있다. 반면 미래를 공상하기만 한다면 어떠한 보답도 받지 못한다. 우리가 있는 힘껏 하루하루를 충실하고 의미 있게 보내면 눈부신 희망이 비치는 미래를 향해 나아갈 수 있다.

1880년의 어느 따스하고 평온한 날 밤에 윌리엄 오슬러(William Osler)는 하버드대학에서 강연하고 있었다. 어느 곳에나 튤립 향이 가득한 아름다운 교정을 바라보던 그는 학생들에게 따스한 눈길을 던지고 미소를 지으며 말했다. "여러 곳의 명문 학교에 초빙된 저는 사람들에게 매우 사랑받는 책을 발표했고 이렇게 눈부신 후광은 저의 높은 능력을 증명하기에 충분했습니다. 그러나 사실은 전혀 그렇지 않았습니다. 친구들은 저의 높은 능력을 절대 인정하지 않았고 오히려 제가 반응이 매우 늦는 편이라고 생각했습니다. 여러분은 그런 사람이 어떻게 현재의 자랑스러운 성과를 얻을 수 있었는지 묻고 싶을지도 모릅니다. 사실 그것은 제가 '완전히 독립된 오늘'을 살았기 때문입니다. 그렇다면 '완전히 독립된 오늘'이란 무슨 뜻일까요? 그것은 바로 최단 시간에 오늘 할 일을 완성하는 것입니다. 저는 하버드대학에서 강연하기 위해 매우 큰 규모의 외항선을 타고 대서양을 건넜습니다. 조종실에서 선장이 가볍게 버튼을 누르는 것을 보았습니다. 그러자 배는 경쾌하게 움직이기 시작했고 배 전체는 몇 개의 독립된 부분으로 변했습니다."

그는 잠시 말을 멈추었다가 계속해서 호소력을 지닌 목소리로 말했다. "사실 우리의 신체 구조는 그 외항선과 비교하면 훨씬 정교합니다. 그리고 가야 할 여정도 훨씬 멀지요. 제가 여러분에게 이야기하고 싶은 것은 우리는 항상 자기 몸을 잘 조절하고 그 배처럼 절대적인 독립을 유지해야 비로소 안전한 여정을 보장할 수 있다는 것입니다. 여러분은 반드시 삶에 발생하는 사소한 일에 주의를 기울여야합니다. 이미 지나버린 어제뿐만 아니라 아직 오지 않은 내일도 확실히 차단해야 합니다. 그리고 오늘이라는 시간과 당신이 가진 모든 장점을 활용해야 내일이 다가왔을 때, 비로소 빛나는 성취를 이룰 수 있습니다. 만약 불필요한 생각을 하면서 어제를 후회하고 내일을 두려워한다면 우리의 오늘은 분명 부질없이 지나갈 것입니다. 저는 여러분들이 지금부터라도 내일을 걱정하지 말고 오늘을 위해 시간을 사용하는 좋은 습관을 길렀으면 좋겠습니다."

오슬러의 강연을 들은 사람들은 모두 감동했고 미소를 띤 얼굴로 그를 바라보았다. 이 광경을 본 오슬러는 이어서 이야기했다. "학생 여러분, 여러분의 열정과 지혜를 오늘 최대한 발휘하십시오. 오늘 여러분의 모든 것을 드러냈음을 증명하십시오! 지금 자신이 할 수 있는 일에 최대한의 능력을 발휘하면 여러분은 누구나 부러워할 만한 남다른 미래를 손에 넣을 수 있을 것입니다."

　현실에서 많은 사람이 과도한 걱정이라는 심리적인 질병을 앓고 있다. 그들은 항상 이것저것을 걱정하고 아직 일어나지도 않은 일에 초조하고 불안해하느라 시간을 소비한다. 사실 그들의 걱정은 자신 감이 없기에 생겨나는 것이다. 그들은 실패를 마주하는 것을 두려워하고, 사전에 대책을 세워두면 자신이 걱정하는 일을 피할 수 있다고 생각한다. 그러나 현실은 항상 끊임없이 변화한다. 우리가 아무리 대책을 잘 세웠어도 결국에는 실패할 수도 있다. 시간의 변화는 상황도 변화시키기 때문이다. 알 수 없는 미래를 걱정하느라 시간을 낭비하는 것보다는 현재를 확실하게 파악하는 편이 훨씬 낫다. '완전히 독립된 오늘'을 살아간다면 분명 성공의 길을 밟을 기회가 주어질 것이다.

하루하루는 모두 완전히 독립된 오늘이다. 하루를 잘 보내고 모든 시간을 소중히 여긴다면 우리의 삶에 성공도 찾아온다.

사람은 누구나 성공을 갈망하지만 절대 간단하게 손에 넣을 수 없다. 단번에 이루어지는 성공은 없고, 어느 날 갑자기 하늘에서 뚝 떨어지는 성공도 없는 법이다. 성공에는 다양한 노력이 필요하고 노력이 없는 성공은 아무런 의미가 없다.

5장

창의적 사고와
성공의 길

고정 방식의 굴레에서
벗어나기

대학의 명예는 학교 건물이나 사람 수가 아니라
대를 이어 내려오는 사람들의 자질에 달려있다.
－제임스 브라이언트 코넌트(James Bryant Conant), 과학자, 하버드대학 제23대 총장

2012년 5월 27일, 미국의 유명한 경제 잡지〈포브스〉에서는 최근 억만장자를 가장 많이 배출한 14곳의 대학을 선정했는데 그중에서 하버드대학이 1위를 기록했다. 〈포브스〉에서 선정한 469명의 미국 억만장자 중 50명이 하버드 출신이었다. 이를 대표하는 인물로는 마이크로소프트의 CEO 빌 게이츠, 같은 회사의 CEO 스티브 발머, 뉴욕 시장 마이클 블룸버그, 미디어의 리더 비아콤의 CEO 섬너 레드스톤 등이 있다.

억만장자를 최다로 배출한 하버드는 기부액도 전 미국에서 제일 높은 350억 달러에 달한다. 두 번째인 스탠퍼드대학과 비교했을 때 하버드 출신의 억만장자는 20명이나 더 많다.

그렇다면 성공한 사람 중 하버드 출신이 가장 많은 이유는 무엇일까? 조사에 따르면 행동력이 빠르고 과감하게 움직이는 사람은 높은

학력이라도 행동력이 부족한 사람에 비해 훨씬 전망이 밝다고 한다. 하버드는 줄곧 학생들에게 어떻게 사고하고 행동할 것이며 어떻게 자신의 운명을 장악할 것인지를 중점적으로 가르치고 있다. 이것이 바로 하버드 출신자가 더 큰 성공을 얻는 이유이다.

톰과 잭은 좋은 친구 사이였다. 그들은 나이도 엇비슷하고 같은 마을에 살았다. 그들이 살고 있는 마을은 꽤 외진 곳이라 먹고 살기가 힘들었다. 그래서 둘은 여기저기를 돌아다니며 장사를 하기로 했다. 가지고 있던 밭을 팔아 모은 재산과 당나귀를 가지고 먼 길을 떠났다.

그들이 가장 먼저 도착한 곳은 삼베를 생산하는 지역이었다. 잭은 말했다. "우리 고향에는 삼베가 없으니까 분명 잘 팔릴 거야. 전 재산으로 삼베를 사서 고향에 돌아가면 큰돈을 벌 수 있을 거야." 톰도 이에 동의했고 두 사람은 구매한 삼베를 나귀의 등에 튼튼하게 묶었다.

이어서 그들은 모피가 많이 나지만 삼베가 부족한 지역에 갔다. 잭은 톰에게 말했다. "고향에서는 모피가 삼베보다 값이 더 나가니까 여기서 삼베를 팔아 모피를 사서 돌아가자. 그러면 분명 돈을 더 많이 벌 수 있을 거야!"

톰은 말했다. "됐어. 기껏 나귀 등에 튼튼하게 묶어놨는데 내리기 싫어. 너무 귀찮아!"

잭은 삼베를 모피로 바꾸었고 돈도 벌었다. 그러나 톰은 그렇게 하지 않았다.

그들은 계속해서 앞을 향해 나아가다 약재가 생산되는 지역에 도착했다. 그곳은 날씨가 추워서 모피와 삼베가 부족했다. 잭은 톰에게 말했다. "우리 고향에서 약재는 더 가치가 있는 물건이야. 우리 삼베랑 모피를 약재로 바꿔서 고향으로 돌아가자. 분명 더 큰돈을 벌 수 있을 거야."

톰은 나귀 등에 묶인 삼베를 바라보며 생각한 끝에 결국 바꾸지 않기로 했다. 반면 잭의 나귀는 모피 대신 약재를 지게 되었고 이윤도 남겼다. 그러나 톰의 나귀는 여전히 삼베를 지고 있었다.

나중에 두 사람은 약재와 삼베가 부족하지만, 장신구가 많이 생산되는 도시에 도착했다. 잭은 이곳에서는 금은으로 만든 장신구를 저렴하게 팔지만, 고향에서는 비싸게 팔린다는 사실을 생각했다. 그래서 약재와 삼베를 팔아 장신구를 사서 고향으로 돌아가면 큰돈을 벌수 있을 거라고 톰에게 이야기했다.

톰은 재차 거절했다. "됐다니까! 네가 하고 싶은 대로 해. 나는 삼베만 있으면 충분하다니까!" 총명한 잭은 약재를 팔아 금은 장신구를 사들였고 또 많은 돈을 벌었다. 그러나 톰은 여전히 삼베를 고수했다.

둘은 고향에 돌아왔지만, 우둔한 톰은 삼베를 팔아 돈을 조금 벌었다. 그는 먼 길을 괜한 고생만 한 꼴이 되었고 총명한 잭은 장신구를 팔았고 거기에 그동안 번 돈을 더해 마을에서 으뜸가는 부자가 되었다.

기회를 잡는 데는 고정된 형식이나 따라야 할 규칙은 존재하지 않는다. 대신 예리한 통찰력과 지식이 필요하다. 평소 주위의 사소한 일에 예리한 통찰력을 가진 사람은 기회를 파악하고 성공을 획득하기 쉽다. 하버드에서는 학생들에게 두뇌는 모든 경쟁의 핵심이라 이야기한다. 두뇌에서 창업의 아이디어가 생산되고 우리의 행동을 이끈다. 두뇌는 성공을 결정하는 근본적인 요소라 할 수 있다. 이는 외부 사물을 변화시키는 원동력이 된다. 만약 현재의 삶을 변화시키며 성공하고 싶다면 우선 자기 생각부터 변화시켜야 한다.

일본에는 카레를 생산하는 SB라는 회사가 있다. SB의 카레는 오랫동안 매출이 좋지 못해 회사는 책임자를 몇 번이나 교체했지만 여전히 문제를 해결하지 못하고 있었다.

이렇게 어려운 순간에 4번째 책임자로 다나카(田中)라는 사람이 부임했고 그는 조사를 통해 SB 카레가 잘 팔리지 않는 이유가 고객들에게 브랜드가 너무 생소하기 때문이라는 사실을 밝혀냈다. 그러나 회사에는 대대적인 홍보할 자금이 부족했고, 홍보하지 않는다면 분명 회사는 언젠간 망할 위기에 처했다.

골똘히 생각한 끝에 책임자 다나카는 드디어 한 가지 기발한 방법을 생각해냈다. 며칠 후, 〈요미우리(讀賣) 신문〉, 〈아사히(朝日) 신문〉 등 일본의 주요 신문에는 다음과 같은 기사가 실렸다. 'SB는 양질의 카레를 전문으로 생산하는 회사다. 제품의 인지도를 높이기 위해 우리는 몇 대의 헬리콥터를 동원해 후지산 정상에 카레를 뿌릴 계획이다. 앞으로 하얗게 빛나는 후지산 대신 카레 색으로 뒤덮인 후지산을 보게 될 것이다.……' 일본에서 후지산은 중요한 명소이며 일본인들의 마음속에 신성한 산이다. 게다가 세계 사람들은 후지산을 일본의 상징으로 생각한다. 이렇게 신성하고 사람들의 추앙을 받는 곳에 카레를 뿌리려는 회사가 있다고? 이는 절대 있을 수 없는 일이었다.

SB가 후지산에 카레를 뿌릴 예정이라는 소식에 일본은 즉시 들끓었다. 많은 사람이 이것이 회사의 교묘한 계략이라는 사실을 알고 있기는 했지만, 이 소식은 수많은 사람을 분노하게 했고, 그들은 계속해서 SB를 비난했다. 인지도가 낮았던 SB는 한순간에 전국 방방곡곡에서 사람들에게 화제가 되었고 대형 여론이나 신문은 연이어 SB의 행위를 규탄했다.

이러한 질책과 규탄 속에서 SB는 일본 사람이라면 누구나 다 아는 브랜드가 되었고 SB가 예고했던 후지산에 카레를 뿌리는 날이 다가오자, SB는 다시 한번 신문에 다음과 같은 소식을 실었다. '사회 각계의 강력한 반대 의견을 수렴하여 우리 회사의 간부들은 후지산 정상에 카레를 뿌리는 계획을 취소하기로 했습니다.'

SB의 행동에 반대했던 사람들은 자신들의 승리에 환호를 질렀다. 그리고 다나카와 SB의 직원들은 회사의 승리를 즐겁게 자축했다. 한차례의 소동이 지나간 후 일본 사람들은 누구나 카레를 전문으로 생산하는 SB라는 회사를 알게 되었다. 사람들은 SB가 분명 규모도 크고 자금도 풍족한 회사일 거로 생각했다. 수많은 소매점은 잇달아 SB 제품을 취급하게 되었고 SB의 카레를 적극적으로 판매했다. 한순간에 SB 사의 카레는 일본의 크고 작은 거리 곳곳에 자리하게 되었다.

영감과 창의력은 적은 힘으로도 큰 성과를 거두게 한다. 다른 사람이 보지 못하는 것을 보는 사람은 다른 사람이 하지 못하는 일을 할 수 있다. 민첩한 사고와 모든 대상을 깊이 살피는 통찰력을 가지면 유한한 공간에서 자신만의 위대한 사업을 창조할 수 있다.

한 사람의 성공은 그 사람이 얼마나 많은 자원을 가지고 있느냐에 달린 것이 아니다. 그 사람의 두뇌가 자원을 제대로 관리할 수 있느냐에 달려있다.

창의력은 용기다

창의력은 배양되는 습관의 일종이다.
-토니 와그너(Tony Wagner), 하버드대학 교수

현대 사회에서 창의력은 이미 중요한 생산력이 되었다. 그렇다면 창의력이란 무엇인가? 창의력은 기존의 자원을 재배치하고 조합해서 기존가치보다 더 높은 가치를 얻는 수단이다. 간단히 말해서 창의력은 다른 사람이 하지 않는 일을 하고, 다른 사람이 가지 않은 길을 가는 것이다. 용감하게 기존의 사고방식을 타파하고 새로운 시장과 영역을 개척하는 것이다.

세상의 발전이라는 흐름 속에서 더 넓은 발전 공간을 개척하고 끊임없이 향상하려면 우리는 창의력을 이해해야 한다. 시간의 변천에 따라 창의력은 갈수록 중요해지고 있다는 사실을 발견할 수 있다. 문학에도 창의력이 필요하며 산업에도 창의력이 필요하다. 하버드대학 24대 총장 나단 퍼시(Nathan Pussy)는 "창의력은 일류 인재와 삼류 인재를 가르는 분수령이다."라고 이야기했다. 창의력이 있어야 시대를 두려

위하지 않는 용감한 사람이 될 수 있고, 더 많은 가치를 창조할 수 있다. 실제로도 용감하게 창의력을 발휘해 성공을 얻는 사람들이 많이 있다.

알리샤 스와시(Alecia Swasy)는 《체인징 포커스(Changing Focus) 라는 저서에서 '우리가 그곳에서 빌 게이츠와 회의를 할 때 휘트모어(Kay Whitmore)는 한쪽에서 코를 골고 있었다.'라는 한 마디로 당시 필름 업계의 왕이었던 '코닥'이 점차 쇠퇴하게 된 원인을 지적했다. 이를 통해 그녀는 사람들에게 창의력 없이 오로지 종래의 규칙만 고수하고 과거의 경험이나 지식에만 의지하면 결국 뒤처지고 도태된다고 이야기했다.

그녀의 책에는 1991년 빌 게이츠가 코닥의 본사 소재지인 뉴욕의 로체스터시를 방문한 일화가 담겨 있다. 당시 코닥의 이사회 구성원들은 윈도우에 코닥의 디지털 이미지 양식을 지원하는 문제로 회의를 진행하고 있었다. 이 회의에서 당시 코닥의 CEO였던 휘트모어는 잠이 들어버렸고, 코 고는 소리가 회의실 전체에 울려 퍼졌다.

1990년, 코닥의 연 수입은 189.1억 달러에 달했다. 이에 비해 동년도 연 수입이 단지 11.8억 달러에 불과했던 마이크로소프트는 대단한 기업이라고는 할 수 없었다. 두 기업의 규모 차이는 실제로 상당했으며 당연히 휘트모어는 빌 게이츠를 눈여겨보지 않았다.

유서 깊은 회사의 CEO들은 기업의 장기적인 생존과 지속적인 발전을 위해 어떻게 하면 조정 내지는 핵심 업무를 대체할 수 있을지 열심히 고민한다. 그러나 지금까지 코닥의 CEO를 역임한 사람들은 고심할 필요가 전혀 없었다. 조지 이스트먼(George Eastman)이 발명한 감광 필름 덕분에 그들은 100년이 넘는 세월 동안 충분히 버텨올 수 있었다.

하지만 디지털화의 물결이 사회 전체로 확산하면서 코닥의 CEO들은 뒤늦게 시대의 변화를 깨닫게 되었다. 그러나 이미 때는 늦었고, 개혁과 창조의 기회는 다시 돌아갈 수 없었다.

이것이 바로 시기적절하지 않은 낡은 규정을 준수하기만 하고 새로운 개혁을 생각하지 않은 결과에서 비롯된 비참한 교훈이다. 규칙을 용감하게 돌파하고 새로운 것을 창조해야만 비로소 성공을 얻을 수 있다.

새로운 것을 창조하려면 낡은 규정을 타파하고 다른 사람이 가지 않은 길을 나아갈 용기가 필요하다. 그리고 무엇이든지 처음으로 시도하는 정신이 필요하다. 일본의 상인 안도 모모후쿠(安藤百福)는 전통적인 라면의 불편함을 깨닫고 대담하게 창의력을 발휘해 세상에서 처음으로 인스턴트 라면을 만들어냈다. 프랑스의 공인 R.브렝은 석유가 기름때를 제거하는 것을 본 후 창의성을 발휘해 드라이클리닝을 연구해 인류에게 공헌했다. 세상에서 무언가를 처음으로 시도하는 용기는 일종의 책임이다. 레프 톨스토이(Lev Tolstoy)는 말했다. "학생이 학교에서 공부하고도 아무것도 창조하지 못한다면 그의 일생은 영원한 모방과 답습에 불과하다."

많은 사람이 창의력은 지혜가 뛰어난 사람만이 가지고 있다고 생각하지만, 사실은 누구나 가지고 있다. 창의력은 결코 멀리 있지 않다. 단지 사람들이 눈부신 창의력에 지레 겁을 먹고 반대 방향을 선택하거나 직접 부딪치기를 원하지 않는 것뿐이다.

우리의 일상에는 곳곳에 창의적인 영감이 넘쳐난다. 창의력은 우리 곁에 있어 조금만 주의를 기울이면 누구나 창의력을 발휘할 수 있다.

자기 발에 맞지 않는 신발을
억지로 신으려 하지 마라

유명해지기 전이나 유명해진 후나 나는 똑같은 사람이다.
주위 환경이 아무리 커다란 변화를 맞이해도,
아무리 큰 압박을 마주한다 해도 나는 항상 똑같은 사람일 것이다.
—린수하오

자신에게 맞는 것이 세상에서 가장 좋은 것이다. 자신에게 맞는 일을 선택해야 우리는 비로소 재능을 발휘할 수 있다. 삶과 인생을 정의하는 기본은 아름다움과 다채로움이다. 그리고 이는 그저 하나의 기점에서 종점으로 가는 과정만이 아니다. 그 과정에는 당신이 외부로부터의 압박과 유혹을 견뎌내고 자신에게 맞는 방식을 선택하는 것이 포함된다.

사람은 자신만의 성공 방식을 가지고 있다. 이는 사람들이 저마다 자신의 크기에 맞는 신발을 신는 것과 같다. 성공하려면 당신은 자신에게 어떤 방식이 맞는지 알아야 하고 발에 맞지 않는 신발을 억지로 신으려 해서는 안 된다.

톰과 잭은 사이좋은 친구였다. 그들은 외진 산촌에서 공부했고 훗

하버드 철학 강의

날 함께 미국에서 손꼽히는 명문 대학 물리학과에 들어갔다. 고등학교에 다닐 때 톰의 성적은 잭에 비해 훨씬 뛰어났다. 그러나 대학에 진학한 후 이러한 그의 장점은 점점 사라지게 되었다. 시간이 흘러 어느덧 4년간의 대학 생활이 저물어가고 있었다. 잭은 천성적으로 낙관적이고 사람들과의 교제에 능했다. 우호적 인간관계를 유지하고 있었던 그는 졸업 후 뉴욕에서 괜찮은 일자리를 찾았고 뉴욕으로 주소를 바꾸었다. 그러나 톰은 대학원에 응시하기 전날 몸이 아파서 대학원 시험을 치르지 못했다. 이에 진학은 물론 졸업 후의 구직 활동도 순조롭지 못하게 되었다. 그는 뉴욕의 몇 군데 회사에 면접을 보았지만 모두 낙방하고 말았다. 대학에서 물리학을 전공한 그는 고향에 돌아온 후에도 여전히 직업을 찾기 어려웠다. 산촌에서는 명문대 출신의 인재를 필요로 하는 곳이 없었다. 하는 수 없이 그는 집에서 빈둥거리며 지내게 되었고 마을에서는 대학 졸업생들을 위한 일자리 분배를 결정하는 회의를 열어 톰의 거취를 논의했다. 많은 공장이 그를 받아들일 수 없다고 했지만, 마지막으로 맥주 공장의 관리자가 말했다. "우리는 명문대 학생을 장기간 실업 상태로 만들 수 없다. 우리 공장은 새롭게 두 대의 전기 컨트롤 장치를 들여놓을 생각인데 아직 조작과 수리에 능한 사람이 없으니 그에게 우리 맥주 공장에 오게 하면 된다." 이렇게 톰은 맥주 공장에 취직하게 되었다.

일을 갓 시작했을 때 그는 적응하기가 힘들었다. 그는 이곳이 자신과 전혀 어울리지 않는다고 생각했고 일을 하면서도 여전히 대학원 진학에 대한 포부를 가지고 있었다. 다음 시험까지는 아직 1년이라는 시간이 있었기에 그는 이곳에서 1년 동안만 참기로 했다.

시간은 항상 많은 사람의 꿈을 흐려지게 만든다. 회사로부터 매달 썩 괜찮은 월급과 상여금을 받게 되자 톰은 어느 정도 만족감이 생겼다. 그리고 점차 회사 일과 작은 마을에서의 생활에 익숙해졌다. 게다가 교묘한 처세술을 배워 적지 않은 이득을 얻게 되었다. 대학원 진학의 꿈은 점차 그의 마음에서 희미해졌고 먹고사는 데 걱정할 일 없는 자신의 직업과 생활에 만족하기 시작했다. 얼마 지나지 않아 누군가 그에게 이성을 소개해 주었고 결혼하자 회사는 그에게 집도 주고 월급도 올려주었다.

순식간에 십여 년이 흘러갔다. 톰은 여전히 맥주 공장에서 일을 하며 만족스러운 삶을 보내고 있었지만 매년 동창회가 열릴 때 연락을 받아도 항상 핑계를 대며 가지 않았다. 1년, 2년, 3년…… 동창회는 매년 열렸지만, 그는 모습을 나타내지 않았다. 그러나 항상 주변에서 그가 어떻게 지내는지 묻는 사람이 있었다. 잭은 그의 상황을 알고 있지만 자세하게 말을 하지는 않았다. 왕년에는 명문 대학 학생이었으면서 지금에 와서는 모습을 보이지도 않고 사람을 피하는 톰에게 잭은 실망을 느꼈다.

톰은 비록 먹고 사는데 걱정은 없었으나 전공과 일치하지 않는 일에 자신이 배운 지식을 활용하기 어려워 능력의 한계를 느끼고 있었다. 그는 이직해 대도시에서의 생활을 생각해봐도 나이와 이력서에 쓸 수 있는 업무 경험이 없어 포기했다. 과거 자기보다 못했던 사람들은 현재 관리자나 사장이 되었고 자신은 마치 운명의 장난에 놀아나는 것 같아 점점 침울해졌다.

사람에게는 항상 의도하지 않은 때가 있는 법이다. 특히 갓 대학을 졸업한 사람들일수록 더 그렇다. 많은 사람은 업무에서 긴장과 압박을 느끼면서도 힘들게 얻은 직업을 어떻게든지 사수하려 노력한다. 처음에는 경험이 쌓이면 창업하려는 생각을 품고 있지만 시간이 흐름에 따라 작은 이익을 얻게 되면서 많은 사람은 현재의 위치에서 사소한 이익이 가져다주는 단맛을 선택한다. 그리고 원래 가졌던 꿈과 큰 계획은 바람 부는 대로 멀리 사라져버린다.

먼 옛날 초(楚)나라 사람이 신고 있던 신발이 해져서 새 신발을 사러 신발 가게에 갔다. 그는 한참을 고르다가 드디어 괜찮은 신발을 발견했다. 다행히도 그는 딱 이 신발을 살 수 있을 만큼의 돈을 가지고 있었고 새 신발을 신기가 아까웠던 그는 신이 나서 신발을 끌어안고 집에 돌아갔다. 한 차례 꾸미고 그는 감격스럽게 신발을 바닥에 놓고 발을 집어넣었다. 그런데 신발보다 발이 1센티미터 정도 더 큰 것이었다. 조바심을 내며 이런저런 생각을 하는 사이에 그에게 좋은 아이디어가 떠올랐다. '만약 발을 좀 작게 만들면 신발을 신을 수 있지 않을까?' 그리하여 그는 부엌칼을 가져다 자기 발을 1센티미터 정도 내리쳤다. 순간적으로 선혈이 솟구쳐 나왔고 그는 처참하게 울부짖으며 기절했다.

위의 이야기는 바로 삭족적리(削足適履. 발을 깎아서 신발에 맞춘다)라는 고사성어의 유래다. 분명 누군가는 어쩜 저렇게 바보 같은 사람이 있을 수 있을까 생각할 것이다. 물론 현대 사회에서는 자기 발을 잘라 신발에 맞추려는 사람은 없을 테지만 '삭족적리'의 감옥에 발을 디디는 사람은 많이 있다. 첫 번째 이야기의 톰을 살펴보자. 그는 삭족적리의 전형적인 예라 할 수 있다. 자신의 생존 환경에 불합리하게 얽매이고 자신을 맞추어 결국에는 자신의 장점을 낭비하고 청춘을 소모했으며 꿈을 잃었다.

적당한 대우와 이익을 얻을 수 있는 일자리를 크기가 정해진 신발에 비유해보자. 우리는 작은 이익으로 인해 진취적인 생각을 하지 않고 변화를 원하지 않게 된다. 또한 자신의 이상을 낮추고 작은 이익을 주는 일자리에 자신을 적응시키려 한다. 이러한 사람이 신발에 발을 맞추기 위해 자기 발을 자른 사람과 무슨 차이가 있단 말인가?

신발의 크기는 매우 다양하고 우리에게는 저마다 정해진 크기가 있다. 그런데 왜 자기 발에 맞지 않는 신발에 적응시키려고만 하고 자신에게 맞는 신발을 선택하려 하지 않는가? 어떤 사람들은 운이 따라서 처음부터 자신에게 맞는 신발을 고를 수도 있다. 그러나 많은 사람은 끊임없이 고르고 반복해서 비교한 다음에야 자신에게 맞는 신발을 고르게 된다. 현재 당신의 신발이 정말로 당신에게 맞는 신발인지 아닌지는 아무도 모른다. 오로지 당신 자신만이 알 수 있다. 지금의 자리가 과연 당신이 원하는 것인지, 그리고 당신의 재능을 발휘할 수 있는지는 오로지 당신 자신만이 알고 있다. 지금 하는 일이 발에 맞지 않는 신발이라면 당신은 과연 그 일에 당신을 맞추어야 할 필요가 있을까? 어떤 일은 나아가야 할 때는 창의적으로 발전시키며 포기해야 할 때는 포기할 줄 알아야 한다. 중요한 것은 자기에게 맞는 신발을 신어야 자신에게 맞는 길을 걸어갈 수 있고 성공한 삶이 된다.

인생에는 우리에게 맞지 않는 일이 자주 발생한다. 우리는 이에 맞추려고 자신을 제한할 필요는 없다. 그리고 반드시 자신에게 적합한 일을 찾아야 가치를 충분히 발휘할 수 있다.

발상의 전환

세계는 이미 변화하고 있고 우리도 반드시 변화해야 한다.
-버락 오바마

미국의 저명한 교육가인 찰스 엘리엇(Charles Eliot)의 이름은 하버드 사람이라면 누구나 알고 있을 것이다. 그는 1853년에 하버드대학을 졸업했고 1863년에 유럽으로 건너가 프랑스와 독일의 고등교육을 연구했다. 또한 1869년에서 1908년까지 하버드대학 총장을 역임했다. 그는 하버드 현행의 교육 기초 위에 대담한 개혁을 실행해 하버드대학을 지역적인 대학에서 세계적으로 유명한 학부로 발전시켰다. 찰스 엘리엇에 관해 세상에 알려지지 않은 일화가 하나 있다.

1870년, 찰스 엘리엇이 하버드대학의 총장을 맡고 있을 때 그는 당시 저명한 사학자인 헨리 애덤스(Henry Adams)를 찾아갔다. 그에게 하버드대학의 중세기 역사학 강의를 부탁하기 위해서였다. 처음에 엘리엇이 아무리 부탁해도 헨리 애덤스는 어떠한 반응도 보이지 않았다. 헨리 애덤스는 다음과 같이 말했다. "총장님, 저는 정말 중세기 역사에 대해서는 하나도 알지 못합니다." 이러한 대답을 듣고 찰스 엘리엇은 불쾌한 기색은커녕 예의를 갖춰 말했다. "만약 당신이 저에게 당신보다 역사를 더 이해하고 있는 학자를 추천해주신다면 그분을 초빙하도록 하겠습니다." 결국 애덤스는 초빙을 수락하고 말았다.

엘리엇은 창의적 대화로 자신이 생각한 목표를 이루었다. 그는 하버드대학 학생들에게 사고를 전환 시키면 많은 일을 해결할 수 있다고 이야기했다. 그렇다면 비즈니스계에서 오랫동안 널리 전해져온 또 다른 이야기를 한 번 살펴보도록 하자.

애슬론 완구회사의 이사장은 교외를 산책하다가 우연히 아이들 몇 명이 곤충을 가지고 노는 모습을 보게 되었다. 그 곤충은 지저분하고 매우 못생겼는데 아이들은 그것을 잠시도 손에서 떼어놓지 않았다. 그는 이러한 광경을 보고 고민하게 되었다. 시장에서 판매되는 장난감은 일반적으로 예쁜 이미지를 가지고 있는데 만약 못생긴 장난감을 출시하면 어떻게 될까? 그래서 그는 회사에 '못생긴 장난감'을 개발해 빨리 시장에 판매하라는 지시를 내렸다.

이는 확실한 성과를 거두었다. 애슬론 완구회사는 '못생긴 장난감'으로 매우 큰 수익을 냈고 같은 업계의 부러움을 샀다. 이어서 못생긴 얼굴을 공 위에 대량으로 인쇄한 '기괴한 공', 고무로 만든 '우락부락 사나이'가 출시되었다. '우락부락 사나이'는 머리카락이 누렇고 피부는 녹색인 데다 눈은 부어오르고 핏발이 서 있으며 눈을 깜박거릴 때마다 매우 듣기 싫은 소리를 냈다. 이러한 못난이 장난감 시리즈는 정상적인 장난감보다 훨씬 비쌌는데도 매출이 계속 상승했고 미국에 '못난이 장난감' 열풍을 불러일으켰다.

'못난이'라는 영감을 통해 애슬론 완구회사는 막대한 성공을 거두고 더 많은 기회를 창출했다. 이는 애슬론 완구가 신선함을 추구하는 소비자들의 소비 심리를 파악했기 때문이다.

길고 긴 인생길에서 수많은 사람이 발상의 전환으로 성공의 기회를 잡는다. 이에 반해 창의성을 이해하지 못하는 사람은 상황에 맞게 대책을 세우거나 사람에 따라 융통성을 발휘하지 못한다. 또한 조금만 늦어도 사라지는 기회를 잡지 못해 성공과 스쳐 지나간다. 심지어 기회가 정면에서 다가와도 이를 보지 못하고 성공의 기회를 그냥 떠나보낸다.

프랑스의 유명한 소프라노 마디 메스플레(Mady Mesplé)는 넓고 아름다운 개인 숲을 가지고 있었다. 주말이 되면 수많은 사람이 그녀의 숲에 들어와 꽃을 꺾고, 버섯을 캐고, 심지어는 텐트를 치고 야영을 하는 사람도 있었다. 그녀의 숲은 지저분하고 더러워졌다.

집을 관리하는 사람은 숲의 사방을 울타리로 둘러싸고 '개인 소유지, 입산 금지'라는 푯말을 세워 놓았지만, 효과는 미미해서 사람들은 여전히 숲에 들어와 짓밟고 훼손시켰다. 관리자는 어쩔 수 없이 주인에게 보고하자 그녀는 관리인의 보고를 들은 후 밖에 몇 개의 푯말을 세우라고 이야기했다. 푯말에는 이렇게 쓰여 있었다. '만약 이 숲에서 독사에게 물리면 가장 가까운 병원은 이곳으로부터 15킬로미터 떨어진 곳에 있습니다. 차를 타고 가면 30분 정도에 도착합니다.' 그 후로 그녀의 숲에 들어가는 사람은 아무도 없었다.

숲을 보호하기 위한 같은 취지인데도 생각을 바꾸니 문제가 해결되었다. 미국에서도 이와 비슷한 일이 있었다.

커트 호텔은 매우 유서 깊은 호텔이었다. 한 번은 사장이 새로운 엘리베이터를 설치하기 위해 전국에서 손꼽히는 일류 건축가와 기사를 초청했다. 건축가와 기사는 모두 경험이 풍부해서 토론을 거친 후 그들은 한 가지 일치된 결론을 내렸다. 호텔에 새로운 엘리베이터를 설치하려면 반드시 6개월간 영업을 정지할 수밖에 없다는 것이었다.

"반년간 영업을 정지하는 것 외에 다른 좋은 방법은 없습니까?" 긴장한 사장은 눈썹을 찡그리며 말했다. 그렇게 되면 경제적인 손실이 너무 컸기 때문이다.

"그럴 수밖에 없습니다. 다른 방법이 없으니까요." 건축가와 기사는 단호하게 말했다.

이때 한 청소부가 그곳을 지나다가 그들의 대화를 듣고 머뭇거리면서 사장과 전문가들에게 천천히 말문을 열었다. "만약 저라면 다른 방법으로 엘리베이터를 설치할 것 같은데요."

기사는 경멸하는 눈빛으로 그를 보더니 말했다. "어떻게 할 건데?"

"저는 건물 밖에 엘리베이터를 설치할 겁니다."

"그거참 좋은 방법이로군!" 건축가와 기사는 그의 말을 듣고 부끄러워 고개를 숙일 수밖에 없었다.

얼마 지나지 않아 호텔의 외부에는 새로운 엘리베이터가 설치되었고 이는 건축 역사상 최초의 관광 엘리베이터가 되었다.

많은 사람의 전통적인 사고방식 속에는 엘리베이터는 건물 안에 설치해야 한다는 인식이 있었다. 그들은 아무리 생각해도 엘리베이터를 외부에 설치한다는 방법을 떠올릴 수가 없었다. 실제로 낡은 틀과 규율에만 매달리는 사람은 다들 그럴 수밖에 없다. 문제는 그들의 기술력이나 학식이 아니라 틀에 박힌 사고방식에서 벗어나지 못하는데 있다. 건축가와 기사는 전문적인 지식에 얽매였지만, 청소부는 고정관념이 없어서 생각의 전환으로 놀라운 결과를 이루었다.

삶의 최대의 성취는 바로 자기 자신을 끊임없이 개선하고 생각의 폭을 넓히는 것이다. 우리는 모든 상황에 객관적인 사물을 변화시키지는 못한다. 그렇다면 변화시킬 수 있는 건 오로지 우리의 생각뿐이다. 어려움과 변화가 닥쳤을 때 창의적 사고는 더 좋은 해결 방법으로 이끄는 원동력이다.

생각하면 변화하고, 변화하면 통한다. 삶 속에 일어나는 수많은 일들은 고정불변의 것이 아니다. 만약 사고의 사각지대에 빠졌다면 각도를 바꾸어 생각해보는 편이 좋다. 끊임없는 변화는 반드시 문제해결 방법을 찾게 할 것이다.

하버드 철학 강의

다른 사람이 가지 않은
길을 가라

당신이 꿈꾸는 방향으로 자신감을 가지고 걸어가라!
당신이 상상해 왔던 대로 살아라.
−헨리 데이비드 소로

오늘날 우리가 마음 놓고 게의 맛을 즐길 때 우리는 처음으로 게를 맛본 사람에게 감사해야 한다. 그 사람이 아니었으면 이렇게 맛있는 음식이 인류의 식탁에 오르지 못했을지도 모르니 말이다. 루쉰 선생도 "제일 처음으로 게를 먹은 사람은 정말 대단하다. 용사가 아니고서야 그 누가 감히 그것을 먹어볼 생각을 했을까?"라고 말했을 정도다. 처음으로 게라는 생물을 보고 사람들은 공포와 호기심을 느꼈을 것이다. 그러나 대부분 사람은 게의 생김새에 무서워 작은 호기심을 묻어둔다. 그래서 맛있는 음식을 즐길 기회를 놓치고 처음으로 게를 먹은 사람이 될 수 없었다. 반면 처음으로 게를 먹은 사람은 분명 남이 하지 않은 일을 용감하게 시도하는 정신을 가진 사람이었을 것이다. 다른 사람처럼 두려움을 느끼지 않아서 진미를 맛볼 수 있었다. 남이 하지 않은 일을 용감하게 하는 사람은 분명 다른 사람이 이루지 못한 성공을 얻고 의외의 기쁨을 얻는다. 인생에서 낯선 국면과 전환기를 맞이했을 때 당신은 시도하기를 원하는가? 루쉰의 말처럼 게를 처음 먹은 사람이 되어보는 것은 어떨까?

사람들은 하버드를 이야기하면 분명 세계 최고의 갑부 빌 게이츠를 떠올릴 것이다. 2007년 6월 7일에 빌 게이츠는 하버드대학의 졸업식에서 명예 법학박사 학위를 받았다. 그는 1973년에 하버드에 입학했으나 2년 후 학업을 그만두고 어릴 때부터 친구인 폴 앨런(Paul Allen)과 함께 마이크로소프트를 창립했다. 그리고 개인용 컴퓨터의 시대를 열었다.

13세 때 프로그래밍을 시작한 빌 게이츠는 자신이 25세에 백만장자가 될 것임을 예상했다. 그는 비즈니스의 귀재였으며 독특한 시각을 가지고 있어서 IT업계의 미래 발전을 볼 수 있었다. 그리고 독특한 경영 관리 수단으로 끊임없이 마이크로소프트에 활력을 부여했다. 그의 성공은 하나의 신화로 여겨지고 있으며 39세에 세계적인 갑부가 되었고 13년간〈포브스〉지가 선정한 세계 부호 순위에서 1위를 차지하고 있다. 사람들은 그의 천재적인 신화에 모두 감탄한다. 그가 수석 프로그래머를 맡으면서 마이크로소프트는 개인용 컴퓨터와 비즈니스 컴퓨터에 소프트웨어를 제공하고 인터넷 기술을 이끌어가는 세계적인 리더가 되었다.

많은 사람은 빌 게이츠의 성공이 그의 천재적인 두뇌에 있다고 생각할 것이다. 학교를 그만둔 점으로 미루어볼 때 그는 설령 하버드에 가지 않았더라도 오늘날 같은 성공을 거두었겠다고 생각한다. 그렇지만 과연 정말 그럴까? 빌 게이츠는 하버드의 졸업식에서 연설했다.

"저는 하버드에서 많은 것을 배웠습니다. 경제와 정치 방면의 사상과 관념을 포함해서 말이지요. 그러나 제가 가장 깊이 체득한 것은 바로 과학의 발전이었습니다." 그는 또한 자신의 독특한 개성이 하버드의 교육 방식에서 비롯되었음을 강조했다. 그래서 젊었을 때 학교를 그만두고 창업을 할 수 있었다. 젊은 시절의 빌 게이츠에게서 우리는 재능, 담력과 식견 외에도 과감한 행동과 용감한 책임 정신을 볼 수 있다. 또한 두려움을 모르고 다른 사람이 하지 않은 일을 용감하게 시도하는 정신도 엿볼 수 있다. 갖은 고생 끝에 지금껏 꿈꿔온 세계 최고의 학부에 들어갔는데 이를 포기하고 자신의 길을 모색하는 일을 과연 누가 감히 할 수 있을까?

빌 게이츠 같은 사람은 한 사람뿐만이 아니다. 몇 년 후, 한 젊은이가 빌 게이츠의 발자취를 따라 하버드를 그만두고 창업을 선택했고 억만장자의 꿈을 이루었다. 그는 바로 소셜 네트워크 서비스 중 하나인 페이스북의 창시자 마크 저커버그(Mark Zuckerberg)다.

마크 저커버그는 어렸을 때부터 컴퓨터에 천부적인 재능을 드러냈다. 그는 6살 때 프로그래밍을 완성했고 대학교 2학년 때 하버드 대학 데이터베이스에 침입했다. '해킹 사건'이 일어난 지 얼마 지나지 않아 그는 두 명의 친구와 함께 일주일 내내 사이트를 편집하며 학교 학생들이 교류할 수 있는 페이스북을 만들었다. 2004년 2월에 페이스북이 공개되자 하버드 사람들은 열광적인 반응을 보였고 그해 연말 등록자는 100만 명을 돌파했다. 마크 저커버그는 학교를 그만두고 페이스북 경영에 전념하기 시작했다.

마크 저커버그가 하버드를 그만둔 이유는 빌 게이츠와 비슷하다.

프로그래밍에 정통했던 두 사람은 창업의 기회가 다가왔을 때 학교를 그만두는 것을 선택했다. 그들은 고지식하게 대학을 마치고 졸업해서 일자리를 찾는 사람들과는 확연히 달랐다.

하버드에서도 수많은 학생이 성공으로 가는 길을 열심히 찾고 있다. 사실 이 세상에 고정된 성공 공식이란 존재하지 않는다. 성공으로 가는 길은 수천만 가지가 있고 그 종류는 서로 다르다. 이 세상의 성공 공식은 너무 많아서 알 수 없을 정도라 배울 수도 없다. 우리는 저마다 장단점이 다르고 흥미와 이상도 다르다. 그런데 어떻게 누구에게나 들어맞는 보편적인 성공 공식이 존재할 수 있겠는가? 다시 말해 우리도 빌 게이츠나 마크 저커버그처럼 자신에게 맞는 길을 찾기만 하면 이상적인 성공을 향해 나아갈 수 있다.

우리는 성공한 행운아들에게서 항상 남다른 기운이 뿜어 나오는 것을 볼 수 있다. 단기간에 성공을 얻기 위해서는 새로운 길을 나아가는 일종의 개척 정신이 필요하다. 무슨 일을 하든지 낡은 틀에 매달리거나 답습해서는 안 된다. 이는 오로지 실패를 불러올 뿐이다. 다른 사람이 부러워할 만한 자산을 소유하고 싶다면 독특한 시야와 예리한 통찰력으로 다른 사람이 가지 않은 길을 가고 다른 사람이 하지 않은 일을 해야 한다. 그래야만 성공의 길을 밟을 수 있다. 신은 언제나 가장 달콤한 과일을 남다른 사람을 위해 남겨둔다는 사실을 기억하라.

사람은 시대의 변화에 대응하고 기회가 왔을 때 이를 용감하게 포착해 성공을 창조해야 한다. 남이 가지 않은 길을 용감하게 가고, 과감하게 버리고 취할 것을 선택할 줄 아는 사람만이 비로소 남다른 성공의 길을 갈 수 있다.

하버드 철학 강의

생각하는 사람이 되어라

창의력은 일류 인재와 삼류 인재를 가르는 분수령이다.
─나단 퍼시, 하버드대학 제24대 총장

2005년, 중국의 한 여학생이 하버드대학에 합격했다. 많은 사람이 하버드가 그녀를 선택한 것에 대해 이해하기 어렵다는 반응을 보였다. '그녀는 우리 학교에서 성적이 가장 좋은 학생이 아니었다. 지금껏 수학 경시대회에서 상을 탄 적도 없고 수학 올림피아드에도 나가지 못했다.'라고 담당 교사가 그녀에 대해 내린 평가 내용이다. 사람들이 하버드대학의 학생 모집 기준에 강력한 의구심을 갖더라도 입학 신청서를 보면 시험 성적 이외에도 수많은 기타 요구 항목이 있다는 사실을 발견할 수 있을 것이다. 예를 들어 사회봉사, 흥미와 기호, 교사의 추천서, 그 외에 두 편의 소논문 등등이 요구된다. 그녀는 학교의 학생회 회장을 맡았으며 변론대회에도 참가했다. 그리고 교환학생으로 미국의 유명한 사립학교 시드웰(Sidwell) 스쿨에서 1년간 공부했다. 그곳에서 그녀는 학생들에게 '리더형 인재'라고 불렸다.

한 하버드 교수는 하버드가 필요로 하는 학생은 시험 기계가 아니라 명확한 개성과 학술 정신, 지도 능력을 갖춘 학생이라고 말했다. 하버드가 중시하는 것은 학생들의 종합적인 소질과 자신만의 생각과 의견이 있는 사람이다. 그들은 이러한 사람만이 인류 사회의 발전을 촉진한다는 사실을 굳게 믿고 있다.

하버드뿐만 아니라 어떤 영역에서든 자신만의 생각과 창의력을 가진 사람은 다른 사람의 주목과 중시를 받는다. 또한 그들은 더욱 큰 발전 잠재력을 가지고 있다. 하버드 사람들은 어떤 순간에도 정확한 생각만이 문제를 해결하는 직접적인 요소라는 사실을 잘 알고 있다. 생각은 대뇌의 활동이며 인간의 모든 행동은 생각에서 시작된다. 생각은 비록 눈에 보이지 않고 만질 수도 없지만 강하게 존재하며 때로는 우리의 운명을 직접적으로 결정짓기도 한다.

우리는 종종 다음과 같은 말을 듣는다. "나는 저녁까지 하루 종일 바빠서 어떤 것도 생각할 겨를이 없었어."라고 말하는 것은 우리를 성공과 멀어지게 하는 것이다. 평범한 사람은 오로지 일 자체에 몰입하지만 현명한 사람은 항상 일을 해결할 가장 좋은 방법을 생각해낸다. 유명한 사람들의 성공과 실패의 역사를 보면 성공의 기초가 모두 단순한 생각에서 비롯되었다는 사실을 발견할 수 있을 것이다.

1923년 미국 포드사의 대형 모터가 고장이 났다. 회사는 모든 엔지니어를 불러 진단하게 했지만, 고장 난후 4개월이 지났는데도 그 이유를 알 수 없었다. 결국 그들은 독일 출신 이민자인 스텔만스를 데려왔다. 그는 모터 옆에 다가가 모터를 자세히 검사한 다음 분필로 문제가 있다고 생각되는 부분을 표시했다. 이어서 그는 포드사 직원에게 모터를 열어 코일을 17바퀴 줄이라고 했고 모터는 고쳐졌다. 스텔만스는 포드사에 1만 달러의 수고비를 요구했다. 포드사 직원들은 너무 비싼 수리비에 불만을 품었다. 고작 선 하나에 1만 달러의 가격을 매기다니 시세와 맞지 않는다고 생각했다. 그러자 스텔만스는 선 하나를 그리는 데는 1달러를 받지만, 어느 곳에 그려야 하는지 알 수 없으면 9,999달러를 받는다고 했다. 포드사는 그에게 결국 1만 달러를 결제했다. 이 소식을 들은 미국의 GE사는 높은 보수를 지불하고 스텔만스를 영입하기로 했지만, 그는 거절했다. GE사는 절실한 마음에 스텔만스가 있는 회사를 사드렸고 스텔만스는 결국 GE사의 사원이 되었다.

설령 당신이 세계 제일의 학부 하버드를 졸업했다 할지라도 황금이 어디서나 빛을 발하는 것은 아니란 걸 알아야 한다. 황금이 모래흙에 묻혀 있으면 빛을 발하지 못하는 것처럼 재능을 가진 사람이 모두 단번에 높은 지위를 얻거나 자신이 원하는 부유한 생활을 하는 것은 아니다. 자신에게 좋은 아이디어가 없으면서 하늘과 사람을 원망해 봐도 아무 소용이 없다.

중국의 전설적인 기업가는 "하지 못하는 일이 있는 것이 아니라 하기 싫은 일이 있을 뿐이다."라고 말했다. 대담하게 사고할 줄 아는 사람에게는 어려움이 존재하지 않는다. 그저 잠깐 방법이 생각나지 않았을 뿐, 언젠가는 반드시 생각나기 마련이다. 항상 생각하는 사람에게 어려움은 더 이상 어려움이 아니며 성공도 더욱 뚜렷하게 보인다.

평범한 사람이 되려 하지 마라. 있어도 그만 없어도 그만인 사람도 되지 마라. 생각이 있는 사람이 돼라. 그 어떤 것도 대신할 수 없는 당신의 존재 가치를 사람들이 깨닫게 하라.

꿈은 잠재력을 불러일으키고
망상은 실패를 불러온다

자신감을 가지고 당신이 꿈꾸던 삶을 살아라.
자신의 삶을 단순하게 변화시킬 때 우주의 법칙도 더욱 단순하게 변화한다.
—헨리 데이비드 소로

꿈은 한 줄기 횃불과도 같아서 잠재력을 불러일으키지만, 망상은 늪과 같아서 자칫 발을 잘못 디디면 갈수록 깊이 빠져든다. 하버드대학에는 학생들을 격려하는 다음과 같은 이야기가 전해지고 있다.

찰스 슈와브(Charles M. Schwab)는 미국의 한 시골에서 태어났다. 집이 너무 가난해서 그는 학교 교육을 제대로 받아보지도 못했고 밭을 가꾸며 마부로 일했다. 하지만 그에게는 남보다 뛰어난 사람이 되겠다는 큰 꿈이 있었고 수시로 기회를 찾았다.

18살 때 그는 철강왕 카네기 직원의 한 건축 공사장에서 일했다. 일을 하게 되어 매우 기뻤던 그는 공사장에 들어갈 때마다 반드시 가장 우수한 근로자가 되겠다고 스스로 되뇌었다. 다른 근로자들이 일이 힘들고 월급이 적다고 불평하는 것과 달리 그는 항상 한쪽에서 묵묵히 일하며 업무 경험을 쌓았다. 더 효과적인 업무 방법을 찾기 위해 독학으로 건축 지식도 배웠다.

어느 날 점심시간에 동료들이 잡담하고 있을 때 그는 혼자 구석에서 건축 지식을 공부하고 있었다. 마침 회사의 사장이 공사장에 업무 감찰을 하러 나왔다가 그 모습을 보았다. 사장은 그의 곁에 다가가 책과 그가 정리한 노트를 한 번 훑어보고는 아무 말도 하지 않고 자리를 떴다. 다음 날 사장은 그를 사무실로 불러 물었다. "자네는 왜 건축 지식을 공부하려고 하는 건가? 평소에 일이 그렇게 힘든가?" 그는 매우 진지하게 대답했다. "저는 우리 회사에 근로자가 부족하다고 생각하지 않습니다. 부족한 것은 업무 경험이 있으면서 전문 지식을 갖춘 기술자나 관리자입니다." 사장은 고개를 끄덕이고 눈앞의 평범한 젊은이를 높이 사지 않을 수 없었다.

몇 개월 후, 슈와브는 기술자로 승진했다. 함께 일했던 동료들은 깜짝 놀라 어떻게 기술자 일을 하게 되었냐며 물었고 그는 대답했다. "저는 그저 시키는 대로 일만 하러 온 것도, 단순히 돈을 벌기 위해 일을 하는 것도 아니었습니다. 저는 꿈을 위해, 원대한 앞날을 위해 일했습니다. 저는 업무 능력을 끊임없이 향상하고 싶었습니다. 그리고 일에서 가치감을 높이고 싶었고, 원래 받던 돈보다 많은 돈을 받고 싶었습니다. 그게 바로 제가 원하는 인생입니다." 이러한 바람이 든든히 지탱해준 덕분에 그는 한 걸음씩 수석 기사의 직위까지 다가갔다.

몇 년 후, 25살의 그는 철강회사의 총책임자 자리에 올랐다. 그 후 몇 년이 지나 카네기는 그를 철강회사의 이사장으로 임명했다. 훗날 그는 자신의 회사인 베들레헴 철강회사를 설립했고 뛰어난 업적을 이루었다. 이로써 그는 노동자에서 창업자로 진정한 성공을 이루었다.

철학자들은 '꿈은 우리를 날아오르게 한다.'라고 말했다. 물론 슈와브의 성공은 결코 꿈에만 의지한 것은 아니었다. 꿈을 가진 그는 끊임없이 노력했다. 많은 사람이 꿈은 긍정적인 힘을 가지고 있으며 사람을 향상하는 생각의 일종이라는 사실은 알고 있으나 어떻게 하면 꿈을 현실로 변화시킬 수 있는지는 알지 못한다.

미국 자동차 업계의 리더 포드는 한 유능한 젊은이를 높이 산 적이 있다. 그는 이 청년을 도와 꿈을 실현해 주고 싶었다. 그러나 청년의 꿈을 듣고 포드는 깜짝 놀랐다. 그의 꿈은 1,000억 달러를 버는 것이었고 당시 포드가 가진 재산의 10배나 되는 금액이었다. 이유를 알 수 없었던 포드는 도대체 왜 그렇게 많은 돈이 필요하냐고 물었다.

젊은이는 잠시 주저하더니 대답했다. "사실은 저도 잘 모르겠습니다. 다만 그렇게 많은 돈이 있으면 스스로 성공한 것 같은 기분이 들 것 같습니다."

포드는 말했다. "만약 그렇게 많은 돈을 가지게 된다면 분명 수많은 사람의 위협을 받을 걸세. 내 생각에 자네는 우선 그렇게 많은 돈을 생각하지 않는 게 좋겠네."

5년 후의 어느 날 그 젊은이는 포드를 찾아가 대학을 설립하고 싶다고 말했다. 그는 10만 달러를 가지고 있었지만 10만 달러가 부족한 상황이었다. 포드는 두말없이 그에게 10만 달러를 내주었다. 그들은 더 이상 과거에 1,000억 달러를 이야기했던 일은 언급하지 않았다.

8년 동안 끊임없이 노력한 끝에 젊은이는 결국 성공했다. 그는 바로 유명한 일리노이대학의 창시자 벤 일리노이다.

1,000억 달러는 천문학적인 숫자고, 이는 닿을 수 없는 꿈이다. 벤 일리노이는 당시 이미 망상의 단계에 들어가 있었다. 이러한 꿈은 우리를 더욱 막연하게 만들 뿐이다. 하버드의 한 교수는 "나는 현재 무엇을 가지고 있는가? 나는 어떻게 해야 내 삶을 더욱 좋게 변화시킬 수 있을까?"라고 꿈을 구체화할 수 있는 생각을 가져야 한다고 말했다.

꿈을 실현하기 위해서는 착실하게 한 걸음씩 나아가는 것이 중요하다는 사실을 이해해야 한다. 장기적인 목표를 계획한 사람은 그러한 발전이 끊임없는 노력과 성장에서 시작된다는 사실을 잘 알고 있다. 예를 들어 집을 지을 때 벽돌 한 장, 기와 한 장씩 차근차근 쌓아 올리는 것처럼 큰 성공은 모두 끊임없는 작은 성공에서 시작되는 것이다.

어떤 사람들은 하룻밤 사이에 유명해진 것처럼 보이기도 한다. 그러나 당신이 그들의 성장 과정을 자세히 살펴본다면 성공을 위해 그들은 무수한 날들을 희생해왔다는 사실을 발견할 수 있을 것이다. 이러한 사람은 매우 튼튼한 성공의 기초를 가지고 있다. 그러나 기복이 심한 사람은 성공이 오는 것도 빠르고 떠나는 것도 빠르다. 그들의 성공은 마치 밤하늘의 불꽃처럼 덧없이 사라지고 만다. 이는 기초와 경험이 단단히 쌓인 초석을 형성하지 못했기 때문이다.

삶을 주의 깊게 관찰해보면 마음에 큰 뜻을 품고 일을 하는데도 오랫동안 아무것도 이루지 못한 채 바쁘게 살아가는 경우가 있다. 원대한 꿈을 가슴에 품고 주위의 작은 일부터 이루어 나가기 시작할 때 막연했던 앞길이 열리고 생각지 못했던 좋은 기회가 나타날 것이다.

하버드는 학생들에게 아무리 위대한 꿈을 가지고 있어도 우선은 손이 닿는 작은 일부터 시작하라고 이야기한다. 매일 목표를 향해 한 걸음씩 나아가면 즐거움과 열정, 자신감을 느낄 수 있다. 하루하루의 발전은 두려움과 의심을 사라지게 하고 발걸음을 가로막는 장애물은 사라질 것이다.

꿈은 망상이 아니라 하나씩 실행할 수 있는 계획이다. 행동이 필요할 때 착실하게 행동하면 꿈은 반드시 현실이 될 것이다.

당신은 성공에서 단지
한 걸음 떨어져 있을 뿐이다

성공은 역량이 아닌 인내력이다.
사회에서의 경쟁은 종종 지구력이 필요하기에
꾸준한 마음과 의지를 가진 사람만이 최후의 승리자가 된다.
—빌 게이츠

'성공'이란 두 글자는 매우 간단해 보이지만 성공하기란 결코 쉬운 일이 아니다. 하룻밤에 유명해지고 순식간에 부자가 되는 일이 실제로 존재할 수는 있지만 그 확률은 처참할 정도로 낮다. 인생의 진정한 성공을 얻고 싶다면 우리는 끊임없이 분투하고, 도전하고, 노력해서 마음속의 목표를 끝까지 유지해야 한다. 이는 모두 성공에 꼭 필요한 요소이며 '끝까지 유지하는 것'은 매우 중요한 성공의 촉진제다.

하버드대학의 저명한 심리학 교수 제임스 윌(James Will)은 여러 번 실패한 학생에게 다음과 같이 말했다. "조급해하지 말게. 어쩌면 자네는 성공에서 단지 한 걸음 떨어져 있을 뿐일지 모르네. 만약 지금 낙담한다면 성공은 갈수록 더 멀어질 걸세."

새벽 동트기 전이 가장 어두운 때라고들 말한다. 암담한 때일수록 우리는 자신이 하는 일을 끝까지 유지해야만 희망이 있고 승리할 수 있다. 실패자들이 실패하는 이유는 마지막 순간에 노력을 포기해서 성공과 스쳐 지나갔기 때문이다. 성공하는 사람은 절대 포기하지 않는다. 역사적으로 유명한 사람 중에도 성공 직전에 포기하려는 생각을 한 사람이 많았다. 스티븐 킹(Stephen King)의 경험은 성공이란 단 한 걸음 차이라는 사실을 우리에게 알려준다.

1947년, 스티븐 킹은 미국 메인주의 한 가난한 가정에서 태어났다. 그가 3살이 되었을 때 부모님은 이혼했고 그는 어머니와 함께 생활하게 되었다. 어머니가 지적 장애인 수용소에서 일하며 받는 적은 월급으로 간신히 생계를 유지해 나갔다. 가난한 어린 시절을 보냈던 스티븐 킹은 세상에 대한 깊은 두려움과 원망을 느꼈다.

대학을 졸업하고 그는 다림질하는 일자리를 찾았다. 그는 서둘러 결혼했지만, 양쪽 부모님이 다 몸이 좋지 않아서 생활은 매우 궁핍했다. 그가 매달 벌어오는 60달러에 불과한 수입으로는 아이들이 병이 나도 약을 사 먹일 수가 없었다. 그러던 중 우연한 기회에 아내는 그가 글 쓰는 일을 좋아한다는 사실을 발견했다. 그러면서 원고료를 받아 생계를 유지하면 어떻겠냐고 제안했다. 그때부터 스티븐 킹은 글 쓰는 일을 업으로 삼게 되었다.

평범한 근로자로 지금껏 책을 펴낸 경험이 없었던 그에게 문학의 길은 매우 험난했다. 그는 심혈을 기울여 원고를 썼지만, 모조리 퇴짜를 맞았다. 게다가 거절 편지는 매우 형식적으로 '원고가 불합격되었음을 알립니다. 투고에 감사드립니다.'라고 프린트된 것이었다. 한참 후에야 그는 손으로 쓴 거절 편지를 받을 수 있었다. 비록 그의 원고는 채택되지 못했지만, 앞으로도 계속 노력을 해달라는 격려였다.

이에 고무된 스티븐 킹은 장장 18개월 동안 글 쓰는 일에 몰두하며 끊임없이 투고했다. 그러나 이는 그에게 또 다른 타격이었다. 그가 보낸 원고는 아무런 회신도 없었다.

1973년 봄, 스티븐 킹은 생활이 힘들어져서 글 쓰는 일을 포기하기로 했다. 글을 쓰는 데 필요한 종이와 잉크에도 돈이 들었고 그가 쓴 원고는 아무런 수입을 가져다주지 못했다. 오랜 기간 수입보다 지출이 많은 상황이다 보니 그의 의지는 결국 꺾이고 말았다.

더 이상 글 쓰는 데 들어가는 비용을 감당할 수 없었던 그는 어느 고요한 밤에 홀로 조용히 서재를 정리하기 시작했다. 고통을 참으며 자기가 쓴 장편소설을 문 앞의 쓰레기통에 버렸다.

다음 날 이른 아침, 잠에서 깨어난 그는 아내가 마침 침대맡에서 원고를 읽고 있는 모습을 보았다. 그것은 그가 전날 밤 버린 장편소설이었다. 잠에서 깬 그를 보고 아내는 원망하듯 말했다. "전 이 소설이 정말 재밌는데. 도대체 왜 버린 거예요?" 스티븐 킹은 아무 말도 하지 못했다.

그의 생각을 즉시 알아차린 현명한 아내는 말했다. "이제 곧 성공이 다가올 참에 이렇게 좋은 책을 버려서는 안 돼요. 왜 출판이 안 될 거로 생각해요? 분명 누군가 당신의 글을 좋아해 줄 사람이 있을 거예요."

아내의 고집과 신뢰에 스티븐 킹은 감동해서 다시 자신의 옛날 원고와 책상을 정리하고 집필 활동을 시작했다.

얼마 지나지 않아 스티븐 킹은 《캐리》를 출판사에 다시 투고하기 시작했다. 아내의 부탁을 저버릴 수 없어서 투고했지만, 그는 어떤 기대도 품지 않았다.

때로 생각 없이 심은 버드나무가 울창하게 자라 그늘을 드리우는 법. 이번에는 뜻밖에도 2,500달러짜리 수표가 도착했다. 이는 출판사가 보낸 원고 계약금이었다.

그 후 《캐리》라는 공포소설은 500만 부 판매되었고 베스트셀러 반열에 올랐다. 그리고 영화로도 제작되어 당시 최고 인기 있는 영화 중 하나가 되었다.

하루아침에 유명해진 그는 〈뉴욕 타임스〉에서 '현대 공포소설의 대가'로 선정되었다. 1980년대부터 그의 소설은 미국 베스트셀러 순위에서 언제나 높은 순위를 차지했다. 그는 세계 독자들에게 가장 사랑받고 영향력을 끼치는 소설가가 되었다. 그의 작품은 수없이 많은 영화로 제작되었으며 이는 셰익스피어 다음이다. 그의 모든 작품에 할리우드의 제작자들은 흥분해 모여들었다. 1979년에 그는 전 세계 작가 중에서 손꼽을 정도의 억만장자가 되었다. 그가 쓴 작품의 인세는 평균 천만 달러를 넘었고 매년 문예계 부호를 선정하는 순위에서 절대적으로 톱을 차지했다. 세계적인 인기도서 작가인 그는 〈로스앤젤레스 타임스〉와의 인터뷰에서 다음과 같이 이야기했다. "나는 아내에게 감사한다. 그녀 덕분에 나는 마지막까지 포기하지 않았다. 그녀는 내가 의기소침해 있을 때 나에게 반드시 성공할 거라고 이야기해주었다."

하버드의 어느 심리학 교수는 스티븐 킹을 '강자는 자신을 구하고 성인은 사람을 구한다.'라는 말로 평가한 적이 있다. 이는 스티븐 킹이 쓴 영화 시나리오에 나오는 말이다. 좌절을 받아들이고 역경을 마주하는 것은 중요한 생존능력 중 하나다. 이는 사람의 수양을 판단하는 기준이며 기본적으로 심리적인 건강 상태를 반영한다. 반면 플로렌스 채드윅(Florence Chadwick)은 스티븐 킹처럼 행운이 따르지 않은 사람이다. 그녀는 끝까지 노력하지 않았기 때문에 목표를 달성하지 못했다.

플로렌스 채드윅은 세계적으로 유명한 수영 선수였다. 1950년에 그녀는 영국 해협을 횡단하는 데 성공했고 이는 인류 역사상 최초의 영국 해협 횡단 성공이었다. 그녀는 세계인의 주목을 받는 영웅이 되었고 2년 후 카탈리나섬에서 캘리포니아 해변까지 헤엄쳐 신기록을 세우겠다는 꿈을 가지고 있었다.

그러나 그녀가 출발하는 날, 날씨가 좋지 않았다. 짙은 안개가 해협 전체를 뒤덮고 있었고 바닷물은 뼛속까지 스며들 정도로 추웠다. 장장 16시간에 달하는 수영을 한 후 그녀의 입술은 추위로 보라색이 되었고 그녀는 자신에게 체력이 조금도 남아있지 않다고 생각했다. 그녀는 몸을 계속 벌벌 떨었다. 고개를 들어 먼 곳을 바라보니 망망한 안개뿐, 육지는 꽤 멀리 떨어진 듯했다.

그녀는 속으로 생각했다. '지금 시점에서 해안이 보이지 않는 걸 보니 아무래도 이번 수영은 완주할 수 없겠다.' 그러자 그녀의 몸은 금방 맥이 풀리기 시작했고 다시 한번 물살을 가를 체력도 없었다.

"저를 끌어올려 줘요!" 그녀는 줄곧 그녀 곁에 있던 작은 보트 위의 사람에게 말했다.

"이를 악물고 계속해 봐! 1마일만 가면 종점이야." 보트 위의 사람이 그녀를 격려했다.

"거짓말하지 말아요. 만약 1마일밖에 안 남았다면 분명 여기서 해안이 보일 거예요. 얼른 나를 건져줘요!"

어쩔 수 없이 보트 사람은 추위로 온몸을 벌벌 떨고 있던 그녀를 끌어올렸다.

작은 보트는 전속력을 내어 전진했다. 그녀가 담요로 몸을 단단히 감싸고 따뜻한 차를 마시는 사이에 빛이 바랜 해안선이 짙은 안개 속에서 모습을 드러냈다. 해안에서 그녀를 환호하며 기다리는 사람들이 어슴푸레하게 보였다. 그때 그녀는 보트 사람이 한 말이 사실이라는 걸 알게 되었다. 그녀는 정말 1마일만 더 가면 골인할 수 있었다. 그녀는 하늘을 올려다보며 길게 한숨을 쉬었다. 그리고 자신이 이를 악물고 끝까지 완수하지 못한 것을 후회했다.

성공은 한걸음에 도달할 수 없다. 성공을 얻은 사람도 모두 무수한 실패를 겪는다. 가끔 성공을 서두르는 사람은 끈기 있게 지속할 용기와 의지가 부족해 중도에 그만두고 만다. 이는 등산할 때 조금만 있으면 정상에 도착하는 데 오랜 등산으로 정상이 보이지 않아 단 한 걸음의 차로 정상을 포기하는 것과 같다. 정상을 포기하면 정상에서 보이는 일출과 맑은 공기를 놓치고 만다. 그러니 조금만 더 힘을 내보자. 당신은 분명 성공할 수 있을 것이다.

성공은 끝까지 지속하는 자세에서 시작된다. 넘어져도 다시 일어나는 마음만 있다면 아무리 어려운 일이라도 눈부신 성과를 거둘 수 있다. 끝까지 힘을 내기만 하면 성공은 당신의 것이다.

이성을 유지해야
더 많은 기회를 얻는다

대사를 이루려면 이성을 가지고 현실을 직시하라.
감정적으로 치닫지 마라.

−프랭클린 루스벨트

중국에는 '세 번 생각한 다음 행동하라'는 말이 있다. 이는 사람들에게 어떤 일을 할 때 반드시 이성과 독립적인 사고를 유지해야 함을 일깨우는 말이다. 사람은 이성과 독립적인 사고를 통해서만 문제를 확실하게 해결할 수 있다. 이성은 사람을 신중하게 하고, 세심한 사고를 하게 한다. 또한 사람을 침착하게 만들고, 교만하거나 조급하지 않게 한다. 감성이 사람의 감정을 풍부하게 하며 삶의 아름다움을 더 많이 발견할 수 있게 한다면 이성은 사람을 침착하게 하고 성공적인 인생의 길로 나아가게 해준다. 이성적인 사고를 배우면 성공에 닿을 수 있지만 이성을 잃으면 실패를 초래하게 된다.

과거에 하버드대학의 한 총장도 이성을 잃고 개인의 기호로 사람을 판단해 막심한 대가를 치른 적이 있다.

어느 날 아침, 날씨는 매우 따뜻했고 학생들은 평소와 다름없이 강의실에서 평온하게 공부하고 있었다. 이때 한 노부부가 하버드 교정에 들어왔다. 노부인은 색바랜 줄무늬 면 셔츠를 입고 있었고 그녀의 남편은 꽤 저렴해 보이는 재질의 양복을 입고 있었다. 그들은 서둘러 총장실을 찾아갔다. 총장실에 들어서려 하자 비서가 그들을 저지했다. 비서는 눈앞의 노부부를 대충 아래위로 훑어본 다음 귀찮다는 듯 말했다. "두 분은 미리 약속하셨나요?"

노부부는 고개를 저었고 부인이 급하게 말했다. "비서 아가씨, 우리는 급한 일이 있어요. 미안하지만 총장님께 말씀 좀 해주세요."

이 말을 듣고 비서는 한동안 입을 다물었다. 그녀는 두 사람이 분명 시골에서 올라온 촌사람일 거라고 단정했다. 분명 업무적인 일 때문에 총장을 찾아온 것은 아닐 터였다. 그러나 그녀는 우선 이러한 사정을 총장에게 업무상 보고했다. 예상대로 총장은 바로 노부부의 부탁을 거절했고 그녀에게 자신이 지금 매우 바쁘다고 이야기하라고 했다.

비서는 총장의 의사를 노부부에게 전달했다. "정말 죄송합니다. 총장님은 지금 많이 바쁘십니다. 두 분께서 미리 연락을 주시지 않아서 총장님은 두 분을 뵐 시간이 없으십니다."

그러자 남편 쪽이 작은 소리로 물었다. "그렇다면 총장님은 언제 시간이 나십니까? 저희는 총장님을 뵙고 긴히 의논드릴 일이 있는데요."

비서는 예의 바르게 말했다. "총장님께서는 오늘 하루 종일 바쁘다고 하셨습니다."

노신사는 더 이상 아무 말도 하지 않고 부인에게 말했다. "괜찮소? 우리 여기서 총장님 바쁜 일이 끝날 때까지 기다립시다."

몇 시간이 흘러 점심시간이 되었다. 강의가 끝난 후의 교정은 떠들썩해지기 시작했다. 그러나 노부부는 아직도 기다리고 있었다. 그들은 조용히 창밖의 장난치는 학생들을 바라보면서 깊은 생각에 빠졌다. 비서는 그들을 신경 쓰지 않았지만 될 수 있으면 눈치 있게 빨리 떠나주기를 바랐다. 그러나 그녀의 생각과는 달리 저녁 무렵이 되어 퇴근 시간이 가까운데도 노부부는 여전히 갈 생각을 하지 않았다.

그들의 태도에 마음이 움직인 비서는 그들을 도와주기로 했다. 그녀는 총장에게 말했다. "총장님, 어쩌면 두 분은 그저 몇 마디 말만 하고 싶을 뿐일지도 모릅니다. 한 번 만나보시는 게 어떨까요? 안 그러면 하루 종일 총장님을 기다리실 겁니다."

총장은 비서의 말을 듣고 마지못해 노부부를 만나겠다고 했다. 노부부는 원하던 대로 총장실로 들어갈 수 있었다. 총장은 거들먹거리는 태도로 그들을 대했다.

총장은 형식적인 예의를 갖춰 말했다. "정말 죄송합니다. 비서의 말로는 두 분께서 저를 한참 기다리셨다더군요. 제게 무슨 볼일이 있으십니까?"

그러자 노부인이 간절하게 이야기했다. "제 아들이 1년 동안 이 학교에 다녔거든요. 이곳에서의 생활이 정말 즐거웠다고 이야기하더군요. 그런데 작년에 불의의 사고로 세상을 떠났습니다. 그래서 저와 남편은 하버드 교정에 아들을 위한 기념물을 세우고 싶어요."

노부인의 말을 듣고 총장은 감동은커녕 오히려 화를 내며 말했다.

"부인, 말도 안 되는 말씀은 그만두시지요. 하버드에서 공부했던 학생이 세상을 떠났다고 어떻게 조각상을 세울 수 있겠습니까? 만약 제가 부인의 요구에 동의한다면 하버드 교정은 아마 묘지가 되고 말 겁니다."

노부인은 총장의 말을 듣고 즉시 대답했다. "아니에요, 총장님. 저희는 아들을 위해 조각상을 세우려는 게 아니라 건물을 세우겠다는 거예요."

총장은 의심스러운 눈길로 시골에서 올라온 노부부를 바라보았다. 초라한 행색을 보니 노부부의 말이 더 황당무계하게 들렸다. 그러나 그는 속마음을 숨기고 한숨을 쉬고 나서 말했다. "하버드대학의 건물이 한 채에 얼마나 하는지 아십니까? 우리 학교의 모든 건축물은 750만 달러가 넘습니다."

이때 노부인은 아무 말도 하지 않고 고개를 숙이고 묵묵히 생각에 잠겼다. 총장은 그녀의 반응을 보고 마음속으로 득의양양했다. 결국 그들이 알아서 나가주겠다고 생각했다.

그러나 노부인은 갑자기 고개를 들더니 평온한 어조로 남편에게 말했다. "만약 750만 달러로 건물 하나를 세울 수 있다면 아들을 기념하기 위해 아예 대학 하나를 세우는 것은 어떨까요?"

노신사는 고개를 끄덕이며 아내를 바라보고 말했다. "당신 말이 맞소. 학교 하나를 세우는 것이 건물 한 채를 기증하는 것보다 다른 사람들에게 훨씬 이익이 되겠지."

그리하여 노부부는 총장실을 떠났다. 얼마 지나지 않아 그들은 캘리포니아주에 아들을 기념하기 위한 대학을 세웠다. 이 대학이 바로 유명한 스탠퍼드대학교다.

하버드의 총장은 노부부가 센트럴 퍼시픽 철도의 창시자라는 사실을 몰랐다. 그들의 아들 렐런드 스탠퍼드(Leland Stanford)는 유럽을 여행하던 중 장티푸스에 걸려 불행히도 세상을 떠났던 것이었다. 그들은 진심으로 하버드에 건물을 기증하려고 했지만 생각지도 못하게 하버드 총장에게 거절당하고 말았다.

많은 사람이 겉모습으로 사람을 판단한다. 자신이 잘났다고 생각하는 사람들은 오로지 자신의 작은 성과를 위해 다른 사람의 자존심을 깔아뭉갠다. 그들은 종종 너무 높은 곳을 바라보기 때문에 이성적으로 문제를 해결하지 못하고, 좋은 기회를 놓치고 만다. 위의 이야기에 등장하는 하버드 총장은 겉모습으로만 사람을 판단하고 이성보다 감정이 앞서 좋은 기회를 놓치고 만 것이다.

감정적으로 일을 처리하고 이성을 잃은 사람은 항상 큰 대가를 치른다는 사실을 알아야 한다. 반면 문제가 생겼을 때 이성적으로 사고하는 사람은 더 많은 성공의 기회를 얻는다. 오늘날처럼 치열한 사회에서 성공을 거두고 싶다면 반드시 이성적인 사고를 유지하고 이성이 당신의 인생을 이끌도록 해야 한다.

> 어떤 일을 하기 전에 반드시 이성적으로 판단해야 한다. 그러지 않으면 마지막에 후회하는 것은 당신 자신이다.

행동하기 전에 먼저
이상과 목표를 수립하라

뛰어난 계획을 지닌 사람만이 뛰어난 성취를 이룬다.
-빌 게이츠

하버드대학에서는 이상과 목표가 인생에 끼치는 영향을 연구하기 위해 유명한 추적 조사를 했다. 이 조사 대상은 지능지수, 학력 등 다양한 방면의 조건이 비슷한 학생들 무리로 이루어졌으며 그 결과는 다음과 같다.

3퍼센트의 사람은 매우 명확하고 장기적인 목표를 가지고 있었다.

10퍼센트의 사람은 비교적 명확하고 단기적인 목표를 가지고 있었다.

60퍼센트의 사람은 목표가 모호했다.

27퍼센트의 사람은 목표가 없었다.

25년의 추적 조사 끝에 한 가지 중요한 결과를 얻었다. 명확하면서도 장기적인 목표를 가지고 있었던 3퍼센트의 학생들은 25년 동안 자신의 목표를 바꾸지 않고 끊임없이 노력했다. 25년 후 그들은 사회 각계를 이끄는 지도자가 되었다. 그들은 맨손으로 사업을 일으킨 창업가, 업계의 대표, 즉 사회의 정상에 속하는 사람이 되었다.

명확하면서도 단기적인 목표를 가지고 있었던 10퍼센트의 학생들은 상황이 비슷했다. 그들은 끊임없이 단기적인 목표를 하나하나 실현했으며 삶의 질도 점진적으로 향상되었다. 그 결과 그들은 의사, 변호사, 엔지니어, 고급 관료 등 각 업계에서 전문적인 역할을 하는 인물이 되었다. 그리고 그들은 사회의 중산층이 되었다.

목표가 모호했던 60퍼센트의 사람들은 안정된 생활을 선택했다. 그들은 평온한 삶을 보냈지만 특별한 성과도 이루지 못했다. 그들은 대부분 사회의 중하층이 되었다.

그리고 목표가 없었던 27퍼센트의 사람들은 자신이 원하는 삶을 살지 못하고 노력할 목표가 없었기 때문에 불만스러운 생활을 보내야 했다. 그들은 종종 일자리를 잃고 사회의 구제금에 의지해 살며 세상을 원망했고 사회의 최하층에 속하게 되었다.

이와 비슷한 조사를 미국 예일대학과 카네기도 실시한 적이 있었는데 그 결과는 비슷했다. 이러한 조사 결과를 통해 우리는 이상과 목표가 사람에게 얼마나 중요한지 알 수 있다.

백여 년 전, 가난한 양치기가 살고 있었다. 그에게는 아들이 두 명 있었다. 어느 날 그는 아이들을 데리고 산비탈에 양을 치러 가다가 하늘을 날아가는 기러기 떼를 보았다. 작은아들이 물었다. "기러기들은 어디로 가는 걸까요?" 양치기가 대답했다. "그들은 따뜻한 지방을 찾아 날아가는 거란다." 큰아들이 말했다. "우리도 날 수 있다면 정말 좋겠다." 그러자 양치기가 말했다. "네가 원하기만 하면 얼마든지 날 수 있단다." 그러나 그의 두 아들은 어떤 시도를 해도 날 수 없었다. 양치기는 말했다. "이상의 날개를 달고 흔들리지 않는 목표를 세우기만 하면 너희들이 가고 싶은 곳으로 날아갈 수 있단다." 두 아들은 아버지의 말을 가슴 깊이 새겼다. 하늘을 나는 꿈을 실현하기 위해 노력을 게을리하지 않았고 결국 하늘로 날아올랐다. 그들은 바로 비행기를 발명한 라이트 형제다.

이상의 힘은 매우 강력하다. 사람들은 이상이란 인류의 영혼을 밝히는 횃불이며 인생의 엔진이라 이야기한다. 물론 이상에는 현실적인 뒷받침이 필요하다. 원대한 이상을 수립하되 실현 불가능할 정도로 너무 높아서도 안 된다. '천릿길도 한 걸음부터'라는 말처럼 모든 이상은 반드시 눈앞의 일부터 착실하게 실천해야 한다. 그렇다고 해서 정말로 눈앞의 일만을 해결해서는 이상을 수립할 수 없다. 도전성이 결핍된 삶은 반복된 일로 시간만 소비한다.

이상은 아름다운 미래에 대한 동경이다. 이상을 위해 노력할 때 아무리 괴롭고 지쳐도 그 속에서 즐거움을 느낄 수 있다. 이상이 없는 사람에게는 전진할 동력도 생기지 않고 앞으로 나아갈 수도 없다. 이상이 없다는 것은 인생에 아무런 의미가 없음을 의미한다. 그런 사람에게 삶이란 그저 단순히 태어나고 죽는 일일 뿐이다. 오늘의 이상은 우리 미래에 성공의 문을 열 때 필요한 황금열쇠다.

원대한 목표, 이는 성공의 여부를 결정하는 중요한 요소다.

목표를 나누어라

많은 사람이 평생 낚시를 하지만
그들은 낚시의 목적이 물고기만이 아니라는 사실을 잘 알지 못한다.
—헨리 데이비드 소로

'생각만 있으면 이루지 못할 것이 없다. 야심이 커야 큰 성공을 이룬다.'라는 성공에 관한 다양한 이야기를 듣는다. 사회에 진입한 사람들은 이러한 말을 단편적으로 이해한 후 열정을 불태운다. 그러면서 하루 종일 쉴 새 없이 바쁘게 생활하기만 하면 성공은 시간문제라고 생각한다. 하지만 열정과 노력은 하나의 원동력일 뿐이라는 사실을 알아야 한다. 계획을 세우지 않으면 아무리 열심히 일해도 괜한 헛수고가 될 수 있다.

옛말에 '모든 일은 미리 준비하면 성공하고 준비하지 않으면 실패한다.'라는 말이 있다. 목표는 누구나 가지고 있지만 모든 사람이 이룰 수 있는 것은 아니다. 그 차이는 당신이 성공의 노선을 잘 계획하느냐에 달려있다.

목표를 이루기 위해서는 어떻게 하면 목표에 접근해 나아갈 수 있을지 전략을 세우는 일은 굉장히 중요하다. 예를 들어 당신의 목표가 눈앞의 산을 정복하는 것이라면 당신은 우선 언제 어느 곳을 공략할 것인지 계획해야 한다. 바위 하나, 큰 나무 한 그루가 당신의 다음 기점이 될 수 있다.

로켓을 타고 달에 가는 것은 인류의 꿈이었다. 과학자들이 계속해서 계산해보아도 항상 실망스러운 결과만 도출될 뿐이었다. 로켓은 적어도 100만 톤은 되어야 달에 도착할 가능성이 있었고 그렇게 무겁고 거대한 물건은 우주로 날려 보낼 수 없어서 달에 로켓을 보내는 일은 근본적으로 불가능하다는 생각을 가졌다.

누군가 '로켓을 분리하자'라는 생각을 제안하자 문제는 해결되었다. 로켓을 몇 단계로 분리해 만들어 통째로 우주에 쏘아 올린 다음 이것이 자동 분리되면서 로켓 자체의 중량을 감소시키는 것이었다. 이렇게 분리된 로켓은 쉽게 달에 바짝 다가갈 수 있었다. 인생도 이와 마찬가지다. 최종적인 목표는 하나하나의 작은 목표로 실현되는 것이다.

목표를 분해하는 법을 배우면 커다란 목표를 수많은 작은 목표로 분해할 수 있다. 그런 다음 작은 목표를 하나씩 이루어가면서 최종적인 목표를 실현하는 것이 가장 좋은 방법이다. 대부분 우리는 자기 인생을 계획할 때 목표가 너무 어렵거나 이룰 수 없다고 생각해 목표를 낮추거나 아예 포기한다. 이는 목표를 분해하는 방법을 배우지 못했기 때문에 아득히 먼 목표와 어려움에 지레 겁을 먹고 마는 것이다.

도쿄 마라톤 대회에서 일본의 한 선수가 월계관을 획득했다. 사람들은 이러한 결과를 매우 의외로 생각했다. 이 사람은 알려지지 않은 선수였기 때문이다. 기자들이 그에게 어떻게 놀랄만한 성적을 거둘 수 있었는지 물었을 때 그는 "지혜로 상대를 이길 수 있었다."라는 말만 한마디 남겼다.

당시 그의 대답을 사람들은 이해하지 못했다. 마라톤은 주로 체력과 인내력 싸움이라 신체적인 소질과 인내심만 뒷받침되면 우승을 바라볼 수 있었고, 순발력과 속도는 부차적이었다. 우승과 지혜를 연결하려는 그의 대답은 이해할 수 없었다.

2년 후 밀라노에서 개최한 이탈리아 국제 마라톤 대회에서 이 선수는 일본 대표로 참가했다. 그는 또 세계 최고가 되었고 기자들은 그에게 경험을 이야기해달라고 했다.

원래 말주변이 없는 그는 전과 똑같이 "지혜로 상대를 이길 수 있었다."라고 말했다. 기자들은 여전히 그가 말하는 지혜가 무엇인지 알 수 없었다.

10년 후 그는 자서전에서 드디어 자기가 한 말에 관해 설명했다. '매번 시합하기 전에 나는 차를 타고 경기 노선을 자세히 관찰한다. 그리고 노선에 비교적 눈에 띄는 사물을 표기한다. 예를 들어 첫 번째 표기는 은행, 두 번째 표기는 커다란 나무, 세 번째 표기는 붉은 건물…… 이런 식으로 모든 코스에 표기를 단다. 시합이 시작되면 나는 100미터 달리기를 하는 것처럼 첫 번째 표기를 향해 달려간다. 첫 번째 표기에 도착하면 나는 같은 속도로 두 번째 표기를 향해 달려간다. 나는 40여 킬로미터의 코스를 몇 개의 작은 표기로 나누어 수월하게 달리기를 마칠 수 있었다. 과거 이런 방법을 찾지 못했던 나는

40여 킬로미터 전부를 한 표기로 삼았다. 당시 나는 몇 킬로미터를 달리면 이미 피곤해져서 앞에 아득히 먼 코스가 남아있다는 사실에 힘들곤 했다.'

우리는 다른 사람의 성공 경험으로부터 다음과 같은 결론을 도출할 수 있다. 우선 먼 곳에 눈을 두되 작은 일부터 시작하며, 목표를 세분화해 순서대로 전진해야 한다는 것이다.

사람들은 누구나 단번에 출세하고 명성을 날리고 싶어 한다. 목표와 동경을 가지는 것은 좋은 일이지만 계획을 능숙하게 짜는 것이야말로 불변의 원칙이다.

중도에 포기해버리는 사람은 매우 많다. 이는 결코 목표 자체가 어려워서가 아니라 현실이 그들의 꿈과 너무 멀리 떨어져 있기 때문이다. 이러한 심리적 요인이 실패를 초래하는 것이다. 만약 장기적인 목표를 단기적인 목표로 세분화해 하나씩 뛰어넘는다면 꿈을 이루기가 훨씬 수월할 것이다.

> 미리 준비하면 성공하고, 준비하지 않으면 실패한다. 하고자 하는 마음만 있으면 우리도 할 수 있다. 중요한 것은 계획을 잘 세워서 한 걸음씩 실천하는 것이다.

타인과 협동하는 법을 알아야 한다

협동 정신을 강화하는 것은 모든 사람에게 필요한 일이다.
강한 단체야말로 치열한 경쟁에서 생존하며 발전한다.
−빌 게이츠

오늘날 사회에서는 혼자만의 싸움이나 영웅주의는 통용되지 않는
다. 어떤 업무를 처리하기 위해서나 제품을 만들기 위해서는 여러 단
계로 많은 사람이 동시에 처리해야 한다. 이는 끊임없이 다른 사람과
협력하며 살아가야 한다는 사실이다. 하버드의 교정에는 다음과 같
은 이야기가 전해진다.

옛날에 쥐가 세 마리 살고 있었다. 어느 날 그들은 기름통을 하나
발견하고 안에 든 기름을 몰래 마시기로 했다. 그러나 기름통이 너무
깊어서 누구도 기름을 마실 수가 없었다. 그들은 한 가지 방법을 생
각해냈다. 그것은 한 마리가 다른 한 마리의 꼬리를 무는 것이었다.
이렇게 몸을 늘어뜨려 순서대로 기름을 마시면 모두가 행복해질 수
있었다.

하버드 철학 강의

제일 앞에 매달린 쥐는 생각했다. '기름이 아무리 많아도 모두가 돌아가면서 마시면 부족할지도 몰라. 오늘 나는 운이 좋네. 혼자 뛰어들어서 배부르게 마셔야지.' 두 번째 쥐는 가운데 끼어서 생각했다. '밑에 기름이 얼마 없는 것 같은데 만약 첫 번째 쥐가 다 마셔버리면 어떻게 하지? 그를 그냥 놓아버리고 내가 직접 뛰어들어 신나게 마셔버리면 되겠다.' 세 번째 쥐는 제일 뒤에서 생각했다. '기름이 저렇게 적은데 둘이 배부르게 마시기를 기다리다간 나는 못 마실지도 몰라. 그들 생각하지 말고 혼자 통 속에 뛰어들어서 기름을 마셔야겠다.'

그리하여 두 번째 쥐는 모진 마음을 먹고 첫 번째 쥐의 꼬리를 놓았다. 세 번째 쥐도 재빨리 두 번째 쥐의 꼬리를 놓아버렸다. 통 안에 들어가 기름을 마시고 싶었던 그들은 결국 기름통 속에 빠져 죽고 말았다.

위의 이야기는 사람들 간의 화합이 얼마나 중요한지 우리에게 교훈을 준다. '손바닥도 마주쳐야 소리가 난다.'라는 말이 있다. 큰일은 여러 사람으로 완성되는 것이지 결코 개인의 힘으로 완성되는 것이 아니다.

19세기 독일에 뵐러(Friedrich Wöhler)와 리비히(Justus von Liebig)라는 두 명의 화학자가 있었다. 리비히는 열정적이고 쾌활하며 마치 불처럼 강한 사람이었다. 반면 뵐러는 평화롭고 조용하며 마치 차가운 물처럼 침착한 사람이었다. 다른 사람들의 눈에 그들은 불과 물처럼 어우러질 수 없는 것처럼 보였지만 사실은 아주 친밀한 사이였다. 그들은 긴밀하게 협력하여 과학 연구에 힘썼다. 결국 두 사람은 유기화학 분야에 창시자가 되었다. 자서전에서 리비히는 다음과 같이 말했다. "나는 정말 운이 좋았다. 의기투합할 수 있는 친구가 있었기 때문이다. 수년간 나는 그 친구와 진심으로 협력했으며 조금도 엇갈림이 없이 손을 맞잡고 앞을 향해 나아갔다. 한 사람이 행동하면 다른 한 사람은 모든 준비를 마쳤다." 두 사람의 단결과 협력 아래 화학은 빠른 발전을 이룰 수 있었다.

오늘날에는 단독으로 싸우는 개인주의는 통하지 않는다. 분업이 갈수록 전문화되는 이 시대에는 여러 사람이 함께 완성해야 효과를 거둘 수 있다. 성공하고 싶다면 반드시 좋은 인간관계를 유지해야 한다. 사람들이 기꺼이 돕기를 원하고 당신에게 끊이지 않는 자원을 제공할 때 더 많은 기회와 성공을 얻을 수 있다. 타인을 사랑과 진심으로 대해야 당신의 인간관계는 단단해진다. 제아무리 재주가 뛰어나고 열심히 노력하는 사람이라 해도 다른 사람과 협력하지 못한다면 분명 큰 성과를 거두지 못할 것이다.

> 협동은 힘이다. 모든 사람이 한마음이 되면 이를 막을 수 있는 것은 아무것도 없다.

실패를 배우지 않으면
배우는 데 실패한다

나는 실패를 독한 술 한 잔으로 생각한다.
이는 삼킬 때는 쓰지만 정신을 번쩍 들게 한다.
−존 데이비슨 록펠러

'실패를 배우지 않으면 배우는 데 실패한다.(Learn to fail or fail to learn)'라는 말은 미중(美中) 학생 정상회담에서 하버드대학 교수 탈 벤 샤하르가 학생들에게 들려준 격언이다.

또한 샤하르 교수는 "모든 사람은 비틀거리며 걸음마를 배워야 지금처럼 우아하게 걸을 수 있게 된다. 이처럼 사람은 무수한 실패를 경험해야 비로소 성공을 얻는다. 또한 실패는 결코 두려운 존재가 아니다. 성공의 확률을 높이기 위한 유일한 방법은 실패할 확률을 두 배로 올리는 것이다."라고 말했다.

인생길을 마지막까지 순조롭게 걸어갈 수 있는 사람은 없다. 성공한 사람 중에 고진감래를 겪지 않은 사람이 과연 있을까? 성공은 손에 넣기 쉽지 않다. 무수한 실패가 성공으로 이어지는 것이다. 수없이 많은 실패로 경험이 생기고 성공은 이에서 비롯된다. 하버드 한 교수가 학생들에게 다음과 같은 이야기를 들려주었다.

쥐 잡는 기술이 매우 뛰어난 고양이가 있었다. 그는 절대 쥐를 놓치는 법이 없었다. 이에 다른 사람들은 그를 고양이의 왕이라 불렀다. 그러나 고양이의 왕은 나이가 들자 많은 고민이 생겨났고 이를 여기저기 하소연했다. "정말 이해할 수가 없어. 난 뛰어난 쥐잡이 기술을 가지고 있는데 왜 우리 아들들은 그렇게 형편없을까? 아이들이 철들기 시작할 무렵부터 나는 기술을 전수하기 시작했어. 아이들에게 쥐의 특징을 가르쳐주고, 어떻게 하면 놀라게 하지 않고 쥐를 잡을 수 있는지. 아이들이 자라서 나는 아이들을 실전에 투입했지만…… 나는 평생 내가 할 수 있었던 일을 모두 아이들에게 가르쳐주고 싶어. 그렇지만 그 아이들의 실력은 바보 같은 고양이의 자식들과 다름이 없다고. 그래서 나는 너무 마음이 아파!"

길을 지나가던 사람이 고양이의 이야기를 듣고 물었다. "너는 항상 직접 그들을 가르쳤니?"

"그렇고말고. 일류 기술을 전수하기 위해 나는 항상 직접 아이들을 가르쳐왔어." 행인은 물었다. "그렇다면 문제는 너한테 있는 거네. 비록 네가 그들에게 기술을 가르쳤지만, 교훈은 전수하지 못한 거잖아. 실패의 교훈을 경험하지 못했다는 건 경험이 아예 없는 거나 마찬가지야!"

위 내용은 이야기지만 현실에서 이러한 일은 적지 않게 발생한다. 실패를 겪지 않은 사람이 어떻게 성공을 바라볼 수 있겠는가? "사람이 저지르는 가장 큰 실수는 잘못을 저지를까 두려워하는 것이다."라고 철학자 엘버트 허버드(Elbert Hubbard)는 말했다. 만약 잘못이나 실패가 두려워 아무것도 시도하지 않으면 성공은 결코 당신의 것이 될 수 없다. 용감하게 실패를 받아들이고 실패에서 경험과 교훈을 흡수하고 끊임없이 노력해야 최후의 승리를 거둘 수 있다.

전구를 발명한 에디슨은 수많은 실패를 거듭했다. 그가 천여 종류의 재료를 필라멘트로 사용했을 때 조수는 그에게 말했다. "선생님, 벌써 천 번도 넘게 실패하셨잖아요. 성공은 진즉에 멀어졌다고요. 그러니 포기하세요!" 그러나 에디슨은 조수의 권고를 받아들이지 않았다. 그는 말했다. "내가 지금까지 얻은 수확은 썩 괜찮은 편이지. 적어도 천여 종류의 재료를 필라멘트로 쓸 수 없다는 사실을 알게 되었으니까." 결국 6천 번이 넘는 실험 끝에 에디슨은 필라멘트에 적합한 재료를 찾아냈고 인류 역사상 처음으로 전구를 발명했다.

우리는 살아가면서 결코 실패를 피할 수는 없다. 또한 성공을 실패보다 소중히 생각하기 때문에 더 많이 실패하는 것이다. 실패를 한 번 겪고는 다시 일어나지 못하고 의기소침한 사람에게 성공의 희망이란 존재하지 않는다. 그들의 눈에 성공은 불가능한 것이고 모든 일은 실패의 그림자에 가려져 어려움으로 변한다. 일단 이러한 생각이 형성되면 그 사람은 실패의 깊은 수렁에 빠져 영원히 헤어나지 못한다. 에디슨은 "실패도 우리에게 필요하다. 그것은 성공과 똑같은 가치가 있다. 나는 사용할 수 없는 모든 방법을 알고 난 후에야 비로소 가장 적절한 방법을 알게 되었다."라고 말했다. 거듭되는 실패는 모두 당신에게 더 많은 것을 배우게 하고 성공에 한 발짝 더 다가서게 한다. 실패를 겪지 않으면 절대 성공의 비결을 배울 수 없다.

실패는 학습이며 경험이다. 그것은 성공의 무덤이 될 수도 있고 발판이 될 수도 있다. 사실 실패 자체는 실패가 아니다. 그것은 실패자가 어떻게 생각하느냐에 달려있다. 거듭된 실패를 경험한 사람이야말로 위대한 사람이고 성공의 즐거움과 희열을 누릴 수 있다.

> 실패는 인생에서 피할 수 없는 존재다. 실패가 있으므로 사람은 어떻게 하면 성공할 수 있을지 배운다.

끝까지 최선을 다하는
사람이 성공한다

성공적인 사업은 굳은 의지와 떼놓을 수 없다.
의지가 약한 사람은 울퉁불퉁한 성공의 길을 절대 끝까지 걸어가지 못한다.
–프랭클린 루스벨트

무슨 일을 하든지 시종일관 한결같은 사람이 있다면 그는 분명 삶
의 강자이자 성공적인 인생을 소유할 수 있는 사람이다. 사람은 시작
이 좋아야 할 뿐만 아니라 끝도 좋아야 한다. 어떤 일을 할 때 시작은
좋지만 계속해서 유지하지를 못하는 사람이 많다. 이러한 사람은 아
무리 노력해도 항상 봄만 시작될 뿐 수확의 계절인 가을은 찾아오지
않는다. 어느 교수가 강의에서 다음과 같은 이야기를 했다.

평생 목수 일을 하다 은퇴를 앞둔 목수가 있었다. 그는 지금까지
회사에 수많은 공헌을 했다. 일을 시작한 첫날부터 오늘에 이르기까
지, 일개 수습생에서 장인이 되기까지 한 걸음 한 걸음씩 전진하여
현재에 이르렀다.

그는 사장에게 일하는 것이 더 이상 몸이 견뎌내지 못하니 가정으

로 돌아가 아내와 아이들과 함께 조용하게 살고 싶다고 이야기했다. 사장은 그렇게 하라고 하면서 대신 그에게 마지막으로 집 한 채를 지어줄 수 있겠냐고 물었다. 늙은 목수는 주저하다가 알겠다고 승낙했다.

집을 짓는 과정에서 늙은 목수의 마음은 이미 일에 멀어져 있었다. 그는 재료를 고를 때도 예전처럼 엄격하지 않았으며 만들어낸 물건도 예전과는 수준이 달랐다. 이를 보고도 사장은 아무 말도 하지 않았다. 그는 집이 다 지어지기를 기다렸다가 열쇠를 목수에게 건넸다. "이건 당신의 집이네. 내가 당신에게 주는 선물이야." 늙은 목수는 정신이 멍해졌다. 마음속에 지금껏 경험하지 못한 후회와 부끄러움이 몰려왔다. 그는 평생 수많은 집을 지어왔지만, 마지막에 이르러 자신을 위해 조잡하고 질이 낮은 집을 만들고 말았다.

삶 속에서 행운은 항상 당신 가까이에 있다. 그것을 잡을 수 있을지는 시종일관 같은 태도를 유지하는가에 달려있다. 마지막 순간에 조금만 소홀히 하면 큰 손해를 입고 후회하게 된다.

사람과 사람 사이에 지식의 차이는 매우 미미하다는 사실을 많은 사람이 알고 있다. 성공과 실패는 결국 일을 처리하는 능력에 달렸다. 성공하는 사람은 모든 일을 끝까지 성실하게 처리하고 실패하는 사람은 한결같이 못해서 중간에 혹은 시작만 하고 그만둔다. 그러면 그의 인생에는 수많은 '반쪽짜리 공사'가 남게 된다.

영국의 총리 처칠은 반파시스트 전쟁에서 지대한 공헌을 한 사람으로 훗날 민족의 영웅이자 위대한 정치가, 연설가가 되었다. 그의 이름과 영웅적인 업적은 영국의 역사책에 길이길이 빛난다. 그러나 그가 사실은 대단히 서투른 연설가였다는 사실을 아는 사람은 매우 드물다.

한번은 그가 연설회 초청에 응해 참가하게 되었다. 그는 다른 사람에게 망신당해 비웃음을 살까 두려워 연설하기 전에 반복해서 연설 원고를 외우며 연습했다. 연설회가 시작되기 전 긴장해서 심장은 갈수록 더 빨리 뛰기 시작했다. 그의 얼굴에는 땀이 흥건했고, 다리마저 말을 듣지 않고 부들부들 떨렸다. 그는 강단에 올라 심호흡을 한 다음 청중들에게 뻣뻣하게 인사를 하고 연설을 시작했다. 그러나 너무 긴장한 탓에 몇 마디 하지도 못했는데 머릿속이 새하얘졌다. 연설하기 전에 익숙하게 외워둔 원고가 조금도 생각나지 않았다. 다급해진 그의 얼굴은 붉어졌고 난처해하며 강단을 내려와 강연을 포기했다.

처칠은 첫 번째 강연의 실패로 실의에 빠졌다. 집에 돌아와 부끄러워 쥐구멍에라도 들어가고 싶은 심정이었다. 그는 이것이 인생 최대의 치욕이라 생각했다. 자신의 첫 번째 연설에서 청중들의 박수 소리 대신 치욕스러운 눈초리를 받았다는 사실을 잊을 수가 없었다. 그는 자신이 천성적인 바보가 아닌 이상 연설할 때의 긴장감과 공포 등 심리적 상황만 극복하면 분명 좋은 연설을 할 수 있게 될 거로 생각했다. 그는 치욕스러웠던 첫 번째 연설을 원동력으로 삼았다. 그는 대담하게 관중을 마주하고 자신이 하고 싶은 말과 관점을 모두 할 기회를 잡았다. 그는 더 이상 원고를 암기하지 않고 즉흥적인 실력을 발휘하게 되었다. 그 결과 그의 연설은 갈수록 힘을 더해갔다.

1940년 처칠이 영국의 총리로 당선되었을 때의 취임 연설은 그야 말로 그의 정수가 확연히 드러나는 것이었다. 관점이 분명했고 태도 도 자연스러웠으며 울리는 목소리에는 힘이 있었다. 그럴 때마다 청 중들의 공감이 담긴 박수갈채를 받았다. 반파시즘 전쟁에서 그의 연 설은 영국 군인들의 사기를 분발시켰고, 강력한 적군을 연이어 무찌 르는 데 정신적으로 막강한 동력을 제공했다.

자신을 변화시키려는 처칠의 한결같은 태도는 우리를 감동하게 한다. 많은 사람은 그와 같은 연설 실패를 경험한다면 분명 다시는 연설하려 하지 않을 것이다. 그러나 처칠은 좌절로 인해 쓰러지지 않 았고 오히려 실패를 계속해서 공부하는 원동력으로 삼았다. 그는 실 패의 원인을 찾은 후 끊임없는 노력으로 자신을 변화시켰고 시종일 관 연설 능력을 단련했다. 이는 처칠의 남다른 장점이라 할 수 있다.

모든 일은 시작이 어려운 법이다. 그러나 완벽한 결말을 맞이하기 란 더 어렵다. 우리는 대부분 어떤 일을 하기 시작할 때는 의욕이 충 만하고 열심히 하지만 시간이 지나면 귀찮은 마음이 생겨 결국에는 수많은 일을 중도에 포기하고 만다. 그렇게 되면 자연히 만족할만한 결과를 얻을 수 없다. 한결같은 태도를 유지한다는 것은 인생의 가장 큰 성과다. 무슨 일을 하든지 중도에 포기하는 사람은 결국 아무 일 도 이룰 수 없다.

갓 사회에 발을 들인 청년들은 열정이 가득하지만 잇따른 좌절을 겪으면 즉시 생각을 바꾸고 새로운 목표를 바라보는 경우가 많다. 원 래 하려던 일을 포기하고 새로운 일을 하기 시작한다. 그들은 이렇게 시작은 있되 끝이 없는 태도로 모든 일을 하고 '수습하기 힘든 반쪽짜

리 공사'를 무수히 남긴다. 그들이 성공하지 못하는 이유는 자기 행동
과 목표를 일치시키지 못하기 때문이다.

현명한 사냥꾼은 한 번 노린 사냥감은 끝까지 놓치지 않는다. 위
대한 성공자는 어떤 일을 할 때 시작에 주의할 뿐만 아니라 결과에
더욱 주의한다. 그들은 자신의 인생에 보기 흉한 '반쪽짜리 공사'를
남기지 않는다.

> 시종일관 한결같은 태도를 유지할 수 있는 사람이 있다면 그는 분명 삶의 강자
> 다. 그는 반드시 행복한 인생을 손에 넣을 수 있을 것이다.

부록

하버드
철학의
사례

알렉산더 플레밍 교수
선행에서 시작된 위대한 업적

　운명이나 기회는 매우 신기한 존재다. 그것은 일련의 사건에서 파생되기도 하며 인류의 발전을 더욱 가속하기도 한다. 이러한 각도에서 볼 때 페니실린을 발명한 알렉산더 플레밍은 선행으로 말미암아 위대한 업적을 이룬 사람이라 할 수 있다. 그가 발명한 페니실린은 수없이 많은 사람의 생명을 구했고, 그가 이러한 공헌을 할 수 있었던 이유는 그의 위대한 아버지 덕분이었다.

　알렉산더 플레밍의 아버지는 스코틀랜드의 가난하고 평범한 농부였다. 그는 평소와 다름없이 농경지에서 일을 하다 갑자기 누군가 도움을 청하는 소리를 들었다. 그는 즉시 농기구를 던져 놓고 사방을 돌아다니다가 똥통에 빠져서 허우적거리는 남자아이를 발견했다. 그는 코를 찌르는 악취에도 주저하지 않고 그 속으로 들어가 아이의 목숨을 구했다. 그러던 어느 날 아이의 아버지가 감사를 표하러 찾아왔다. 그 아버지는 부유한 신사였다. 신사는 농부의 감사에 보답하기 위해 큰 사례를 하려 했으나 농부는 이를 계속 거절하며 정중하게 이야기했다. "제가 당신의 아들을 구한 것은 보답받기 위해서가 아닙니다." 서로 양보를 하는 사이 한 소년이 집으로 들어왔다. 신사는 그 소년을 보고 농부에게 물었다. "이 아이가 당신의 아들입니까?" 농부는 매우 기뻐하며 고개를 끄덕였다. "그렇습니다." 신사가 이야기했다. "그럼 좋습니다. 당신이 저의 아들을 구해주셨으니 저도 당신의 아이를 위해 무언가를 하겠습니다. 우리 협상을 합시다. 부디 제가 당신의 아들을 데려가 좋은 교육을 받게 할 수 있도록 해주십시오. 만약 당신의 아들이 당신처럼 선량한 사람이라면 그는 장래에 분명 당신이 자랑스러워할 사람이 될 것입니다." 신사의 성의에 감동한 농부는 그 제안에 동의했다.

어린 플레밍의 운명은 아버지의 선량한 행동 덕분에 완전히 바뀌었다. 그는 가난한 어린아이에서 런던대학교 의대생이 되었고 순조롭게 학업을 마쳤다. 천부적으로 똑똑하고 열심히 공부하는 사람이었던 그는 1928년에 페니실린을 발명했다. 훗날 영국의 병리학자 플로리와 독일의 생물학자 체인의 한 단계 더 나아간 연구를 거쳐 1941년에 임상에서 사용하게 되었고 1943년에는 점차 널리 보급되기 시작했다. 페니실린은 원자탄, 레이더와 함께 2차 세계대전의 중요한 3대 발명품의 하나가 되었다.

만약 플레밍의 아버지가 위급한 아이의 목숨을 구해주지 않았다면 그는 계속해서 가난하게 살아야 했을 것이고 어쩌면 페니실린은 한참 후에나 발견되었을지도 모른다. 그랬다면 수많은 사람의 목숨을 구할 수 없었을 것이다. 재미있는 사실은 그 신사가 당시 영국의 상의원 의원이었고 농부가 구해준 아이는 훗날 영국의 유명한 정치가가 된 처칠이라는 것이다. 선의의 행동 하나가 두 아이를 세계적으로 중대한 영향을 끼칠 인물로 만들 줄 그 누가 알았을까? 이것이 바로 선행이 가진 역량이다.

사 례 분 석

위의 사례에서 알렉산더 플레밍 교수는 아버지가 뿌린 씨앗의 결과를 거두었다. 그의 운명

은 아버지가 베푼 선행으로 바뀌었고 세상은 농부의 선행으로 인해 빠른 발전을 이루었다.

농부에게 있어 이는 더할 나위 없는 보답이었고 플레밍에게는 선행의 계승이었다. 이 이야

기는 사람들에게 선행의 가치를 다시금 증명한다. 사소하게 보이는 선행이 어쩌면 미래에

영향을 끼치는 선행의 허리케인이 될 수도 있다. 선행은 계승되고 축적되는 무한한 가치를

지닌 보물이자 인간의 가장 원시적이고 귀중한 품격이다.

미디어의 제왕 빌
세상을 원망하지 마라

미디어의 제왕 빌은 어렸을 때 매우 가난했다. 사회의 저소득층으로 살아가던 빌은 당시 수많은 빈곤 가정의 아이들처럼 신문팔이하며 먹고 살았다. 신문팔이 소년은 어디서나 볼 수 있을 정도로 많았고 빌은 몸이 왜소해서 종종 다른 아이들의 괴롭힘을 받았다. 항상 고통만을 맛본 빌은 삶에 희망 따윈 품지 않았고 그저 배불리 먹을 수 있기만을 바랐다. 빌의 마음속에는 다른 사람을 적대시하는 감정이 생겨났고 세상을 증오했다. 그는 세상이 자신에게 불공평하다고 생각했다.

어느 늦은 봄의 오후, 빌은 평소대로 길거리에서 신문을 팔고 있었다. 이때 전차 한 대가 그의 곁에 멈췄다. 한 뚱뚱한 남자가 창문으로 손을 내밀어 신문을 달라는 시늉을 했다. 빌이 뚱뚱한 남자에게 신문을 건넨 후 돈을 받지도 못했는데 전차가 움직이기 시작했다. 빌은 뒤를 따라 뛰어가며 소리쳤다. "선생님! 돈을 주셔야죠."

그러자 뚱뚱한 남자는 일부러 빌을 놀렸다. 그는 동전 하나를 들더니 줄 생각은 하지도 않고 웃기 시작했다. 그는 웃으면서 빌에게 말했다. "발판으로 올라오면 네게 주겠다." 말을 마치고 그는 동전을 두 손바닥 사이에 끼워 문지르며 빌이 전차를 따라잡으면 얼마든지 돈을 가져갈 수 있다는 시늉을 했다. 빌은 참을 수 없이 화가 났지만 다른 방법이 없었다. 그는 겨드랑이에 끼고 있던 신문을 어깨로 옮겨 매고 전차 발판에 올라서려 했다. 하지만 발이 미끄러져 바닥에 내팽개쳐지고 말았다. 그가 일어났을 때 전차는 이미 멀리 떠난 뒤였다. 빌은 넘어지면서 육체적인 고통도 느꼈지만, 세상의 증오를 더욱 깊이 느꼈다.

바로 이때 마차 한 대가 '끼익' 소리를 내며 빌 앞에 멈췄다. 한 아름다운 부인이 마차에서 내려 그를 부축해주었다. 빌은 부인의 눈에 눈물이 맺혀 있는 것을 보았다. 부인은 그 모습을 다 지켜보고 있었고 전차를 향해 욕을 퍼부었다. "피도 눈물도 없는 이 나쁜 놈아! 나가 죽어라!"

욕을 한 후 부인은 허리를 굽혀 빌에게 말했다. "애야, 나는 다 지켜보았다. 여기서 잠깐만 기다리렴. 금방 돌아올게." 그러더니 그녀는 마부에게 말했다. "마크, 얼른 쫓아가서 그 사람을 혼내줘요!" 빌은 일어나 눈물을 닦으며 그 아름다운 부인이 영화 포스터에 나온 대스타 메이 어윈(May Irwin)이라는 사실을 알았다.

10분 후 마부가 돌아왔다. 그녀는 빌을 마차에 태운 다음 마부에게 말했다. "마크, 무슨 일을 했는지 들려줘요."

"그 녀석을 혼쭐을 내주고 왔지." 마부는 이를 갈며 말했다. "양쪽 눈을 퍼렇게 만들고 관자놀이를 한 방 먹였어. 그리고 돈도 찾아왔다." 마부는 동전을 빌에게 주었다.

"애야, 내 이야기를 좀 들어보렴." 그녀가 말했다. "너는 저런 나쁜 놈을 만났다고 해서 다른 사람도 모두 나쁜 사람이라고 생각하지는 않겠지? 세상에는 나쁜 사람이 적지 않지만, 대부분은 좋은 사람이란다. 너랑 나처럼 말이야. 우리는 모두 좋은 사람들이야. 안 그러니?"

눈 깜짝할 새에 세월이 흘렀고 빌은 어른이 되었다. 그때 일은 그에

338

게 잊을 수 없는 따뜻한 추억이 되었다. 어느 날 그는 그 사건을 회상하다가 뭔가 이상한 점을 발견했다. 그렇게 짧은 순간에 마부는 어떻게 그 녀석을 따라잡아 한 대 때려줄 수 있었을까?

메이 어윈과 마부의 선의 거짓말이었던 걸 알고 빌은 눈물을 흘렸다. 아마도 마부는 빌이 보이지 않는 곳에 몸을 숨겼을 것이다. 심지어 전차의 그림자도 좇지 않고 방향을 돌려 다시 빌에게 돌아왔을 것이다. 상처를 입고 화가 난 연약한 아이가 세상을 증오하고 열심히 살아가기를 포기할까 봐 그런 것이었다.

수년 후 빌은 미디어의 제왕이 되었다. 그는 동업자들에게 말했다. "나는 고통과 시련을 준 신에게 감사하며 메이 어윈(May Irwin) 씨에게 감사한다. 그녀가 그날 화를 내던 모습과 눈에 비친 눈물 덕분에 나는 타락하지 않고 세상을 원망하지 않으며 살아올 수 있었다."

사 례 분 석

빌을 잘 아는 사람들은 그가 유머러스하며 마음이 따뜻한 사람이라는 사실을 잘 알고 있다. 그러나 그의 낙관적이고 활달한 태도가 어둠과 고통 속에서 비롯되었다는 사실을 아는 사람은 매우 드물다. 운명의 나락에 떨어졌을 때 사람은 종종 세상의 어두운 부분에 특히 민감하게 반응한다. 이에 쉽게 세상을 증오하며 사람들을 원망하게 되고 더 나아가 삶의 희망을 잃는다. 인생의 바닥에 있을 때 세상을 적으로 삼으면 더 큰 고통에 빠져들 수밖에 없다는 것을 빌은 우리에게 이야기한다. 우리에게 감동과 사랑을 준 사람들과 빛나는 세상을 한번 생각해보라. 우리는 자신을 위해 노력하고 끝없는 어두움 속에서 필사적으로 빠져나와야 한다.

데이비드 슈왈츠(David Schwarz)
쓸모 있는 사람의 힘을 빌려라

데이비드 슈왈츠는 미국의 유명한 '패션 제왕'이다. 그가 경영하는 어바웃 더 사우스 루 제인(About the south Lou Jane)패션회사는 5,000개에 달하는 미국의 패션 회사 중에서도 최고의 위치를 차지하고 있다. 누구나 다 알고 있듯이 사람이 유명해지면 그 뒤에서는 다양한 추측과 의견이 분분하다. 누군가는 데이비드 슈왈츠가 성공할 수 있었던 것이 교묘한 수단 덕분이었다고 이야기하고 누군가는 그저 운이 좋았을 뿐이라고 이야기했다. 그러나 그는 성공이 자신에게 가장 큰 도움이 되는 사람을 찾은 덕분이라고 말한다.

슈왈츠는 15살 때부터 패션 회사에서 점원으로 일하며 19살 때는 자기 가게를 열겠다고 장담했다. 꿈을 이루기 위해 끊임없이 일하며 3,000달러를 모았다. 그는 다른 사람과 함께 작은 옷 공장을 차리는 데 이 돈을 사용했다. 경영한 지 얼마 되지 않아 자신의 회사에 디자이너가 없다는 문제점을 발견했다. 패션업계는 다른 사람들과 같은 옷을 만들면 활로를 개척할 수 없고 새로운 상품을 디자인해야 두각을 나타낼 수 있는 것이었다.

그와 같은 생각을 하는 사람은 그 하나뿐만이 아니었다. 어느 날 그는 기성복을 판매하는 소매점에 가게 되었다. 30세 정도의 가게 주인은 그의 옷을 보더니 말했다. "당신 회사에 디자이너가 없다는 사실에 내기를 걸겠어요." 가게 주인의 말은 그의 정곡을 찔렀다.

주인은 가게 안에서 파란색의 세련된 옷을 차려입은 젊은 부인을 데려왔다. "그녀가 입고 있는 옷을 당신들 옷과 비교하면 어떻습니까?"

"훨씬 좋군요." 슈왈츠는 엉겁결에 칭찬했다.

"이 옷은 제가 특별히 아내를 위해 디자인한 겁니다." 소매점 주인은 자랑스러운 듯 이야기하다가 갑자기 입을 삐죽거렸다. "저 같은 작은 가게 주인이 당신들 눈에 찰 리 없지요. 당신들은 고집만 갖고 있지 디자인을 이해하지는 못하잖아요? 아름다움을 느끼는 세포조차도 없다고요!"

만약 일반적인 사람이라면 분명 가게 주인의 말에 크게 화를 냈을 것이다. 그러나 슈왈츠는 조금도 개의치 않고 미소를 지으며 물었다. "당신은 왜 큰 회사에서 일하며 재능을 발휘하지 않소?"

이 말은 단번에 소매점 주인의 신경을 건드렸다. 그는 화를 내며 말했다. "저는 굶어 죽는 한이 있어도 다른 사람 밑에서 일하고 싶지 않아요! 지금껏 세 군데서 일 해 봤지만, 그들은 아무것도 이해하지 못하고 제가 고집을 부린다고 했죠. 저는 그들이 디자인을 전혀 이해하지 못한다는 사실에 정말 실망했어요."

이 말을 듣고 슈왈츠는 돌연 이 사람이 자신에게 필요한 디자이너일지도 모른다는 생각이 들었다. 일반적으로 뛰어난 능력을 갖춘 사람은 그처럼 건방지고 쉽게 화를 내며 자신감과 고집이 세다. 여기까지 생각한 슈왈츠는 그를 디자이너로 초빙하기로 생각했지만 거절당했다.

그러나 슈왈츠는 포기하지 않았다. 그는 이미 자신이 유용한 인재를 찾았다는 사실을 알고 있었다. 그래서 개인적으로 소매점 주인이 전에 일했던 회사의 대표를 찾아가 그에 관한 이야기를 들었다. 그가 전에 일했던 회사의 대표는 그의 재능을 매우 높이 사고 있어서 만약 자신이 10년만 젊었어도 그를 영입하기 위해 노력했을 거라고 이야기했다. 하지만 전 회사 대표는 그의 개성이 너무 강한데다 콧대가 높고 성격도 좋지 않기 때문에 관리하기 매우 힘든 사람이라는 단점도 이야기했다. 때로는 그의 안색을 살피기도 해야 했는데 이는 기업을 관리하는 사람들에게 있어서 매우 힘든 일이었다.

이 말을 들은 슈왈츠는 매우 흥분하며 개성이 강한 그를 완전히 받아들일 수 있었다. 그를 중요한 자리에 임용하고 그 재능을 높이 사고 싶어 삼고초려의 정신으로 계속 그를 찾아가 간절하게 설득했다. 결국 마음이 움직인 그는 슈왈츠의 디자이너가 되는 것에 동의했고 슈왈츠는 레이온을 재료로 옷을 만들었다. 한발 앞서 업계를 선도하며 우세를 차지하게 된 그의 회사는 실적이 계속 상승해서 채 10년도 되지 않아 대기업이 되었다.

슈왈츠가 재능 있는 디자이너를 채용하는 데 중점을 둔 이유는 패션업계에서는 스타일과 소재 방면에서 계속 선두를 독점하기란 불가능하다는 사실을 인식했기 때문이다. 패션업계에서는 끊임없이 새로운 시대의 흐름을 창조해야만 비로소 선두에 나설 수 있었다. 그리고 이는 재능 있는 디자이너의 도움이 있어야 실현할 수 있는 일이다. 이러한 신념을 바탕으로 슈왈츠는 성공한 뒤에도 시종일관 자신에게 유용한 디자이너를 찾는 데 노력을 아끼지 않았다.

사 례 분 석

'자신에게 필요한 사람을 쓰는 것'은 일종의 선진적인 인재 채용 이념이다. 또한 기업의 인사 관리에서 꼭 필요한 부분이기도 하다. 슈왈츠의 성공은 그가 별다른 능력을 발휘하지 않는 사람들에게 체력을 낭비하지 않고 자신에게 가장 유용한 사람을 직접 찾았다. 한동안 직장인들 사이에서 "당신이 무엇을 알고 있는가가 아니라 누구를 알고 있는가가 중요하다."라는 말이 유행한 적이 있다. 제아무리 뛰어난 리더라도 기업의 경영과 발전을 혼자 담당할 수는 없다. 이때는 특별한 전문가를 채용해 일을 분담시키는 편이 좋다. 그러면 안심하고 인재를 관리할 수 있고 기업의 핵심 경쟁력도 향상될 것이다.

인류학자들은 연구를 통해 사람의 교제 능력과 자원에 유사성이 있다는 사실을 발견했다. 그것은 유실되거나 소진될 가능성이 있다는 것이다. 그래서 성공한 사람은 자기 목표를 달성하기 위해 전력으로 자신에게 가장 도움이 될 사람을 찾는다.

웨인 진(Wayne Jean)
대세를 따르는 힘

제2차 세계대전이 벌어지던 시기 경제적인 불황을 맞이한 미국에서는 수많은 업종이 쇠락하게 되었다. 당시 웨인 진은 미국의 한 재봉틀 공장의 공장장이었다. 다른 업종과 마찬가지로 그의 사업도 불황일 수밖에 없었다. 대세를 따라야 한다고 생각한 그는 변화를 꾀했다. 당시 전쟁은 사람들에게 매우 광범위하게 어두운 그림자를 드리우고 있었고 미국에는 무기를 파는 것 외에는 할 만한 사업이 없는 상태였다. 그러나 현명한 상인이었던 그는 전쟁을 이용해 돈을 벌기로 결심했다. 심사숙고후 그는 장애인이 사용하는 휠체어를 대량으로 생산하기 시작했다.

그의 아들은 아버지의 생각을 도무지 이해할 수 없었지만 어쩔 수 없이 따랐다. 얼마 지나지 않아 부분적인 설비 설계와 개조를 거쳐 그들의 공장에서는 장애인을 위한 간이 휠체어를 생산했다. 그러나 판매량은 여전히 저조한 상태였고 이에 아들은 불만을 토로했다. 그러나 그의 아버지는 이미 전반적인 상황을 다 고려하고 있었다.

전쟁이 끝나고 웨인 진의 휠체어 판로는 점점 활기를 띠기 시작했다. 전쟁으로 장애인이 된 병사와 일반 시민들은 잇달아 휠체어를 구매했다. 머지않아 휠체어 품귀현상이 벌어졌고 이때 간이 휠체어를 대량으로 생산하는 곳은 오로지 그의 공장뿐이었다. 간이 휠체어 시장은 미국

내에서 빠르게 성장했고 외국으로부터의 수요도 늘어났다.

휠체어 사업이 대단한 이익을 가져다주는 것을 보고 여러 가지 생각을 한 아들은 아버지에게 물었다. "앞으로 30년 혹은 50년 후에는 어떤 변화가 있을까요? 전쟁은 이미 끝났으니 앞으로는 휠체어를 대량으로 생산한다 해도 분명 수요가 많지 않을 거예요."

그는 대세를 따르지 못하는 아들의 생각을 듣고 물었다. "전쟁은 끝났고, 그 후 사람들은 무엇을 생각할까?"

아들이 대답했다. "삶을 생각하겠지요. 평화로운 삶이요. 사람들은 전쟁이라면 이제 지긋지긋할 테니까요."

그러자 그의 아버지는 한발 더 나아간 생각을 이야기했다. "평화로운 삶은 무엇을 기반으로 이루어질까? 바로 건강한 신체지. 앞으로 사람들은 건강이 중요한 목표로 생각하게 될 거다. 우리는 당장 헬스 기구를 생산할 준비를 해야 해."

아들은 아버지의 말을 듣고 정신이 번쩍 들었다. 그래서 간이 휠체어를 생산하는 기계의 작업 라인을 헬스 기구를 생산에 맞게 개조했다. 그러나 당시 헬스 기구의 판매 상황은 결코 낙관적이지 않았다. 연로한 웨인 진은 이미 세상을 떠났지만, 아들은 아버지의 선견지명을 굳게 믿고 계속해서 헬스 기구를 생산했다. 10여 년 후, 헬스 기구는 점차 인기를 얻게 되었다.

당시 미국에서 헬스 기구를 생산하는 곳은 오로지 웨인 진의 회사뿐이었다. 사람들의 요구에 발맞추어 그의 공장에서 생산되는 헬스 기구의 품종은 더욱 다양해지기 시작했다. 그의 아들은 시장의 수요를 근거로 생산량을 확대했고 그의 집안은 억만장자 행렬에 들어서게 되었다.

사 례 분 석

대세를 따르는 것은 '흐름에 순응하는 것'이다. 이는 국제 정세를 바탕으로 적절하게 책략을 변화시키는 경영의 지혜다. 웨인 진이 부자가 될 수 있었던 이유가 바로 이를 가장 잘 증명한다. 대세를 따라 흐름에 순응하면 막강한 수요를 창출할 수 있다. 대세에 따르는 법을 배우려면 우선 뛰어난 선견지명이 있어야 하고 인내할 줄 알아야 한다. 또한 국제 정세를 통찰하는 법을 배우고 다양한 사물 사이에 존재하는 유사점과 차이점을 발견할 줄 알아야 한다. 이를 통해 책략을 세우고 시대의 흐름을 따라 실력을 발휘해야 한다.

아인슈타인
남다른 길을 가야 비로소 발자국을 남길 수 있다

아인슈타인은 1899년에 스위스 취리히의 연방 공과대학에서 다니며 생각이 깊고 탐구 정신이 강한 학생이었다. 그는 종종 그의 지도 교수인 수학자 민코프스키(Hermann Minkowski)와 함께 과학과 인생을 토론했다. 갑자기 기발한 생각이 떠오른 아인슈타인이 민코프스키에게 물었다. "사람은 어떻게 해야 과학 분야와 인생에 자신의 찬란한 발자국을 남기고 뛰어난 공헌을 할 수 있을까요?"

아인슈타인의 질문에 민코프스키는 아무런 대답도 할 수 없었다. 그는 집에 돌아가 골똘히 생각해보았다. 그리고 3일 후에 돌연 아인슈타인을 찾아가 매우 흥분하며 이야기했다. "자네가 그날 한 질문에 답을 찾았네!"

"무슨 답이요?" 아인슈타인은 즉시 대답했다. "어서 알려주세요!" 민코프스키는 순간 말을 어떻게 해야 할지 몰랐다. 한동안 머뭇거리면서 설명하지 못했다. 그래서 아인슈타인을 건축 공사장으로 데려갔고 건축 작업자들이 갓 깔아놓은 시멘트를 발로 밟았다. 아인슈타인은 스승의 기괴한 행동에 어찌할 바를 몰라서 스승에게 물었다. "선생님, 저를 다른 길로 잘못 데려온 것은 아닌지요?"

"그래. 바로 다른 길이야!" 민코프스키는 다른 사람들의 시선은 신경 쓰지 않고 집중해서 말했다. "봤지? 이렇게 '다른 길'을 가야만 발자국을 남길 수 있어! 새로운 영역, 아직 굳어지지 않은 곳에만 비로소 깊은 발자국을 남길 수 있다고. 이미 굳은 지 오래된 지면이나 많은 사람이 발을 들여놓은 곳은 아무리 밟아도 자국을 남길 수가 없어."

스승의 말을 듣고 큰 깨달음을 얻은 아인슈타인은 민코프스키에게 말했다. "선생님, 선생님이 하신 말씀의 의미를 잘 알겠습니다."

이때부터 아인슈타인의 강렬한 창의력과 개척 정신에 시동이 걸리기 시작했고 새로운 과학의 길을 걸어가게 되었다. 그는 말했다. "나는 지금껏 사전이나 열람 속에 나오는 것을 기억하거나 생각한 적이 없다. 나의 두뇌는 아직 책에 기록되지 않은 걸 기억하고 사고하는 데 사용된다."

아인슈타인이 학교를 졸업하고 처음으로 세상에 발을 내디딘 몇 년 동안 베른 특허국에서 이름이 알려지지 않은 일반 직원으로 일했다. 그는 쉬는 시간을 이용해 과학 연구를 진행했고 물리학의 미지 영역 3분야를 연구하는 데 완전히 몰두했다. 그리고 용기 있게 뉴턴 역학에 도전해 이를 돌파하려 했다. 그는 26살이 되었을 때 상대성 이론을 수립했고 물리학의 새로운 기원을 열어 인류에 위대한 공헌을 했으며 과학사에 빛나는 업적을 남겼다.

사 례 분 석

아직 굳지 않은 시멘트를 통해 아인슈타인의 창의력과 탐구 정신은 발전되었다. 사실 인류 사회와 현실 생활의 다양한 영역에는 모두 각양각색의 '아직 굳지 않은 시멘트'가 존재한 다. 단지 수많은 사람의 고정관념이 현재 상황을 돌파하지 못할 뿐이다. 자신의 재능과 능력을 증명하려면 우선 용감하게 고정관념을 버리고 발전적인 안목으로 자신을 대해야 한다. 경험과 환경에 속박되지 않아야 비로소 당신은 새로운 발자국을 남길 수 있다.

잭 웰치(John Welch)
이것은 내가 할 수 있는 최선인가

웰치가 갓 GE에 들어갔을 때 그는 혈기 왕성한 젊은이였다. 전문 인재인 그에게 업무는 매우 간단했고 일은 모두 순조롭게 풀렸다. 어느 날, 사장은 그에게 한 가지 업무를 맡겼다. 그것은 한 유명한 기업의 광고 기획안을 작성하라는 것이었다. 사장이 직접 지시한 업무에 웰치는 기회가 왔음을 깨달았다. 자신의 재능을 드러날 기회가 다가왔다고 생각한 그는 정신을 바짝 차렸다.

웰치는 한 달 내내 성실하게 업무에 몰입했다. 반복해서 확인하고 전반적인 상황을 파악한 그는 자신이 설계한 방안을 사장에게 건넸다. 그러나 사장은 대충 훑어본 후 그에게 말했다. "이게 자네가 할 수 있는 최선인가?"

웰치는 순간 깜짝 놀라 정신이 멍해졌다. 사장은 그의 기획안에 만족하지 못한 것이 분명했다. 웰치는 아무 말도 하지 않고 기획안을 가지고 자신의 사무실로 돌아왔지만, 마음이 편치 않았다. 최선을 다해 최고의 성과를 도출하기로 결심한 그는 머리를 쥐어짜 계속해서 기획안을 개선하기 시작했고 수정안을 가지고 가 사장에게 건넸다. 그러나 이번에도 사장은 똑같은 질문을 던졌다. "이게 자네가 할 수 있는 최선인가?"

웰치는 완전히 막막해졌다. 두 번이나 퇴짜를 맞은 그는 자기 능력에 의문이 들기 시작했다. 하지만 포기하지 않겠다는 마음으로 또다시 기획안을 수정하기 시작했다. 몇 차례의 수정과 퇴짜를 거친 후 마지막으로 최선의 기획안을 완성한 웰치는 자신감 있게 말했다. "그렇습니다. 이것이 제가 할 수 있는 최선의 기획안입니다." 예상대로 그의 기획안은 통과되었다.

이러한 경험을 겪은 후 그는 말했다. "사장의 불만을 두려워할 필요는 없다. 더욱이 가혹한 요구를 두려워할 필요도 없다. 오로지 끊임없이 개선하고 최선을 다하기 위해 노력하면 분명 최고의 성과를 얻을 수 있을 것이다."

그 후 그는 일을 할 때 자신에게 '이것은 내가 할 수 있는 최선인가?'라고 질문한 후 끊임없이 개선해 나갔다.

이처럼 포기하지 않는 정신을 가진 웰치는 항상 자신에게 높은 수준을 요구해 그 누구도 대체할 수 없는 GE의 정신적 지주가 되었다.

사 례 분 석

높은 기준과 엄격한 요구는 자신의 의지를 단련하는 방법의 하나다. 우리는 어떤 일을 하던 최선을 다하고 최고의 결과를 도출해야 한다. 지금 하는 일이 과연 최선인가? 라는 답은 오로지 자신만이 알 수 있다.

유머의 대가 윌 로저스(Will Rogers)
관용으로 마음을 얻다

미국의 유명한 유머의 대가 윌 로저스는 유쾌하고 인간적인 사람이다. 그는 종종 다음과 같이 말했다. "나는 한 번도 싫어하는 사람을 만난 적이 없다." 이는 그를 싫어하는 사람이 없었기 때문에 그가 모든 사람을 좋아하게 되었다고 해석할 수 있을지도 모른다.

그는 1898년 겨울에 한 목장을 물려받았다. 어느 날 목장의 소 한 마리가 근처의 농가로 도망가 옥수수를 먹어 치웠다. 그래서 그 농장의 농부는 소를 죽여 버렸다. 이 사실을 알게 된 로저스는 매우 화가 났다. 그당시 법에 따르면 농부는 소를 죽이기 전에 반드시 로저스에게 그 이유를 설명하고 통지한 다음 처리해야 했지만, 농부는 그렇게 하지 않았다. "마치 강도나 다름없군!" 로저스는 매우 화를 내며 말했다. 그리고 고용인을 한 명 불러 함께 말을 타고 농부의 집에 따지러 갔다.

한겨울이라 길에는 눈이 가득 쌓였고 그들의 몸과 말에는 얼음과 서리가 들러붙었다. 두 사람은 거의 동상에 걸릴 뻔했고 농부의 통나무집에 도착했을 때 농부는 마침 집에 없었다. 농부의 아내는 그들이 자신 집에 따지려고 왔다는 사실을 몰랐고 매우 정성스럽게 두 사람을 집으로 불러들여 불을 쬐면서 남편을 기다리게 했다. 로저스는 불을 쬐면서 부인의 핼쑥한 얼굴과 테이블 의자 뒤에 숨어 그들을 엿보고 있는 다섯 명의 삐쩍 마른 아이들을 보았다. 이때 로저스의 마음에는 연민이 들기 시작했다.

얼마 지나지 않아 농부가 돌아왔다. 부인은 그에게 로저스와 그의 일행이 매서운 바람과 추위를 무릅쓰고 이곳을 찾아왔다고 이야기했다. 로저스는 마침 농부에게 사정을 이야기해야 하나 말아야 하나 고민하는 참이었다. 농부는 손을 내밀어 그에게 악수를 청한 다음 따뜻하게 그들을 맞아주며 저녁을 먹고 가라고 했다. "두 분께 드릴 음식이 콩밖에 없군요." 그는 사과하며 말했다. "방금 소를 잡으려고 했는데 갑자기 바람이 불기 시작해 그럴 수가 없었거든요."

두 사람은 확실히 춥고 배가 고팠고, 농부의 친절을 거절하기 어려워 그의 식구들과 함께 밥을 먹었다. 식사할 때 로저스는 농부의 식구들과 즐겁게 이야기를 나누었다. 로저스의 고용인은 그가 이곳에 시비를 따지러 온 사실을 잊은 것은 아닐까 걱정했다. 그래서 이야기를 꺼내려고 시도했는데 로저스는 눈빛으로 그를 저지했다. 아버지를 잘 따르는 아이들이 다음 날부터 몇 주나 소고기를 먹을 수 있다는 생각에 신난 모습을 보고 로저스의 마음속 분노는 점차 사라졌다. 그는 농부 식구들이 본성이 나쁘지 않고 그저 생활이 어려운 것일 뿐임을 깨달았다. 만약 이렇게 가난한 가정이 추운 겨울을 나는 데 조금의 희망과 따스함을 줄 수 있다면 소 한 마리쯤은 아무것도 아니라는 생각이 들었다. 두 사람은 농부의 집에서 하루 묵고 아침밥을 먹은 후 서둘러 떠날 준비를 했다. 돌아가는 길에 고용인은 이해할 수 없다는 듯 물었다. "저는 당신이 소로 인한 잘못을 따지러 가신 건 줄 알았는데요."

로저스는 잠시 말이 없었다. 그러더니 조용히 말했다. "앞으로 우리

중 누구도 그 소 이야기는 하지 말게."

이어서 로저스는 한 마디 덧붙였다. "내가 원래 여기에 온 것은 소 때문이지만 나는 마음속으로 생각해보았네. 자네 아나? 나는 소 한 마리를 그냥 잃은 것이 아니라 그 대신 인정과 친구를 얻었다네. 분명 그는 일부러 나를 괴롭히려 한 것이 아닐 거고 그 소가 내 것인지도 몰랐을 테지. 어찌 됐든 그 식구들에게는 겨울을 날 수 있는 소 한 마리가 꼭 필요하지 않은가!"

사례 분석

관용은 사람에게 꼭 필요한 요소이자 일종의 미덕이다. 소 한 마리에 인정과 우정을 얻을 수 있는데 굳이 이해득실을 따질 필요가 있을까? 어찌 됐든 편안함과 따스함을 느낄 수 있었으니 말이다. 만약 당신이 행동으로 다른 사람을 이해하고 돕는다면 그것은 또 다른 이해와 관용이 돼 당신에게 돌아올 것이다.

하버드 철학 강의

초판 1쇄발행 · 2023년 07월 25일

지은이 · 하버드 공개강의연구회

펴낸이 · 김승헌

외주 디자인 · 유어텍스트

펴낸곳 · 도서출판 작은우주 | 주소 · 서울특별시 마포구 양화로 73, 6층 MS-8호

출판등록일 · 2014년 7월 15일(제2019-000049호)

전화 · 031-318-5286 | 팩스 · 0303-3445-0808 | 이메일 · book-agit@naver.com

정가 18,800원 | ISBN 979-11-87310-71-6 03190

| 북아지트는 작은우주의 성인단행본 브랜드입니다.|